KB268661

인턴은
전략이다

인턴은 전략이다

신길자 · 임영찬 지음

위즈덤하우스

인턴 풀코스로
취업문을 활짝 열자

취업을 간절히 바라는 당신, 방법은 하나다. 기업이 원하는 인재상에 맞춰 역량을 쌓으면 된다.

취업의 공식: U × E = Success

U: Understanding(기업이 원하는 인재상 이해하기)

E: Effort(인재상에 맞춰 역량 쌓기)

그러나 문제는 여전히 기업이 바라는 이상형과 구직자의 모습의 차이가 크다는 것이다. 이는 설문조사 결과에도 고스란히 나타난다. 취업포털 인크루트가 기업 인사담당자 158명을 대상으로 '구직자가 여름방학에 쌓았으면 하는 것'을 조사한 결과, '관심 직종 관련 인턴십'이 41.8%로 가장 높았다. 다음으로 '대외활동'이 22.8%로 2위를 차지했다.

즉, 인사담당자들은 다양한 실무 경험을 통해 관심 분야를 접하기를 권하고 있다.

그렇다면, 과연 구직자들은 이러한 기업 인사담당자의 마음을 알고 있을까? 같은 시기에 대학생 411명을 대상으로 '여름방학 계획'을 물었다. 안타까운 결과가 나왔다. '자격증 취득'이 24.3%로 1위였으며, '어학 공부'가 23.1%로 2위를 차지했다. 기업과 구직자의 생각의 거리는 멀고도 한참 먼 것이다.

물론 자격증이나 어학 점수 같은 스펙은 없는 것보다 있는 게 좋다. 하지만 문제가 하나 있다. 고(高) 스펙자가 너무 많다 보니, 이제 웬만한 스펙은 제대로 인정받지 못한다는 점이다. 한마디로 스펙이 높다고 취업이 잘 되는 시절은 이제 지났다는 얘기다.

한국경영자총협회가 325개 기업을 대상으로 조사한 결과를 보면, 응답기업의 64.2%는 스펙을 서류전형 시 최소한의 자격요건 혹은 지원 적격 여부를 판단하는 목적으로 활용한다고 답했다. 스펙을 채용 전형의 핵심으로 활용한다는 기업은 9.5%에 불과했다. 대졸 신입사원의 평균 학점과 토익점수는 지난 7년간 거의 변화가 없었다. 2013년 기준으로 평균 점수는 다음과 같다.

학점 3.57점(4.5 만점), 토익점수 703점

구직활동은 효율적으로 해야 한다. 무작정 스펙만 쌓다가는 당신의 귀한 청춘이 다 가버릴 수 있다. 이제 현명해져야 한다. 같은 시간과 노력을 들여 좋은 성과를 거두려면 기업이 원하는 스펙부터 챙겨야 한다.

김은애 루이비통코리아 인사부 차장은 'NCS 기반 교육 강화방안' 세미나에서 "기업이 필요로 하는 인재는 고 스펙자가 아닌 기업과 함께 계속 성장할 수 있는 사람"이라며 "1990년대는 채용 시 학점, 2000년대는 스펙이 중시됐지만 최근에는 지원자들의 직업 준비도가 중요하다"라고 강조했다.

인사담당자가 말하는 직업 준비도는 한마디로 경험이다. 이는 구직자에게 바라는 1순위가 관심 직종과 관련한 인턴십, 대외활동이라는 인사담당자의 설문조사 결과와도 일치한다. 다른 사람과 차별화시키는 보물은 책상이 아니라 현장에 있다. 필자는 다년간 취업 현장에서 취업 컨설턴트로 몸담고 있으면서 낮은 스펙에도 불구하고 인턴을 통해 취업에 성공한 이들을 자주 보았다. 현장에서 발로 뛰며 세상을 배운 경험이 실제 취업에서 최고 스펙으로 빛을 발한 것이다.

이 책을 '인턴 풀코스'로 꾸몄다. 인턴은 기업이 선호하는 스펙 1위다. 먼저 인턴을 권하는 이유를 살펴보면 입안에 감칠맛이 돌 것이다. 인턴에 합격하기 위한 전략과 인턴에서 정규직으로 전환되는 노하우를 메인음식으로 내놓을 것이다. 여기서 끝이 아니다. 당신의 만족도를 두 배로 높여줄 후식이 하나 있다. 바로 성공 신입사원들의 인터뷰와 그들의 합격 서류 공개가 기다리고 있다.

먼 길로 돌아가지 마라. 인턴이 답이다.

PART 03 실전편
인턴 딱지 떼고 정규 사원으로 가는 생존 매뉴얼

부록 명품 신입사원의 생생 취업 스토리 & 자기소개서 전격 공개

PART
01

입문편

취업을 원하는 당신,
인턴이 답이다

취업의 지름길, 인턴십

성장소설 《열네 살의 인턴십》의 주인공 루이! 그는 학교 수업을 힘겹게 따라가며 가부장적인 아빠 밑에서 하고 싶은 말도 하지 못한 채 그저 숨 죽이며 살았다. 그러던 그가 마이테 미용실에서 일주일 동안 인턴십을 하면서 달라졌다. 미용실에서의 루이는 생기가 넘쳤고 꿈과 열정으로 가득했다. 인턴십에서 만난 사람들, 미용사의 은빛 가위, 미용실 특유의 냄새들. 그 모든 것이 루이를 바꾸어놓았다. 누가 시키지 않아도 적극적으로 일을 찾아 나섰다. 어깨너머로 일을 배우고, 가위질 연습도 열심히 했다. 그렇게 루이는 미용사를 꿈꾸며 전력 질주했다. 훗날, 루이는 멋진 미용사가 된 자신을 발견한다.

취업컨설턴트인 나에게 많은 대학생들이 묻는다.

"취업을 위해 무엇을 준비하면 좋을까요?"

그때마다 나는 인턴을 권한다. 루이처럼 인턴을 하면서 자신도 미처 몰랐던 재능과 열정을 깨닫는 이들을 자주 보았기 때문이다. 물론 루이와 정반대의 길을 걷는 이들도 꽤 많았다. 그들은 평소 좋아했던 분야에서 인턴을 한 후 오히려 크게 실망하기도 했다. 이 역시 내가 인턴을 권하는 이유 중 하나다. 자신과 맞지 않는 길을 깨닫는 것은 자신과 맞는 길을 깨닫는 것만큼 중요하지 않은가?

많은 대학생들이 졸업을 앞두고 진로 사춘기를 겪는다. 무엇을 해야 할지 몰라 막막해 하거나 깊은 성찰 없이 막연한 목표를 좇기도 한다. 대학교 4학년생 수철 씨가 가장 부러워 하는 사람은 다름 아닌 목표가 뚜렷한 사람이다. 그는 아직 자신이 하고 싶은 일이 무엇인지 몰라 갈팡질팡하고 있다. 수철 씨뿐만 아니라 주위를 둘러보면 자신이 하고 싶은 직업을 찾지 못해 고민하는 학생이 많다. 이럴 때 인턴십은 진로에 대한 수많은 고민을 정리하는 데 매우 유용하다. 법무팀 입사를 꿈꾸던 현성 씨는 인턴을 통해 직무에 대한 확신을 얻었고, 은행원을 꿈꾸던 소영 씨는 인턴십을 경험한 후 그 길이 자신과 맞지 않는다는 것을 깨닫게 되었다.

통신회사 취업을 희망하던 미현 씨는 인턴십을 통해 오히려 창업에 나섰다. 그녀는 이렇게 말한다.

"처음 목표는 인턴십을 거쳐 정규직이 되는 것이었어요. 그런데 막상 들어와 생활하다 보니 생각이 바뀌었어요. 더 많은 것을 경험하고 싶어졌고, 더 넓은 세상이 나를 기다리고 있다는 생각이 들었어요."

머리로만 생각했던 일과 실제 몸으로 부딪혀 본 일은 큰 차이가 있다.

세계 최고 요리 전문학교인 르 꼬르동 블루의 인기 비결 중 하나는 다름 아닌 인턴십이다. 르 꼬르동 블루의 앙드레 쿠앵트로 회장은 "5년간 학교를 다니며 이론을 배우는 것보다 6개월간의 인턴십이 더 귀중한 자산이 될 수 있다"고 말하며 교실 외 경험의 중요성을 강조했다.

살아 있는 기업 현장에서 회사가 원하는 인재상을 파악하고 싶다면? 자신의 적성에 맞는 일을 찾고 싶다면? 권태감과 열등감에 빠져 무료한 생활을 보내고 있다면? 그리고 취업에 더 이상의 시간낭비를 하고 싶지 않다면? 바로 그런 당신에게 인턴을 권한다. 인턴은 여름 과일 중 으뜸인 수박과 닮았다. 껍질부터 씨까지 버릴 게 하나도 없는 데다, 가격 대비 양도 훌륭하다.

톡톡! 인턴의 역사 

투니버스는 국내 최초 어린이 인턴사원을 선발했다. 어린이 인턴사원은 총 20시간 동안 애니메이션 더빙, 채널 편성 및 프로그램 기획, 마케팅 등 투니버스와 관련된 다양한 업무를 경험하고 실습했다. 이렇듯 요즘은 초등학생도 인턴을 할 만큼 인턴이 대세다.

그렇다면 우리나라에서 '인턴'이라는 용어가 언론에 처음 등장한 것은 언제일까? 바로 1950년대다. 인턴은 의료계에서 쓰이던 용어다. 의대를 졸업하고 전문의가 되기 위해 병원에서 임상실습을 하고 있는 1년차 수련의가 바로 인턴이다. 그러던 인턴이 기업으로 확산된 것은 1980년대다. 1984년 국내에서는 처음으로 럭키금성그룹이 기업 인턴제를 도입했다.

대학생 500여 명을 대상으로 여름방학 때 한 달 가량 인턴을 진행했고, 그들이 취업을 원하면, 인턴 근무 성적과 적성을 검토해서 우선 채용했다. 입사 후에는 수련기간만큼 수습기간을 단축시켜주기도 했다.

지금은 별로 새로울 것 없는 인턴이지만, 당시에는 이런 시도가 매우 파격적이었다. 그때 대학생들이 주로 하는 아르바이트는 사무보조, 금융창구안내, 거리질서봉사, 외판, 단순 노동직 등으로 제한돼 있었다. 그렇기에 인턴은 전공과 적성을 살리며 일할 수 있는 데다, 졸업 전에 미리 기업을 방문해 직업선택에 도움을 받을 수 있는 '신(新) 아르바이트 자리'였다.

이후 대우그룹은 1992년 모든 신입사원을 인턴제로 뽑는 '신입사원 채용 인턴제'를 처음으로 시도했다. 당시 공개채용은 주로 필기시험 결과가 좌우했기 때문에 적성과 능력을 두루 살펴볼 수 있는 인턴제도에 많은 관심이 쏠렸다. 같은 해 고려대학교는 졸업 전 대학생을 기업체에 파견, 현장실습을 한 뒤 학점을 인정해주는 인턴제도를 대학에서 처음으로 도입해 눈길을 끌었다.

인턴제도가 활성화된 것은 2000년대 중반 이후다. 당초 직장 체험 성격이 강했던 인턴은 점차 채용과 연계성이 높아졌다. 최근 한국경영자총협회가 인턴제를 도입한 375개 기업을 대상으로 조사한 결과 95%가 인턴 과정을 채용과 연계해 운영한다고 답했다.

기업이 인턴을 선호하는 이유

대학교 3학년생 선예 씨는 방학을 앞두고 고민에 빠졌다. 뭔가 의미 있는 시간을 보내고 싶은데, 이것저것 다 욕심이 나다 보니 막상 무엇을 해야 할지 모르겠다는 것이다. 영어 공부에 매진하면 토익 점수를 100점 이상 올릴 수 있을 테고, 아르바이트를 한다면 용돈을 짭짤하게 벌 수 있을 테고, 마음만 먹으면 자격증도 한두 개쯤 딸 수 있는 시간이다. 그러나 현실적으로 한정된 시간에 모든 고기를 다 잡기는 어렵다. 이 귀한 시기에 무엇을 하면 좋을까? 선예 씨처럼 여러 가지 갈림길 사이에서 고민하고 있는 학생들에게 나는 자신 있게 인턴을 추천한다. 귀중한 시간을 투자한 만큼 얻을 수 있는 것이 무엇보다 많기 때문이다. 그렇다면, 과연 인턴의 장점은 무엇일까? 크게 두 가지로 나눠볼 수 있다.

인턴을 권하는 첫 번째 이유: 직장 생활 적응력을 높여준다

바다에서 수영을 하던 사람에게 문제가 생겼다. 당신이 수상안전요원이라면 물에 빠진 사람을 구하기 위해 어떤 경로를 택하겠는가?

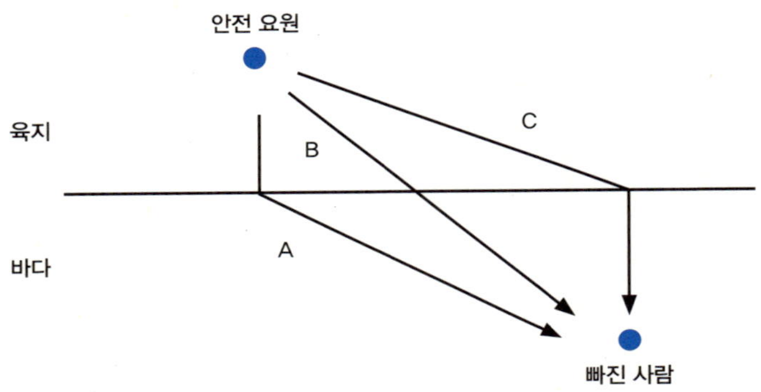

▲ 출처: "빠른 길 찾기", 브레인월드, 2013. 11. 27.

　물에 빠진 사람을 빨리 구하기 위해서는 언뜻 보면 직선인 B 경로를 택해야 할 것 같다. 하지만 경험이 있는 안전요원이라면 C 경로를 통해 물에 빠진 사람을 구할 것이다. 땅에서 달리는 것이 바다에서 헤엄치는 것보다 더욱 빠르기 때문이다. 이처럼 막연히 생각만 한 것과 현장에서 몸소 겪은 것은 많은 차이가 난다. 눈치 빠른 독자는 벌써 이 질문의 의도를 알아차렸을 것이다. 그렇다. 내가 인턴을 권하는 가장 큰 이유는 직장 생활에 대한 현실을 정확하게 마주할 수 있다는 장점이 있어서다.

　많은 취업준비생이 구직활동을 하면서 놓치는 부분이 있다. 바로 직장 생활에 대한 환상과 현실의 괴리를 줄이는 노력이다. 이는 직장인이 되고자 하는 당신에게 아주 중요한 대목이다. 주위를 돌아보라. 직장 생활의 이상과 현실이 달라 공황 상태에 빠진 신입사원이 얼마나 많은가. 회사나 직무에 적응하지 못하고 조기 퇴사하는 이들도 꽤 많다. 지옥 같은 취업문을 힘들게 통과한 그들이 또 다시 살벌한 구직시장으로 돌아오는 이유는 다름 아닌 자신이 생각했던 직장 생활과 현실이 너무나 다르기 때문이다. 직접 경험한 것과 머릿속으로 생각한 것은 그 차이가 클 수밖에 없다. 특히 백화점, 호텔처럼 외적인 이미지가 화려한 업종의 경우 업무에 대한 환상이 더욱 크다. 이때문에 기업 인사담당자는 인턴이나 아르바이트를 통해 직업에 대한 어느 정도의 경험이 있는 구직자를 선호하는 것이다.

1년 전 대기업에 입사한 선영 씨는 일이 자신과 잘 맞지 않는다는 것을 깨달았다. 오랜 고민 끝에 퇴사를 결정하고 부모님께 말씀 드렸지만, 부모님의 반대는 생각보다 컸다.

"막상 사표를 쓰려고 하니 너무 힘든데다 부모님까지 반대하시니 갈등이 심했죠. 끈기가 부족하다는 말이 가장 듣기 싫었어요. 몇 달을 밤잠 설쳐 가며 진지하게 고민했어요. 하지만 한 번 생각이 굳어지니 잘 바뀌지 않더라고요."

그녀는 그렇게 사표를 던졌다. 선영 씨는 취업하기가 얼마나 힘든지 겪어봐서 잘 안다. 그럼에도 용기를 내서 다시 구직활동에 뛰어들었다. 직장 생활은 며칠 하다 마는 이벤트가 아니다. 하루 8시간 이상 매일 같이 반복되는 현실이다. 이왕 하는 직장 생활, 조금이라도 자신과 잘 맞는 곳에서 잘 맞는 일을 하는 것이 현명한 것 아니겠는가? 하지만 뒤늦게 자신의 적성을 발견했다 하더라도 모두가 다 선영 씨 같은 선택을 하는 것은 아니다. 그동안 쌓은 커리어를 허물고 다시 처음부터 시작하는 것은 직장인에게는 시도조차 어려운 큰 도전이다. 결국 이러지도 못하고 저러지도 못한 채 방황의 나날을 이어가는 직장인이 꽤 많다.

직장인이 대학생 후배에게 가장 하고 싶은 말이 무엇인 줄 아는가? 바로 "자신의 적성과 흥미에 맞는 일을 찾아보라"이다. 이 말은 누구나 할 수 있는 말이 아니다. 선배들이 직접 현장에서 부딪히며 터득한 진리이자 행복한 직장인이 될 수 있는 비결이다. 하지만 겪어보지 않은 후배에게 선배의 이야기는 뻔한 잔소리에 그칠 뿐이다. 당장 취업이 급하니, 취업 이후의 삶은 가진 자의 여유처럼 다가올 수밖에!

결국 직접 깨닫고 느끼는 것이 중요하다. 그렇다면 이런 고민을 '취업 후'가 아니라 '취업 전'으로 앞당길 수 있는 방법은 없을까? 그 기회를 마련해주는 것이 바로 인턴이다. 석유회사 인사담당자는 "사실 자신이 어떤 일을 잘할 수 있고 어느 분야에 관심이 있는지 알기가 힘들다. 밖에서 보는 직무와 직접 해보는 직무는 다르다. 인턴을 통해 기업 생활을 하면서 업무를 파악해보는 것이 중요하다"라고 말했다.

인턴십을 통해 직장 생활을 직접 경험해보면 당신이 진짜 직장인이 되는 데 여러모로 유리하다. 많은 이들이 생각하는 직장의 로망이 있다. 근사한 정장, 해외 출장, 멋진 프레젠테이션, 그리고 칼퇴근……. 하지만 현실은 다르다. 출·퇴근길은 너무 고되고, 끝이 보이지 않는 업무는 막노동이 따로 없다. 입사하자마자 복사나 커피 타는 일 같은 허드렛일만 하고, 일주일에 3일씩 지방 출장을 가며 하루 종일 운전할 수도 있다. 이렇게 직장 생활에 대해 품었던 생각과 막상 경험하는 현실이 다르다 보니 직장 생활에 잘 적응하지 못하는 것이다. 이런 이유에서 한 외식기업은 신입사원 선발에 변화를 줬다. 3개월 간의 인턴십 평가를 통해 공채

사원을 뽑기로 한 것이다. 인턴사원은 3개월 동안 매장실습을 하며 화장실 바닥 청소와 배달 등의 업무는 물론, 고객과 마주 대하는 서비스 업무를 수행한다. 이 과정을 통해 회사도 인턴을 평가하지만, 지원자도 회사를 선택할 수 있다. 환상이 아니라 진짜를 경험하고 자신과의 궁합을 따져보는 것이다.

누군가 나에게 직장 생활이 재미있냐고 물어본 적이 있다. 나는 다음의 질문으로 대답을 대신했다.

"시간 가는 줄 모르고 즐기는, 가장 좋아하는 일이 뭐예요?"

"쇼핑이요."

"그렇다면, 쇼핑을 일주일 내내, 하루 10시간씩 한다면 어떨 것 같아요?"

그는 잠깐의 고민도 하지 않고 바로 고개를 가로젓는다. 그렇다. 우리가 재미를 추구하기 위해 돈을 쓰며 하는 일도 반복되면 금세 싫증 나기 마련이다. 그런데 직장 생활은 돈을 받으며 하는 일이다. 재미를 찾기 전에 의미와 보람을 찾아야 하는 게 아닐까.

그 답을 찾게 해줄 수 있는 것이 바로 인턴십이다. 인턴 생활을 하며 우리는 스스로 자신의 일에 재미와 가치를 부여하는 방법을 배울 수 있다. 관심 있는 분야에서 인턴십을 경험하며 환상이 아닌 실체와 마주해보라. 그 일이, 그 회사가 자신과 얼마나 잘 맞는지 꼼꼼히 따져보라. 치열하게 고민한 대가는 이후 직장 생활의 만족도로 돌아올 것이다.

인턴을 권하는 두 번째 이유: 취업이 쉬워진다

면세점은 해외사업에 관심 있고 트렌드에 민감한 구직자들 사이에서 인기가 높다. 최근 한 면세점에서 신입사원 10명을 뽑았는데, 2,000명이 넘게 지원했다. 경쟁률이 자그마치 200대 1이다. 이렇게 높은 경쟁률을 피하고 이 회사에 입사할 수 있는 방법은 없을까? 답은 인턴이다. 인턴은 공채보다 지원자가 적기 때문에 경쟁률이 낮다. 보통 정규직 공채가 세 자리 수의 경쟁률이라면 인턴은 그보다 낮은 두 자리 수의 경쟁률을 보인다. 정규직 전환율도 30~40%로, 취업을 희망하는 구직자에게 요긴한 기회다.

내가 인턴을 권하는 현실적인 이유가 바로 여기에 있다. 인턴을 하면 취업 문턱이 낮아지기 때문이다. 요즘 많은 기업은 인턴 경험자를 선호한다. 또한 인턴 수료자 중 우수자는 평가등급에 따라 정규직으로 즉시 채용되거나 공채 지원 시 가산점을 얻는다. 기회만 잘 잡는다면 한 번에 취업문을 열 수도 있다.

신입사원 전원을 인턴제를 통해 선발하는 기업도 눈에 띈다. 백화점과 패션사업을 전문으로 하는 한 유통전문기업은 최근 공채를 전면 없애고 신입사원 전원을 인턴에서 선발하기로 했다. 신입사원 공채 입사 지원서에 인턴 경력 여부를 체크하는 코너를 따로 두는 기업도 많다. 인턴 현황에는 근무처와 근무기간, 담당업무를 표시하도록 주문하고 있다. 인턴십을 진행하기 전 캠퍼스 리크루팅을 하며 적극적으로 홍보하는 기업도 늘었다.

물론 인턴 출신에게 따로 입사 혜택을 주지 않는 기업도 있다. 그러나 인턴 경험자와 비경험자의 합격률을 보면, 인턴 경험자의 합격률이 몇 배 높은 것을 확인할 수 있다.

삼성 입사를 꿈꾼다면 삼성 인턴이 지름길이다. 삼성그룹은 매년 3,000~3,500명의 대학생 인턴을 선발하는데, 이들 중 상당수가 삼성행 티켓을 얻는다. 2012년, 삼성그룹에 입사한 대졸 신입사원 9,000명 중 28%는 삼성그룹에서 인턴을 한 경험이 있는 것으로 나타났다. 삼성그룹이 뽑는 인턴사원과 신입사원 수를 비교하면 무려 70~80% 선이다. 인턴사원 10명 중 7~8명이 삼성행 기차에 몸을 실은 것이다. 삼성그룹은 공식적으로 인턴 경험자에게 신입사원 공채에서 별도의 혜택을 주지는 않는다. 인턴 채용 시 삼성직무적성검사를 치른 만큼 신입사원 채용과정에서 삼성직무적성검사를 면제할 뿐이다. 나머지는 동일하게 진행한다. 그럼에도 불구하고 인턴의 취업률이 높은 이유는 인턴을 하며 익힌 기업의 인재상과 역량이 채용전형에서 자연스럽게 묻어나기 때문이다.

구직활동을 할 때도 유리하다. 요즘 자기소개서와 면접은 실제 직장 생활을 바탕으로 한 질문이 자주 나온다. 지원 직무나 직장 생활을 잘 알지 못하면 경쟁에서 밀릴 수밖에 없다. IBK기업은행에서 청년인턴을 한 종호 씨는 청년인턴 때 지점 생활에서 접한 고객의 요구와 불만을 인턴 일지로 정리했다. 이러한 메모를 통해 새로운 상품 아이디어 및 마케팅 방안을 고민했던 경험은 공채 과정 중 합숙면접과 최종면접에 큰 도움이 됐다. 그는 현재 IBK기업은행 구미4공단지점에서 근무 중이다.

시간이 있다면, 아니 없는 시간을 만들어서라도 인턴에 참여해볼 것을 적극 권한다. 잃을 것보다 얻을 것이 참 많다.

직장인 선배가 인턴을 추천하는 이유

"자신이 취업하고자 하는 직업과 관련된 인턴십을 권합니다. 직접 보고 느끼는 경험을 통해 면접에서도 당당해질 수 있습니다. 인턴을 통해 전반적인 업무 커리큘럼을 익히고 비즈니스 매너를 배우면 직장 생활에 대한 막막함이 사라지고 자신감은 쑥쑥 자라게 됩니다."

– 디스플레이 회사 B2B 영업담당자

"광고홍보학과를 전공하며 졸업 전에 홍보대행사에서 6개월 간 인턴을 했습니다. 인턴을 하며 입사 열의가 더욱 강해졌죠. 남은 대학생활을 어떻게 보내야 할지 윤곽이 뚜렷해진 것도 장점이었습니다. 창의력과 기획력을 키우기 위해 공모전에 도전했고, 교환학생과 함께 어학연수도 다녀왔습니다. 이렇게 목표에 맞춰 노력하다 보니 자기소개서를 쓰기도 쉬웠습니다. 인턴 기간에 느꼈던 PR인의 역량과 그동안 노력했던 모습을 담았습니다. 이러한 열정은 최종 합격이라는 값진 열매로 돌아왔습니다."

– 홍보대행사 직원

"대학시절 두 차례 인턴을 했습니다. 특히 상품을 팔고 고객을 상대하는 은행 업무가 저에게 잘 맞았습니다. 은행 업무에서 중요한 것은 금융 지식보다 금융 상품을 판매하는 스킬이더라고요. 적성에 맞는 일을 찾으니 취업 준비기간에 지치지 않고 열심히 할 수 있었습니다."

– 은행원

"원하는 곳에서 인턴을 하면 목표의식이 더 강해집니다. 인턴 기간 동안 기술 컨퍼런스에 참석해 선배님들이 발표하는 모습을 보면서 엔지니어에 대한 열정을 불태웠습니다. 어려운 기술 용어와 이론을 패밀리사 직원 모두가 이해할 수 있게 쉽고 재미있게 발표하시는 모습을 보면서 심장이 두근거렸습니다. 인턴에서 정규직으로 전환된 지금도 그날의 열정을 기억합니다. 선배님들처럼 제가 연구한 기술에 대해 발표하는 미래를 꿈꾸며 설레는 마음으로 일하고 있습니다."

- 철강회사 엔지니어

"입사 후 '일이 너무 힘들다'고 토로하는 이들이 많습니다. 주말을 반납하고 하루 종일 서서 일하고, 불만고객을 상대하는 것이 사실 쉬운 일은 아니죠. 하지만 어떤 일인들 쉽기만 하겠습니까? 직업을 정할 때 표면적인 모습에 현혹되지 말고, 인턴을 비롯한 경험을 통해 적성과 성향을 맞춰보아야 합니다."

- 유통회사 인사담당자

"대학교 3학년 때 작은 홍보회사에서 인턴을 한 적이 있었는데, 돈 주고도 못 사는 경험을 했습니다. 사회생활을 직접 경험하면서 조직 문화를 배우고 상대방의 입장을 이해하는 데 큰 도움이 되었습니다."

- 전자회사 마케터

"PD를 하고 싶다면 인턴 형태로 조연출 경험을 해보길 바랍니다. 방송 환경을 직접 경험하며 실무를 배우고 인맥을 쌓으면서 자신의 적성과 직업

기업은 왜 인턴제를 선호할까?

기업의 3대 요소는 무엇일까? 바로 자본, 설비, 사람이다. 이 중에서 가장 큰 변수는 다름 아닌 사람이다. 어떤 사람이 조직에 들어오느냐에 따라 탁월한 성과를 낼 수도 있고, 조직에 큰 피해를 입힐 수도 있다.

경영전문가들의 목소리를 빌면, 적어도 10% 이상의 직원이 그 회사에 부적합한 성향이나 특징을 갖고 있다고 한다. 이런 직원은 회사 분위기를 흐리고 생산성을 떨어뜨리지만, 현실적으로 이들을 해고하기는 어렵다고 토로한다.

한 대기업 인사팀장은 "신규직원들 대부분은 성실하고 일을 잘 한다. 하지만 그중 소수는 그렇지 않다. 잘못 뽑은 소수의 사람이 회사에 미치는 영향은 매우 크다"라고 말했다.

기업은 보다 정밀하고 정교한 채용 프로세스를 통해 개개인의 숨겨진 이면을 알아보고자 노력하고 있지만, 지원자의 인성을 정확히 파악하기는 어렵다. 입사지원서 하나만 보고, 짧은 면접 시간을 거쳐 지원자를 평가하는 것은 어찌 보면 모험에 가까운 일이다. 누가 유능한 직원인지, 부적합한 직원인지를 알 수 있는 가장 좋은 방법은 겪어보는 것이다.

인턴은 바로 이런 기업의 고민을 해결해줄 대안 중 하나다. 인턴 기간 동안 지원자의 능력과 가능성은 물론 인성까지 면밀하게 살펴볼 수 있기 때문이다. 이런 이유로 혹자는 인턴을 '긴 면접'이라고 부르기도 한다.

외국계생활용품회사 인사팀 부장은 "우리 회사는 신규직원을 주로 인턴십을 거쳐 채용한다. 몇 달 동안 최소 하루 8시간 이상 함께 근무하다 보면 지원자의 역량을 쉽게 파악할 수 있다. 인터뷰 때는 '열심히 배워 회사 발전에 공헌하겠다'고 장담하지만, 두 달만 지나도 그게 진짜인지 아닌지 드러나게 마련이다"라고 말했다.

기업이 적합한 인물을 뽑지 못하면 회사는 큰 손실을 입는다. 신규직원이 조직에 정착하지 못하고 떠나면, 채용비용과 급여, 그에 따른 기회비용을 잃는 것은 물론 이직율이 높아짐으로써 회사의 평판이 떨어진다. 이뿐만이 아니다. 잘못된 채용은 조직에서 일하고 있는 다른 구성원들에게도 피해가 간다. 담당업무를 제대로 수행하지 못해 업무에 차질이 생기는 것은 물론 직원들과의 잦은 마찰로 인해 조직 분위기가 흐려진다. 이 때문에 HR관계자들은 신규직원 한 명을 잘못 뽑았을 때 생기는 손실을 직원 연봉의 몇 배인 몇 억원이라고 입을 모은다.

기업에서 인턴 경험자를 우대하는 것은 이미 채용 시장에서 검증을 했다는 신뢰가 한 몫을 한다. 이와 더불어 기업이 인턴제를 선호하는 이유가 하나 더 있다. 인턴을 통해 검증된 인재는 업무 성과는 물론 개인의 직무 만족도가 높아 조기 퇴사율이 낮은 장점이 있기 때문이다.

요즘 기업이 직원채용에서 가장 머리 아파하는 부분이 다름 아닌 조기 퇴사율이다. 각종 통계자료를 보면 입사한 지 1년 이내에 회사를 떠나는 신규직원의 평균 비율은 20~30% 선이다. 제조회사 인사담당자는 "많은 비용을 투자해서 사람을 뽑고 교육을 했는데, 업무 성과를 낼 시점에 둥지를 떠나면 큰 손실이 아닐 수 없다"라며 씁쓸해 했다.

'우수 인재 확보'와 '이직률 제로', 기업이 두 마리 토끼를 모두 잡을 수 있게 해주는 것이 바로 인턴제다. 이런 장점으로 인해 인턴십을 진행하는 기업은 더욱 늘 전망이다. 한국경영자총협회가 인턴제도를 운영하는 375개 기업을 대상으로 조사한 결과 47%의 기업이 '직원 채용에서 인턴사원 비중을 늘리겠다'고 답했다.

인턴을 할까, 말까 고민하고 있는가? 더 이상 망설이지 마라. 인사팀은 물론 현업에서 인턴십을 경험한 지원자와 그렇지 않은 지원자의 차이가 크다는 목소리가 점점 커지고 있다. 자, 이제 눈치 빠른 사람은 느낄 것이다. 인턴제가 날이 갈수록 더 확산될 것임을 말이다.

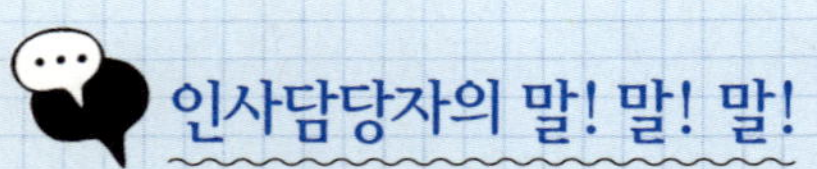

인사담당자의 말! 말! 말!

"인턴 경험은 열정의 상징이다. 단지 '하고 싶다'는 바람만 앞세우는 지원자들 사이에서 해당 분야를 알기 위해 노력한 이들은 눈에 띄기 마련이다."

– 석유회사 인사담당자

"많은 이들이 환상을 갖고 입사 지원을 하는데, 인턴 경험자는 실질적으로 업무를 파악한 후 자신이 정말 원하는 일인지에 대한 확신을 바탕으로 지원했기 때문에 신뢰가 간다."

– 전자회사 인사담당자

"인턴 지원자는 오랜 기간 특정 회사나 업무 분야를 목표로 준비한 경우가 많아 회사생활에 적응 속도가 빠르다. 그래서 인턴 경험이 있는 사람에게 더 높은 점수를 주게 된다."

– 통신회사 인사담당자

최근 기업이 선호하는 인재상은 확 바뀌었다. 과거에는 우수한 스펙을 갖춘 '모범생형' 인재를 원했다면, 요즘은 개성과 창의성을 지닌 '스토리형 인재'가 환영 받는다. 조돈현 SK인재육성위원회 기업 문화팀장은 "경영환경의 변화에 따라 회사의 성장을 위해 새로운 유형의 인재가 필요해졌다"며 "과거 유럽의 바이킹 민족이 절박한 환경에서 도전을 통해 어려움을 극복했듯 기업 경영의 관점에서 바이킹 DNA를 가진 인재를 확보해 글로벌 신규사업에 진출하는 데 활용하고자 한다"고 말했다. 이는 기업의 변화된 인턴 채용제를 통해서도 알 수 있다. 기업은 공채보다 유연한 제도인 인턴을 통해 창의적인 인재를 찾아 나서고 있다.

　SK그룹은 인턴 모집 전형에 오디션 방식을 도입했다. 기존 채용 방식에서 탈피해 지원자의 끼와 열정, 도전정신을 중시하는 '바이킹 챌린지'

프로그램을 실시하고 있다. 이 프로그램은 학점이나 어학성적 등의 스펙을 보지 않고 지원자의 직무전문성, 글로벌역량, 성장가능성 등을 보고 선발하는 방식이다. 면접을 통해 통합적인 문제해결능력과 실행력을 검증하고 벤처창업, 글로벌 프로젝트 수행 등 다양한 경험을 보유한 인재를 우대한다.

'H Innovator'는 현대기아차가 모집하는 열린 인턴사원의 명칭이다. 현대자동차 역시 스펙이 아닌 자동차에 대한 열정과 실력을 지닌 인재 발굴에 중점을 두고 있다. 'H Innovator' 선발과정은 별도의 지원서 작성 없이 추천, 사전과제 평가, 실기전형만으로 부문별 1차 합격자를 선정한 후, HKAT(인적성검사), 면접전형을 거친다. 최종 선발된 H Innovator들은 5주간 실제 업무 현장에서 인턴 직무를 수행한다.

기아자동차는 '스카우트 K' 인턴전형을 진행한다. 스카우트 K는 선발과정에서 스펙을 완전히 배제한 채 자기소개서만으로 지원자를 평가하는 채용방식이다. 자신의 장점과 개성을 잘 나타내는 영상이나 자료를 제작해 URL을 입력해도 된다. 상품, 마케팅, 국내외영업을 담당할 'K 직군'과 생산, 생산기술을 담당할 'I 직군'으로 나눠 인턴사원을 뽑는다. K 직군은 자동차 관련 파워블로거, 공모전 수상자, 발명·특허 출원자, 모바일 앱 개발자 등을 우대한다. I 직군은 자동차 또는 해당 직무 관련 경진대회·공모전 수상자, 발명·특허 출원자와 이에 준하는 자격을 보유한 지원자를 선호한다.

KT는 실무에 강한 '실강형 인재'에 초점을 맞춰 인턴을 뽑는다. 영어, 학점 등의 자격제한은 폐지하고, 자기소개서 평가만으로 서류전형을 실시한다. 현장 면접 형태의 '올레 스타 오디션'도 도입했다. 오디션 우수자는 서류전형 합격권이 주어진다. KT 인재경영실장 김상효 전무는 "학력과 배경에 관계없이 능력을 갖춘 참신한 인재를 선호한다"며 "실무현장에 대한 강한 열정과 준비된 자세를 갖춘 인재들이 많이 지원하길 바란다"고 말했다.

애경그룹 유통부문은 인턴사원을 뽑을 때 일반전형과 특별전형으로 나눠 뽑는다. 이 중 특별전형인 열정캐스팅은 서류전형부터 다르다. '이름, 연락처, 100자 이내의 파워포인트 요약본' 등 세 가지만 검토한 후 만나 보고 싶은 지원자에게 연락을 해 프레젠테이션을 할 수 있는 기회를 부여한다. 일반전형의 주요 평가요소가 직무와 고객서비스 마인드라면, 열정캐스팅은 지원자의 특이 경력이 회사에 어떻게 도움이 되는가가 주된 평가요소다. 합격자는 3개월의 인턴십을 거친 뒤 최종면접을 통해 일반 공채사원들과 함께 신입사원으로 입사한다.

애경그룹 유통부문 일반전형 VS 특별전형 자기소개서 질문

[일반전형]

1. 당사에 지원하게 된 동기 및 자신이 지원한 분야를 성공적으로 수행할 수 있다고 생각하는 이유를 구체적인 사례를 토대로 기술하시오.

2. 애경그룹 유통부문(AK PLAZA, AK MALL)을 가장 잘 설명할 수 있는 이미지와 그 이유에 대하여 기술하시오.

3. 자신을 한 단어로 표현하고, 그 이유에 대해 기술하시오.

4. 본인의 소장품 중 최대 이윤을 남기며 판매할 수 있는 아이템을 선정

하고, 그 방법을 소개하시오.

[특별전형(AK열정캐스팅)]

1. 남들과는 다른 자신만의 장기, 경력, 경험을 키워드로 작성하시오.

   ※작성방법

   ① 경력, 경험 등/기간/시기(예시: 의류시장/3년/07년~10년)

   ② 특기, 장기 등/수준/특이사항(예시: 엑셀함수 달인/마케팅 실무자급)

2. 해당 장기, 경력, 경험을 이용하여 어떤 방식으로 회사에 기여할 것인지에 대해 기술하시오.

포스코는 인턴사원의 절반을 탈 스펙전형으로 뽑는다. 이는 학력을 비롯해 출신학교와 학점, 사진 등을 배제한 채 스토리만으로 뽑는 방식이다. 지원자들은 도전정신, 창의성, 글로벌 경험과 관련된 자신만의 이야기를 자유롭게 적어 제출하면 된다.

― 포스코 인턴 채용 시 우대사항

- 발명, 특허 보유자, 국내외 공모전 수상자, 예체능 분야 입상자
- 벤처 및 창업 경험자, 문·이과 교차계열 복수전공 이수자, 한국사 관련 자격 소지자
- 신성장지역 거주자, Multi-lingual 가능자(3개 외국어 이상)

*우대지역: 인니, 인도, 중동, 중앙아시아, 아프리카, 남미, 러시아 등

기업의 채용 제도는 시대의 흐름과 기업이 원하는 인재상에 따라 바뀐다. 물론 위에 소개한 내용도 기업 채용 방침에 따라 새롭게 바뀔 수 있으니 관심 있는 기업의 채용 트렌드에 촉각을 세우고 대비해야 한다. 스펙이 아닌 열정으로 평가 받기를 원하는가? 그렇다면 지금 당장 확 바뀐 인턴제도를 활용하라.

나에게 맞는 인턴제를 찾아라
채용전제형 VS 공채우대형 VS 직장체험형

인턴제도라고 해서 다 같은 것은 아니다. 크게 보면 채용전제형과 공채우대형, 직장체험형으로 나눠볼 수 있다. 기업마다 각각의 전형을 정의하는 기준은 다르지만, 대체로 다음과 같은 특징을 갖고 있다.

분류	주요 특징	혜택	정규직 전환율
채용전제형 인턴	정규 채용을 전제로 지원자와 기업 간 궁합을 체크하기 위해 진행하는 인턴제도	우수 인턴 정규직 전환	평균 70% 이상
공채우대형 인턴	우수 인재를 조기에 확보하고 직무경험 기회를 제공하기 위해 마련한 인턴제도	공채 지원 시 가산점 제공	평균 20~30%
직장체험형 인턴	채용과 무관하게 기업 문화와 직무를 경험할 수 있도록 기회를 제공하는 인턴제도	따로 없음	평균 10% 미만

한 대기업이 정의한 각 인턴제의 채용기준은 다음과 같다.

• **채용전제형** 인턴 근무기간 중 최종면접을 통해 채용을 확정하는 전형
• **공채우대형** 인턴 근무 경험 및 평가에 따라 향후 공채 지원 시 서류 및 일부 면접전형을 면제하는 전형

인턴을 하는 가장 큰 이유가 '정규직 전환'이라면 채용전제형 인턴을 노리는 것이 좋다. 무작정 회사 이름만 보고 공채우대형이나 직장체험형 인턴에 지원할 경우 정규직 전환율이 낮거나 공채 지원 시 혜택을 받지 못해 실망할 수 있기 때문이다. 모집공고를 통해 전형을 유추해볼 수 있다. 세 가지 유형이 각각 어떤 특징을 갖고 있는지 하나씩 살펴보자.

채용전제형 인턴

채용전제형 인턴은 보통 대학 졸업자 또는 졸업예정자를 대상으로 뽑는다. 회사에 따라 자격요건을 '졸업예정자'로 제한하는 경우도 있으므로, 관심 있는 기업이 지난 해 뽑은 모집 정보를 미리 확인해보는 것이 좋다. 인턴 시 급여는 월 평균 100만 원 내외다.

뽑는 시기는 회사마다 다르지만, 공채 원서접수가 끝나고 면접전형을 치를 때쯤 인턴 공채 접수가 줄을 잇는다. 상반기는 5월, 하반기는 11월이 정점이라고 할 수 있다. 공채 탈락자들이 인턴전형에 몰리기 때문에 철저한 준비는 기본이다. 한화그룹, 신세계, 현대백화점, 경남은행, 서브원, LG CNS, 이랜드그룹, S-OIL, 동원그룹, LG유플러스, 한국 P&G, 두산중공업 등이 채용전제형 인턴제를 실시하고 있다.

채용전제형 인턴은 공채보다는 문턱이 낮지만, 다른 인턴전형에 비해서는 상대적으로 자격요건과 채용절차가 까다롭다. 서류전형을 거친 후 인적성검사, 면접전형 등을 치른다. 실무면접은 물론 PT면접과 토론면접 등을 실시하는 기업도 많다. 관련 전공자, 동종업계 경력자, 외국어 성적 우수자, 해당 분야 관련 자격증 보유자 등을 우대한다. 이랜드그룹, 한화그룹 등 일부 기업은 인턴사원을 뽑을 때 어학성적과 학점의 커트라인을 따로 두고 있지 않다. 스펙이 낮다면 이런 기회를 붙잡는 것이 좋다.

인턴 기간은 짧게는 5주에서 길게는 1년가량이다. 인턴 기간 동안 해당 현업 부서에 배치되어 실제 업무를 수행한다. 한국P&G 인턴사원은 현업에서 책임 있는 일을 수행한다. 종종 인턴의 전략기획서, 제안서 등이 그대로 비즈니스에 반영되기도 한다. 인턴 과정을 이수하면 업무내용에 대한 평가를 하고, 임원면접을 통해 정규직 전환 여부를 결정한다. 회사에 따라 최종면접을 바로 보기도 하고, 이후 공채 기간에 치르기도 한다. 최종 입사일은 미리 안내가 되므로 사전에 날짜를 챙기자. 정규직 전환 비율은 회사마다 다르지만 보통 70%를 넘는다. 삼성전자 인턴십과 LG CNS 스마트IT인턴십의 정규직 전환율은 둘 다 80~90% 선이다. 서브원의 인턴십 수료자 중 정규직 전환율은 약 80%이며, 신입사원 채용 시 다음과 같은 전형을 거친다.

— 서브원 신입사원 채용 절차

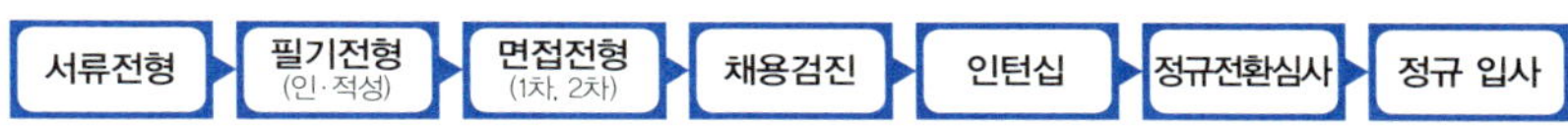

이랜드그룹 GLOBAL ESI 인턴9기 핵심인재채용(채용전제)의 자격요건과 전형절차는 다음과 같다.

- 대학교 3학년 1학기 이상 재학 및 휴학생(외국인 유학생 가능)
- 대학성적, 어학성적, 전공제한 없음
- 비즈니스적인 소양과 문제해결능력을 갖춘 인재
- 글로벌 인재들과 함께 경쟁하며 성장하는 데 두려움이 없는 인재
- 중국, 미국, 일본, 인도, 베트남 등 글로벌 시장의 문제해결사로 언제든지 뛰어들 수 있는 인재
- 성실함과 끈기로, 끝까지 포기하지 않는 인재
- 기독교 문화에 열린 마음을 가진 분

공채우대형 인턴

공채우대형 인턴은 자격요건이나 채용절차가 채용전제형에 비해 덜 까

다롭다. 전공, 어학성적, 졸업 여부 등의 제한을 따로 두지 않는 기업이 많다. 한 외국계기업 인사담당자는 인턴사원 채용설명회를 통해 다음과 같이 지원자격을 설명하기도 했다.

"국내외 대학 2~4학년 재학생 및 졸업예정자, 대학원생, 기졸업자 모두 지원 가능합니다. 1학년 학생도 한번 지원해보시길 바랍니다."

상대적으로 스펙이 낮다면 공채우대형 인턴을 통해 실무경험을 쌓고 경쟁력을 높이는 전략도 필요하다. 채용전제형에 비해 채용절차도 간소하다. 인적성검사 단계를 생략하거나 면접전형을 최소화하는 경우도 있다. 인턴 과정을 이수하면 인턴 근무 경험과 평가에 따라 향후 공채에 지원할 때 우대한다. 서류전형 시 가산점 제공이나 서류전형 면제 등이 일반적이다. 인턴에게 주어지는 특전은 채용공고에 별도로 표시하고 있다.

직장체험형 인턴

직장체험형 인턴은 채용과 무관하게 기업 문화와 직무를 경험할 수 있도록 기회를 제공하는 인턴제도다. 채용공고 상에 인턴에게 주어지는 특전은 따로 표기되어 있지 않다. 자격요건이 까다롭지 않고 채용절차가 간소해 기회를 얻기도 쉽다. 컴퓨터 프로그램 활용능력이 우수하거나 커뮤니케이션 능력이 뛰어난 것을 강조하면 채용 시 유리하다. 보통 대학 재학생이나 기졸업자 모두 지원 가능하며, '주말 근무 가능자', '장기 근무자 우대'처럼 특이사항을 별도로 안내하고 있다. 일부 회사는 근무기간을 정하지 않고, 협의를 하는 경우도 있다.

한 증권회사가 리서치센터 인턴을 뽑을 때 제시한 자격요건은 다음과 같다.

한 케이블 방송은 인턴기자를 모집하면서 다음과 같이 적었다.

이처럼 직장체험형 인턴은 문턱이 낮아 큰 부담 없이 지원해볼 수 있다는 게 장점이다. 평소 해당 분야에 관심은 있었지만 아직까지 이렇다 할 경험을 쌓지 못한 졸업반 학생, 지원 직무에 맞는 실무경험을 쌓고 싶은 저학년 학생, 다른 인턴전형의 높은 벽을 실감하고 자신만의 경쟁력을 쌓고자 노력하는 구직자 모두에게 좋은 기회가 될 수 있다.

지금까지 인턴의 각 3가지 전형을 살펴보았다. 각각의 전형 특징을 이해하면 보다 효과적으로 인턴제도를 활용할 수 있다. 단, 위에서 언급한 정규직 전환율은 확률일 뿐임을 강조하고 싶다. 기존 인턴 선배 기수의 정규직 전환율이 100%였다 할지라도 스스로 기업이 원하는 역량을 갖추지 않았다면 정규직 전환에서 탈락할 수 있다. 반대로 정규직 전환율이 0%일지라도 기업이 탐나는 뛰어난 역량을 지니고 있다면 없던 기회를 만들 수 있다. 확률은 확률일 뿐! 결과는 자기 하기 나름이다.

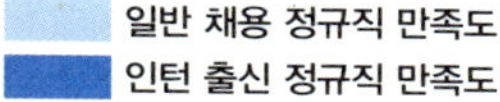

일반 채용과 인턴십 출신 사원의 정규직 업무수행 만족도 비교

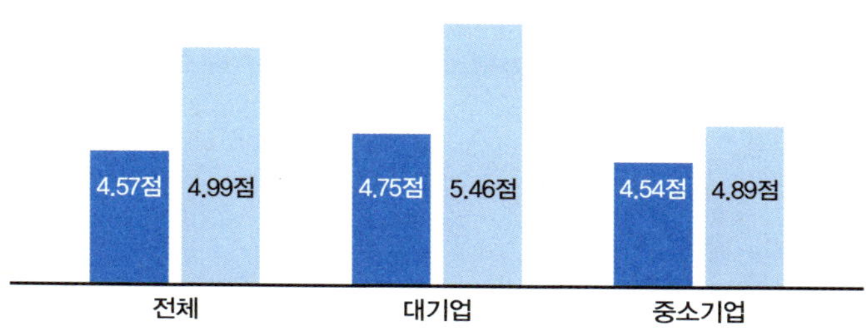

공공기관 청년인턴, A to Z

공공기관 청년인턴, 정규직 전환율은?

인턴 기회를 비교적 쉽게 얻을 수 있는 곳은 어디일까? 바로 공공기관이다. 일단 뽑는 인원이 많다. 공공기관은 2013년 상반기에만 1만 2,556명의 청년인턴을 채용했다. 공기업(30곳)에서 4,835명, 준정부기관(87곳)에서 5,092명, 기타 공공기관(178곳)에서 2,629명을 각각 채용했다.

채용규모가 많고 비교적 쉽게 인턴 기회를 얻을 수 있는 것이 장점이지만, 공공기관 청년인턴에 지원할 때는 다음 몇 가지 유의사항을 체크하는 것이 필요하다.

― 2013년 상반기 공공기관 청년인턴 채용규모

공공기관명	채용인원
한국전력공사	1,104명
토지주택공사	915명
한국수력원자력㈜	808명
국민건강보험공단	662명
한국농어촌공사	287명
국민연금공단	253명
한국과학기술연구원	163명
한국전자통신연구원	151명
한국수출입은행	111명

청년인턴제의 시행 배경을 살펴보라

공공기관과 사기업은 인턴제도를 시행하는 목적에 차이가 있다. 사기업이 우수 인재 확보나 조기 퇴사율 방지 등 필요에 의해 인턴을 뽑는 경향이 강하다면, 공공기관은 잡셰어링(Job Sharing)이나 직장체험 등 정부의 공공부문 청년고용 확대 정책에 동참하는 면이 더 강하다. 청년인턴제가 처음 만들어진 것은 2008년이다. 정부는 금융위기 이후 극심한 취업난을 해소하기 위해 '한시적 일자리 제공'을 목적으로 청년인턴을 시행했다. 당초 취지가 정규직 전환보다는 임시적 고용을 통해 청년층의 취업능력을 키우는 것이었기 때문에 아직까지 공공기관 청년인턴의 정규직 취업문은 좁은 편이다. 현재 공공기관 청년인턴의 정규직 채용

비율은 2013년 상반기 기준으로 16.6%다. 정규직 전환을 간절히 원하는 청년인턴의 마음에는 한참 못 미치는 수치지만, 해마다 인턴 경험자의 정규직 채용 비율이 늘어나고 있다.

─ 공공기관 청년인턴의 정규직 채용 비율

연도	채용비율
2009년	2.8%
2010년	4.1%
2011년	15.3%
2012년	22.3%
2013년 (상반기)	16.6%

▲ 자료 : 기획재정부 보도자료

기관별 취업 우대사항과 정규직 전환율을 체크하라

청년인턴에 참여하고자 하는 가장 큰 이유가 '취업'이라면, 채용전형 시 우대사항을 꼼꼼히 체크해야 한다. 보통 청년인턴 경험자에게는 신입사원 공채 지원 시 서류전형에서 5~10% 가산점을 준다. '청년인턴 제한경쟁전형'을 실시하는 공공기관은 청년인턴 경험자에게 서류전형 면제 혜택을 준다. 공공기관은 서류전형 이후 필기시험을 보는 경우가 많은데, 이러한 혜택을 통해 인턴을 하며 필기시험을 준비하는 데 전념할 수 있다는 장점이 있다. IBK기업은행은 신입행원 공채 시 20%를 청년인턴 출신 중에서 선발하고 있으며, 근무성적이 우수한 인턴(수료자의 50%)에게는 서류전형을 면제해주는 혜택을 주고 있다.

　기관별 정규직 기회의 문도 한번 살펴보라. 현재 공공기관 청년인턴의 정규직 채용 비율은 2013년 상반기 기준으로 16.6%이지만, 이보다 높은 비율을 보이는 기관도 꽤 많다. 환경부 산하 한국환경산업기술원은 2013년 정규직 신입사원의 30%를 청년인턴 경험자로 채용했다. 21곳의 공공기관은 정규직을 뽑을 때 50% 이상의 청년인턴에게 기회를 줬다. 한국자산관리공사는 2013년 상반기 청년인턴 100명 중 60명을 정규직으로 전환했다. 아래 7개 기관은 2013년 상반기 때 청년인턴 경험자를 100% 정규직으로 채용했다. 이처럼 정규직 전환 비율이 높은 기업은 특별히 관심 있게 눈여겨볼 필요가 있다.

― 공공기관 정규직 전환 인원

공공기관명	정규직 전환 인원
한국중부발전(주)	72명
한국표준협회	14명
한국원자력연료(주)	11명
한국주택금융공사	4명
사립학교교직원연금공단	4명
시장경영진흥원	2명
축산물품질평가원	1명

	정규직 신규채용(A)	인턴경험자(B)	비율(B/A)
공기업(30)	1,419	798	56.2%
준정부기관(87)	1,927	440	22.8%
기타공공기관(178)	5,100	160	3.1%
합계(295)	8,446	1,398	16.6%

청년인턴의 업무와 특징을 확인하라

청년인턴의 자격제한은 만 18세 이상 29세 이하 청년이다. 학력제한은 없지만, 대학 재학생과 휴학생, 취업이 결정된 자, 공무원임용대기자 등은 지원이 불가능하다. 월 급여는 120만 원 수준이고, 근무기간은 보통 5~12개월가량이다. 가급적 중도 포기는 하지 않는 것이 좋다. 공공기관이 정규직을 뽑을 때 우대하는 기준은 '공공기관 청년인턴 연속 5개월 이상 경험자'인 경우가 많다. 일례로 국립공원관리공단이 2013년 일반직 6급 신입사원을 뽑을 때 채용방식을 일반공개경쟁과 청년인턴 경력경쟁으로 나눴다. 청년인턴경력경쟁은 2011~2013년 사이 288개 공공기관 청년인턴을 5개월 이상 수료한 사람만 지원할 수 있도록 했다.

청년인턴 경험은 공공기관이 수행하는 사업을 이해하고, 취업 자신감과 조직적응력을 높인다는 측면에서는 유용하다. 하지만 업무의 폭이 사기업에 비해 제한적이라는 점 때문에 지원을 망설이는 이들도 있다. 물론 공공기관 특성상 개인정보에 대한 보안이 철저하기 때문에 책임 있는 임무를 하기는 어렵다. 전산입력, 민원 전화 연결, 복사업무 등을 주로 하는 이들도 있다. 하지만 갈수록 정부가 청년인턴에게 단순 사무보조와 잡무를 주는 것을 지양하고 명확한 업무를 부여하라고 권하는 추세다. 수자원공사에서 청년인턴을 한 후 정규직으로 전환된 세미 씨는 그래픽 디자인 전공을 살려 각종 홍보물을 직접 디자인하고, '시화호·조력발전소 사진 공모전'을 맡아 공모전 공고부터 시상식까지 총괄 기획을 맡는 등 관심 분야의 실무 경험을 쌓았다.

IBK기업은행 청년인턴은 현금을 수반하지 않는 거의 모든 실무를 체험하고 있다. IBK기업은행에서 청년인턴을 한 재휘 씨는 마케팅 정보 입력, 신용카드 심사 등록 업무보조, 시제 밴딩, 매출액 등록 및 주요 매출처 등록, 통장 이월, BPR 불완전 작성 서류 확인 및 대여신청, OTP해지 신청, 신규등록(타행연동), 업무용지 금고 재고파악 및 신청, 기존통장 평생계좌 추가, 텔레뱅킹 해지 및 신규가입, 급여이체, 카드 연체회원 정리 연락, 영업점 점검서류 미비사항 1차 점검 등 대다수의 창구업무를 경험했다.

이처럼 어떤 곳에서 인턴을 하느냐에 따라 경험의 폭이 달라질 수 있다. '다 같은 일을 하겠지'라고 생각하지 말고 많은 선배의 경험담을 들어보기 위해 노력하라. 청년인턴의 이야기는 각 공공기관 홈페이지나 블로그, 혹은 개인 SNS를 통해 만나볼 수 있다. 자신의 직무 역량을 높여줄 수 있는 곳에서 인턴을 한다면 더 값진 결과물을 얻을 수 있을 것이다. 사기업 입사를 희망하는 이들 중에서 청년인턴을 지원하고자 한다면, 향후 지원할 회사와의 연관성을 살펴 공공기관을 선택하는 것이 중요하다. 예를 들어 지원 회사의 발주처 같은 곳이라면 금상첨화다.

공공기관 청년인턴, 합격 전략

공공기관에서 청년인턴을 하기로 결정했다면, 맞춤형 전략을 세워야 한다. 각 공공기관의 홈페이지를 통해 사업 내용을 이해하고, 지난 채용공고를 살펴보며 미리미리 준비하자. 공공기관 청년인턴의 채용전형은 보통 서류전형과 면접단계로 이뤄진다. 하지만 일부 공공기관은 다른 전형을 추가하거나 이색적인 채용 시스템을 도입하기도 한다.

국내 유일의 에너지거래 전문기관인 전력거래소는 청년인턴을 뽑을 때 다음과 같은 전형단계를 거친다.

청년인턴 채용 시 관련 자격증 보유자는 서류전형 시 우대한다. 관련 자격증은 다음과 같다.

직종	우대 자격증
전력기획(사무)	공인회계사, 세무사, 공인노무사, 정보처리(산업)기사, 사무자동화산업기사
전력운영(전기)	발송배전기술사, 전기(산업)기사, 전기공사(산업)기사

| 전력운영(정보통신) | 정보처리기술사, 정보처리(산업)기사, OCJP, CCNP, SIS, CISSP, OCP |

한국산업인력공단의 청년인턴 채용전형은 매우 이색적이다. 인력관리를 총괄하는 한국산업인력공단은 2013년 공공기관 최초로 채용 시 학력, 전공, 연령, 어학성적으로 지원에 제한을 두지 않고 직무능력평가를 통해 직원을 선발하는 채용 시스템을 도입했다. 입사지원서를 직무능력 기반으로 개선했고, 가족사항처럼 직무연관성이 떨어지는 항목은 삭제했다. 스펙을 초월하는 채용시스템을 통해 열정과 잠재력이 있는 인재를 뽑고자 노력하는 것이다.

색다른 채용전형을 채택하는 공공기관도 있으므로 자신만의 매력을 잘 보여줄 수 있는 기회를 놓치지 않도록 신경 쓰자. 공공기관 채용정보는 고용노동부에서 운영하는 취업지원사이트 '워크넷'이나 공공기관 경영정보 공개시스템 '알리오' 등을 통해 확인할 수 있다.

자기소개서는 청년인턴 선발과정에서 매우 중요한 평가요소다. 청년인턴 자기소개서는 특별한 양식 없이 A4 2매 이내로 자유롭게 기술하라고 요청하는 기관이 많다. 단락 구분 없이 '통글'로 쓰는 것은 인사담당자의 눈을 피곤하게 만들 수 있으니 주의하자. A4 용지 한 페이지를 3~5개의 단락으로 구분해 인사담당자가 읽기 편하도록 배려하는 것이 필요하다. 자기소개서에는 자기PR, 지원 동기, 향후 취업진로 등을 구체적으로 넣는 것이 좋다.

요즘 공공기관은 행동역량 기반의 서류전형을 실시한다. 과거의 행동과 경험을 바탕으로 지원자의 역량과 발전가능성을 보려는 시도다. 한 공기업 인사담당자는 "획일적인 모범답안보다는 자신만의 독특한

경험과 개성이 드러난 자기소개서에 높은 점수를 부여한다"라고 강조
했다.

면접 때는 겸손함과 배움의 자세를 강조하라. 공공기관의 특징과 성
향을 잘 살펴 조직에 녹아드는 성향을 보여주는 것이 좋다. 공공기관 청
년인턴 면접에서 자주 나오는 질문과 이에 대한 답안 팁은 다음과 같다.

공공기관 청년인턴 면접에서 자주 나오는 질문&모범답안 팁

Q. 공공기관 청년인턴 지원 동기를 말해보라.

☞ 흔한 질문이지만 너무 뻔한 답은 관심을 끌기 어렵다. 기존 관심사나
전공, 재능 등이 지원 분야와 어떤 연관성이 있는지를 살펴 답해야 한다.
청년인턴으로 일하며 배운 경험을 토대로 사회와 국가의 발전에 기여하
겠다는 내용을 어필하는 것도 좋다. 물론 내용은 구체적으로 써야 한다.

Q. 청년인턴이 된 후 어떤 일을 하고 싶은가?

☞ 각 기관별로 청년인턴의 업무 범위가 다르기 때문에 미리 선배 인턴
의 후기를 살펴 업무를 파악해두는 것이 좋다. 일례로 한국전력공사는 청
년인턴을 뽑아 전국 각지에 배치한 후 5개월간 고객서비스와 설비운영
등 현장업무를 경험할 기회를 제공한다. 또 선배 사원의 멘토링, 신입사
원과의 간담회 등을 통해 취업 노하우를 알려준다.

Q. 청년인턴 기간 중에 더 좋은 기회가 오면 어떻게 할 것인가?

☞ 이 질문은 인사담당자가 매우 궁금해 하는 부분 중 하나다. 청년인턴을 하다가 중도 포기하는 이들이 상당수 있기 때문이다. "새로운 길을 찾아 가겠다"는 답변은 NG다. 이런 말을 꺼내면 뽑고 싶은 마음이 확 줄어들기 때문이다. 그렇다고 해서 막연하게 "계속 다니겠다"고 말하면 신뢰를 주기 어렵다. 가장 좋은 것은 확고한 의지와 확신을 표현하는 것이다. 당신이 얼마나 고민을 하고 있으며 어떠한 생각으로 청년인턴에 지원한 것인지, 이 경험이 이후의 커리어에 어떤 도움을 줄 것인지를 강조하며 맡은 바 업무를 끝까지 마무리하겠다고 말하는 것을 권한다.

공공기관 청년인턴, 합격 이후 전략

공공기관 청년인턴 서류전형과 면접전형에 합격했다. 그렇다면 인턴 기간이 최선의 경험이 될 수 있도록 노력하는 것만 남았다. 인턴 기간 중에 '다닐까, 말까'를 고민하면서 갈팡질팡하기보다는 약속한 기간을 모두 마치고 유종의 미를 거두는 것이 좋다.

인턴 업무를 수행할 때 가장 중요한 것은 성실하고 적극적인 태도다. 2012년 청년인턴을 거쳐 한국환경산업기술원에 입사한 주호 씨는 인턴 기간 동안 환경산업기술원의 슬로건 공모전과 기획재정부에서 주관하는 청년인턴 수기공모전에서 둘 다 최우수상을 받는 등 활약했다. 성실한 자세로 열심히 하는 모습을 보이면 취업 가능성은 더욱 높아진다. IBK기업은행의 한 청년인턴은 지점 주변의 업체를 정리해서 6권의 책으로 만들어 '전설의 인턴'으로 회자되기도 한다. 그렇다고 해서 너무 튀는 것은 좋지 않다. 공공기관은 보수적인 성향이 강한 만큼 각 기관의 성향과 분위기를 살펴 겸손한 자세로 맡은 일을 책임 있게 수행하는 자세가 기본이다.

기관에 따라 다르지만, 대체로 청년인턴의 업무량은 그리 많지 않다. 퇴근 시간에 딱 맞게 배려해주거나 구직활동을 격려해주는 곳도 많다. 청년인턴을 하면서 시간관리만 잘 한다면 자신의 경쟁력을 높일 수 있다. 청년인턴을 하기 전 그 기간 동안 무엇을 얻어갈지 자신만의 목표를 세워보라. 업무 시간에는 맡은 바 업무를 성실히 수행하되 퇴근 후에는 외국어 공부, 자격증 취득, 봉사활동 등 자기계발을 통해 자신을 업그레이드하라.

IBK기업은행에서 청년인턴을 한 종호 씨는 5개월 인턴 기간 동안 4개의 금융 자격증을 취득하고, 14권의 금융 관련 책을 읽으며 IBK기업은행 신입행원이 되기 위해 노력했다. 그는 현재 IBK기업은행 구미4공단지점에서 근무하고 있다. 오늘도 많은 공공기관 청년인턴들이 미래를 위해 값진 땀을 흘리고 있다.

세계는 넓고 일자리는 많다, 해외 인턴 프로그램 알짜 정보

처음 1년 남짓의 미국 생활은 살기 위한 투쟁이라고 할 만큼 절박했다. 일단은 언어와 문화가 달라 사람들과 부대끼는 것이 힘들었고, 일의 속도도 느리고, 사전을 부둥켜안고 끙끙거려야 했다. 그때 나의 해결책은 궁색하지만 몸으로 때우기였다. 말을 못하면 히히 웃고만 있더라도 사람들과 함께 점심을 먹었고, 일하는 속도가 느리면 9시든 10시든 남아서 해야 할 일을 끝냈고, 전화상으로 잘못 이해해서 실수가 있었던 일들은 직접 당사자를 찾아가 머리 숙여 사과하고 빠르게 수습했다.

_《나는 샌프란시스코로 출근한다》 중에서

이 글은 미국 내 IR업계에서 최고위직 임원으로 활약하고 있는 정소연 포톤 다이나믹스 사 IR 및 마케팅 커뮤니케이션 부사장의 경험담 중 일부이다. 짧은 글에서도 열정과 도전정신이 강하게 느껴진다. 그가 쓴 책 《나는 샌프란시스코로 출근한다》는 해외취업을 꿈꾸는 이들에게 많은 힘과 용기를 선물해주었다.

기업은 해외에서 일한 경험을 선호한다. 낯선 곳에서 언어와 문화의 장벽을 허물고 직장 생활에 적응했던 에피소드는 지원자의 역량을 한눈에 보여주기 때문이다. 특히 해외시장에 진출했거나 계획 중인 기업에게 해외 경험은 매력적인 요소 중 하나다.

이 외에 다양한 매력들로, 인턴의 최고봉은 단연 해외인턴이다. 스펙을 넘어 큰 세상을 보는 기회다. 영어를 비롯한 현지 언어에 익숙해지는 것은 물론 기업이 원하는 현장 적응력을 키우는 데 유용하다. 전 세계인과 경쟁하고 어울림으로써 자신감도 충만해진다.

컴퓨터공학과를 전공한 승만 씨는 미국 캘리포니아 실리콘밸리에 위치한 Equilar의 마케팅·영업지원 인턴으로 근무했다. 그는 기업 자료와 고객 분석을 통해 잠재고객을 발굴하는 프로젝트에 참여했다. 6개월 계약으로 시작해 계약만료가 될 무렵 4개월 연장제의를 받아 CRM Admin 및 데이터분석 보조 업무도 수행했다. 인턴십이 끝나고 회사로부터 정직원 제의를 받기도 했다. 그는 "타국에서 누군가에게 능력을 인정받은 경험이 매우 뿌듯했다. 해외인턴을 통해 영어회화능력과 미국의 업무 문화를 체험할 수 있었다"고 말했다.

식품영양학과를 전공한 태호 씨는 농림수산식품부가 주관하는 정부 해외인턴사업에 참여해 싱가포르 풀러튼베이 호텔에서 일할 기회를 얻었다. 싱가포르인을 비롯해 폴란드, 필리핀, 대만, 중국 등 각 나라에서 온 사람들과 함께 일하면서 실용 영어는 물론 싱가포르의 수준 높은 외식 문화를 엿볼 수 있었다. 5성급 호텔인 만큼 유명인사를 대접하는 최상의 서비스를 익힐 수 있었다. 그는 "해외근무 경험을 바탕으로 다양한 글로벌 고객의 취향에 맞춘 외식 서비스를 펼쳐보고 싶다"고 포부를 밝혔다.

승만 씨와 태호 씨처럼 해외인턴의 장점을 온전히 자기 것으로 만들기 위해서는 준비할 것이 많다. 먼저 자신의 진로에 도움이 되는 프로그램을 찾아야 한다. 막연히 좋아 보이는 것이 아니라, 자신의 진로와 적성에 도움이 될 만한 프로그램을 선택해야 한다. 왜 해외에서 인턴을 하고자 하는지, 왜 그 나라를 선택하는지 등의 이유를 신중하게 고민하자. 이후 해당 국가의 기업 문화와 예절 등을 꼼꼼하게 살펴 적응력을 키워야 한다. 미리 영문 입사지원서를 준비해두고 외국어 면접에 대비하는 것은 물론 채용정보도 적극적으로 찾아야 한다. 선배들의 생생한 체험담은 보다 체계적인 준비를 도와준다. 정부해외인턴사업 홈페이지 '홍보마당>공모전 수상작' 코너에서 정부해외인턴사업에 참여한 이들의 생생한 체험수기를 접할 수 있다.

정부해외인턴사업, 알짜 정보 챙기기

막상 해외인턴에 가고 싶은 마음이 생겼다고 하더라도 무엇부터 해야 할지 막막할 것이다. 인터넷에서 정보를 검색하면 너무 많은 정보가 쏟아져 어떤 것이 믿을 만한지 가려내기도 쉽지 않다. 이때 '정부해외인턴사업' 홈페이지(www.ggi.go.kr)를 활용하면 막막함을 덜 수 있다. 이곳을 통해 정부 각 부처가 진행하는 13개 해외인턴십 프로그램에 대한 정보를 얻을 수 있다. 자세한 지원자격과 모집시기, 주요업무, 파견국가, 지원 내역 등은 홈페이지를 통해 살펴보면 된다. 정부해외인턴사업은 크게 글로벌 역량강화와 취업연계강화로 나뉘는데, 주관부처와 사업명은 다음과 같다.

트랙 A: 글로벌 역량강화

사업명	주관부처
대학 글로벌 현장학습	교육부
전문대학 글로벌 현장학습	교육부
한·미 대학생 연수취업(WEST)	교육부
교·사대 졸업자 해외진출 지원	교육부
국제전문여성인력 양성	여성가족부

트랙 B: 취업연계 강화

사업명	주관부처
글로벌 무역전문가 해외인턴	산업통상자원부
플랜트 해외인턴	산업통상자원부
전시회 해외인턴	산업통상자원부
해외 한인기업 인턴	산업통상자원부
외식기업 해외인턴	농림축산식품부
해외관광인턴	문화체육관광부
물류인력 해외인턴	국토교통부

─ 선발과정

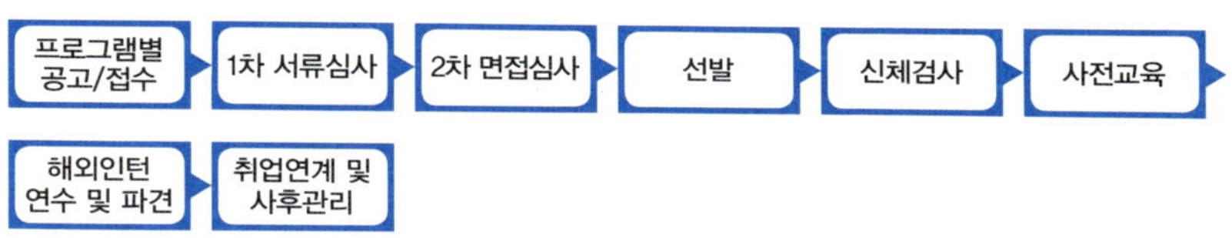

* 프로그램별 자세한 지원 절차는 홈페이지 공지사항 참조

이 중 대표적인 프로그램 2개를 소개한다.

WEST 프로그램

Work, English Study and Travel의 약자로 미국에서 4~5개월 어학연수를 받고 미국 내 기업, 공공기관 등에서 3~12개월 인턴으로 근무하는 프로그램이다. 미국의 언어와 문화, 실무경험을 동시에 쌓을 수 있어 인기다. 지원자격은 4학기(전문대 2학기) 이상 이수한 재학생·휴학생 또는 최근 1년 이내 졸업자 중에서 성적이 모든 학기 평점 평균 3.375점(4.5점 만점) 이상이어야 한다. 영어성적은 TOEIC 750점 이상, TOEIC 스피킹 5등급(110점) 이상을 보유해야 한다. 심사는 서류와 면접, 미국 현지에서 전화를 통한 영어면접 등을 거친다. 참가자 전원은 왕복 항공료를 지원받고, 소득 수준에 따라 생활비와 어학연수비 등이 차등 지원된다. 인턴십은 참가자의 관심, 전공, 능력 등을 고려해 항공, 패션, 교육기관, NGO, 미디어 등 다양한 분야에서 진행된다.

연간 120명을 뽑는 '글로벌 무역전문가 해외인턴'은 무역에 관심이 있는 4년제 대학 재학생(3~4학년) 및 1년 이내 졸업생을 대상으로 한다. 대학평점 3.0 이상, 영어 TOEIC 750점 이상 등이 자격요건이다. 1차 서류 선발기준은 자기소개서 내용의 충실도, 파견희망지역, 어학능력(영어/제2외국어), 우대요건 등을 종합적으로 평가한다. 2차 면접 때는 인성, 문제해결능력, 무역에 대한 관심도, 외국어능력, 일반상식 등을 종합적으로 살펴 대상자를 선발한다. 교육대상자는 우선 협회 무역아카데미에서 무역실무, 해외마케팅, 비즈니스 외국어 등을 4~5주가량 교육 받고 6개월 동안 해외현장실습을 떠난다. 대기업의 현지법인·지사 및 교포기업 등에서 현지시장을 조사하거나 세일즈 활동 등의 업무를 수행한다.

10기에 참여한 기업은 대우인터내셔날, 동원, 두산중공업, 삼성엔지니어링, CJ, 아모레퍼시픽, SK네트웍스, SPC, LG디스플레이, LG상사, LG전자, LG패션, LG화학, 오스템, 제일기획, 제일모직, GS글로벌, 코오롱인더스트리, 한국무역협회, 한국전력, 현대엔진, 현대종합상사 등으로 다양하다. 파견국은 미국, 유럽연합(EU), 중국, 일본 등 주요 교역국은 물론 인도, 아세안(ASEAN), 러시아, 카자흐스탄, 터키, 멕시코 등 전략시장을 중심으로 총 19개국이 참여했다. 해외인턴십 종료 후 파견기업의 본사 또는 현지 지사에 채용되거나 현지 기업 취업에 성공하는 사례가 꽤 많다.

김수정

소속: KAIST 전산학과

업체명: 반조(Banjo) / 미국

참가 프로그램: WEST

한·미 대학생 연수취업(WEST) 프로그램으로 미국에 와서 4개월간의 어학연수를 마치고 실리콘밸리에 위치한 애플리케이션 벤처기업 '반조(Banjo)에서 인턴 활동을 하게 되었습니다. 인턴 취업 면접 당시 2시간이 넘는 인터뷰에서 반조 기업이 발전하기 위한 개선사항들을 지적했던 점이 좋은 인상으로 남아 인턴 활동을 할 기회를 얻었습니다. 미국 유학 경험이 전혀 없는 '토종' 한국 대학생으로 매일 영어로 의사 소통을 하면서 근무하는 것이 쉽지는 않지만 서로 다른 국적의 다양한 사람들과 근무하며 실무를 배우는 것은 충분히 도전해볼 만한 가치가 있다고 생각합니다.

이은아

소속: 숭실대학교 영어영문학과

업체명: 범한 판토스 / 캐나다

참가 프로그램: 물류인력 해외인턴

"택배는 알아도 물류는 잘 몰라요." 국내 일반인들의 물류업에 대한 관심과 인식은 아직까지 저조한 상황입니다. 그러나 항구와 철도산업이 발달되어 있고 다양한 인종이 모여 사는 캐나다는 물류업이 상당히 발달되어 있어서 국제물류 실무를 배우기에 적합한 환경입니다. 또한 한국과는 또 다른 물류산업 구조와 기업 문화, 비즈니스 에티켓을 체험할 수 있는 좋은 기회가 될 것입니다.

이소연

소속: 서강대학교 종교학·정치외교학과

업체명: CIDT(Center for Intercultural Dialogue and Translation) / 이집트

참가 프로그램: 대학생 글로벌 현장학습

대학에서 종교학과 정치외교학을 복수 전공하면서 중동과 이슬람에 관한 관심이 생겼습니다. 그래서 중동지역의 국제기구에서 일하는 것을 꿈꾸던 중, 대학생 글로벌 현장학습에 참여하게 되었습니다. 인턴 활동 때 수행했었던 개별연구를 통해 다문화 사회에서 교육의 중요성을 깨달을 수 있는 계기가 되었으며, 진정한 '다름'을 몸소 경험함으로써 타 문화에 대한 깊이 있는 이해를 할 수 있던 경험이었습니다.

박원호

소속: 인천대학교 국제통상학과

업체명: 효성(철강PG) 북경사무소 / 중국

참가 프로그램: 글로벌 무역인턴

비명문대/지역대라는 타이틀을 달고 대기업 인턴십에 참여하는 것은 하늘의 별 따기였습니다. 하지만 글로벌무역 인턴십에 참여하여 ㈜효성 북경사무소에서 일할 수 있었고 교과서로만 배우던 지식을 실제로 현장에서 적용할 수 있어 좋았습니다. 중국 현지인들을 직접 상대하며 업무를 할 수 있었기에 남들과 차별화된 실무능력을 쌓을 수 있었습니다.

▲ 출처: 정부해외인턴십 프로그램 홍보물

대학, 기업, 지자체도 발 벗고 나서는 해외인턴

정부뿐만 아니라 대학과 기업, 지자체 등에서 주관하는 해외인턴도 관심을 가져볼 만하다. 각 대학에서 진행하는 해외인턴십을 활용하는 것도 경력관리에 유리하다. 대학은 글로벌 인재를 양성하기 위해 해외 대학과 MOU를 체결하고 현지 업체에서 인턴십을 하도록 연결해주고 있다. 각 대학교 국제교류처를 방문하면 다양한 국제프로그램 정보를 얻을 수 있다.

기업에서 실시하는 해외인턴 프로그램은 각 기업 홈페이지나 블로그 등에서 정보를 구할 수 있다. '청년 해외인턴'은 아산나눔재단과 현대중공업이 함께 시행하는 인턴십 프로그램으로, 인턴으로 선발되면 3개월간 브라질, 러시아, 인도, 중동 등 세계 각지에 있는 현대중공업그룹 해외 법인과 지사에 파견돼 인턴 활동을 한다. 기계공학을 전공한 희주 씨는 현대중공업 독일 Jake(Jahnel-Kestermann)법인에서 인턴을 했다. 전공을 살려 Special Design Department에서 기어박스설계 관련된 일을 담당했다. 인턴 선발과 관련된 자세한 내용은 아산나눔재단 홈페이지(www.asan-nanum.org)에서 확인할 수 있다.

부산시는 2004년부터 '해외 현지 기업 인턴근무 및 취업지원 사업'을 실시하고 있다. 부산 지역 대학의 졸업예정자 또는 졸업 후 2년 이내인 자는 누구나 참여 신청이 가능하며 학점, 어학성적 등에 대한 심사가 따로 이뤄진다. 부산시는 해외 인턴 참가자에게 교육비, 왕복 항공료, 해외 보험료 등을 제공한다. 신라대 무역학과를 졸업한 김현 씨는 부산시에서 주최하는 해외인턴사업을 통해 취업했다. 회사의 베트남 공장에서 인턴으로 근무하며 자재 파악, 재단 등 실무경험을 쌓은 점과 현지인들과의 친화력을 인정받았다. 영산대 멀티미디어 공학부를 졸업한 혜정 씨는 국내 기업의 캄보디아 현지공장 인턴 생활의 경험을 인정받아 글로벌 기업에 취업했다.

해외교민신문을 통해서도 관련 정보를 얻을 수 있다. 해외에 있는 한국기업이나 기관에서도 인턴을 뽑는 채용공고가 올라온다. 베를린리포트, 체코한인신문, 태국교민잡지, 상하이방 등이 활성화돼 있다.

LG화학 유럽 판매법인에서 대학생 인턴을 모집할 때 자격조건은 다음과 같다.

— LG화학 유럽 판매법인 인턴 자격조건

- 영어 가능자
- 워킹홀리데이 비자 취득 가능자
- 화학 및 화학공학 전공자 우대

해외인턴, 성공적인 결실을 위해

가능성과 기회를 찾아 용기 있게 도전한 당신, 그런 당신이 해외인턴을 더 값진 경험으로 만들기 위해서는 어떻게 해야 할까?

충분한 정보로 두려움을 극복하자

낯선 땅에서 현지인과 현지어로 대화하며 생활한다는 것이 쉬운 일은 아니다. 일은 서툴고 언어와 문화의 장벽은 두터우니 설렘과 동시에 두려움을 호소하는 이들도 있다. 아는 만큼 자신감이 생긴다. 해외인턴 전문 커뮤니티와 〈대학내일〉, 〈캠퍼스 잡앤조이〉 등의 대학생 전문 잡지 등을 통해 선배들의 경험담을 접하면 이러한 부담을 덜 수 있다. 요즘은 인터넷에 자신의 해외인턴 경험담을 올려두는 경우가 많으므로, 메일이나 쪽지를 보내 조언을 구하는 것도 한 방법이다.

'슈퍼울트라파워 특별한 그녀의 스펙타클 홍콩스토리' 블로그(blog.naver.com/haebaba21)는 해외취업을 준비하는 이들에게 잘 알려진 곳이다. 살가운 해외 취업정보는 물론 해외인턴과 해외취업에 성공한 이들의 스토리를 자세히 만날 수 있다. 'Awesome Bob' 블로그(blog.naver.com/bob8608)에는 국립국제교육원이 주관한 해외인턴 체험수기에서 최우수상을 수상한 이태호 씨의 생생한 싱가포르 인턴 경험담이 실려 있다. 코트라에서 운영하는 해외비즈니스정보포털 '글로벌윈도우' 블로그(www.globalwindow.org)를 통해 해외시장정보와 국가정보를 살펴보는 것도 유용하다. 세계 전 지역에 위치한 코트라 해외무역관으로부터 생생하고 신속한 해외정보를 얻을 수 있다.

안전을 챙기는 것은 필수다

인턴 기간 동안 생길 수 있는 사고나 돌발 상황을 미리 체크해 안전에 특히 더 주의를 기울여야 한다. 교육부와 국립국제교육원은 정부해외인턴십 참가자의 안전을 위해 지침을 마련했다. '정부해외인턴사업' 홈페이지 '홍보마당>자료실' 코너에서 정부해외인턴십 안전관리지침을 다운로드 할 수 있다. 이 파일에는 사고발생 시 행동요령, 개인안전지침, 재해재난 안전지침, 건강관리지침 등 다양한 정보와 주거지 임차 안전 체크리스트, 정부해외인턴사업 시행기관 연락처 등 유용한 자료가 담겨 있다. 해당 지침을 숙지해 안전에 대비하자.

적극성과 오픈마인드로 무장하자

해외인턴 경험자들이 하나 같이 강조하는 것은 적극적인 태도다. 한국을 대표한다는 마음으로 적극적으로 일한다면 더 많은 것을 얻어올 수 있다. 한국무역협회 무역아카데미 글로벌 연수실의 이승원 대리는 "해외인턴십은 어학연수나 배낭여행이 아니기 때문에 실무경험을 쌓겠다는 적극적인 마인드를 갖고 지원하는 것이 필요하다"고 말했다. 문화와 언어의 장벽을 극복하기 위한 자기계발도 필수다. WEST 프로그램을 통해 MSC(Mediterranean Shipping Company)에서 1년간 인턴을 한 후 정직원 제의를 받은 진우 씨는 "처음에는 서툰 언어를 회사에서 이해해줄지 모르겠지만 시간이 지나도 정체된 상태라면 나쁜 인상을 심어줄 수 있다. 완벽하지는 않더라도 빠르게 향상하려는 노력이 필요하다"고 조언했다.

자신의 역량을 무시한 채 너무 큰 기대감을 갖고 가면 실망할 수도 있다. 큰 세상에서 자신을 단련하는 과정이라고 생각한다면 더 많은 것을 배울 수 있다. 무엇을 하든 자기 하기 나름이다. 학교 울타리와 교과서를 벗어나 더 넓은 세상을 경험해보고 싶지 않은가? 자신만의 특별한 추억과 경쟁력을 쌓고 싶다면, 해외인턴에 도전하라. 성장은 도전하는 사람에게만 주어지는 선물이다.

미국의 투자은행 합격 노하우!

미국의 투자은행(IB) 취업에 성공한 한국인이 있다. 김선빈 씨가 그 주인공이다. 조선비즈에 따르면, 선빈 씨는 시민권과 영주권이 없는 유학생 신분으로 뱅크오브아메리카 메릴린치에 합격했다. 그가 꼽은 합격 비결은 다름 아닌 인턴!

"인턴 경험을 통해 실무 능력을 많이 쌓은 것이 합격 비결입니다. 처음 미국에서 인턴을 구할 때 IB은행에서 일하고 있는 대학 동문을 찾아 500명에게 이메일을 보냈습니다. 그중 세 곳에서 연락이 왔습니다. 또 제가 원하는 IB의 애널리스트를 만나기 위해 인디애나에서 뉴욕까지 비행기 타고 가서 커피 한 잔 마시고 바로 돌아온 적도 있어요."

적극성과 열정으로 인턴의 문을 두드려라! 이러한 노력은 값진 열매로 돌아올 것이다.

인턴십, 피할 수 없다면
실속이라도 챙겨라

목표를 생각하라

얼마 전 나는 이메일 한 통을 받았다. 대학교 졸업을 앞둔 J 씨가 보낸 메일이었다. 그녀는 지금 대기업 계열사에서 인턴을 하고 있는데, 앞으로 남은 기간을 어떻게 해야 할지 모르겠다는 고민을 털어놓았다.

"지금 한 달째 인턴을 하고 있어요. 그런데 얼어걸려서 그런지 별로 애정이 없습니다. 억지로 출근하니까 시키는 일도 하기 싫고, 별로 배우는 것도 없습니다. 윗사람들한테 핀잔 들을 때는 휴대폰 끄고 잠수라도 타고 싶은 마음이 굴뚝 같습니다. 계약기간이 3개월 정도 남았는데, 어떻게 해야 할까요? 빨리 그만두고 공채 준비를 하고 싶습니다."

자, 당신이 J 씨라면 어떤 선택을 하겠는가.

J 씨는 지금 정말 곤혹스러울 것이다. 원하지 않는 일을 하고 있는 데다 3개월이나 남은 상황이다. 하지만 "힘들면 그만두세요"라는 말을 쉽게 건넬 수가 없었다. 인턴 기간을 다 채우지 않고 중도 포기하면 '무책임하다'는 꼬리표를 달 수 있기 때문이다. 사회는 생각보다 좁다. 지금 인턴을 하면서 만난 회사 상사를 언제 어디서 다시 만날지 모른다. 나는 지금 당장의 그녀보다 미래의 그녀를 위해 다음과 같이 답장을 보냈다.

한참 후 J 씨로부터 답장이 왔다. '그만두더라도 마지막까지 최선을 다하자'는 마음으로 일했더니 갑자기 모든 게 술술 풀리더란다. 그녀는 며칠 사이 인턴 생활에 임하는 자세가 바뀌었다. 자연스럽게 J 씨를 대하는 주변 사람들의 태도도 달라졌다. 그녀는 목표를 수정했다. 그곳 직원들로부터 "같이 일하고 싶은 사람"이라는 평을 들을 수 있도록 계약기간 동안 책임 있는 모습을 보여주기로 말이다. J 씨는 힘든 고비를 현명하게 잘 넘겼다. 하지만 처음부터 이런 시행착오를 줄일 수 있는 방법은 없을까? 그녀는 시작 단추를 잘못 채웠다. 스스로 고백한 것처럼 '얼어 걸린 것'이 문제였다. 인턴경험을 성공적으로 만들기 위해서는 무엇보다 뚜렷한 목표의식이 필요하다. '남들이 하니까, 취업에 유리하다니까 무작정 지원하고 보자'는 식의 인턴 지원은 당신을 피곤하게 하고 주변에 피해를 줄 뿐이다. 당신은 왜 인턴을 하고자 하는가? 실무경험을 쌓고자 함인가? 기업에 대한 관심인가? 직장예절을 익히고자 함인가? 직무 적합도를 체크하고 싶은가?

과거에는 인턴을 실시하는 기업이 많지 않아 인턴을 했다는 사실만으로도 유리했지만, 요즘은 인턴이 대세다. 단지 인턴을 했다는 사실은 큰 도움이 되지 않는다. 인턴을 몇 번 했는지가 아니라 왜 인턴을 했고, 무엇을 배웠는지가 더 중요하다.

다음은 취업 면접 때 자주 나오는 인턴 관련 질문이다. 다음 질문을 살펴보면, 맞춤형 인턴의 중요성을 피부로 느낄 수 있을 것이다.

Q1. 우리 회사는 실무경험을 갖춘 인재를 원한다. 요즘 많은 지원자가 인턴을 하는데, 당신은 왜 인턴을 하지 않았나?

Q2. 당신은 우리 회사를 정말 들어오고 싶다고 하는데, 왜 다른 회사에서 인턴을 했나?

Q3. 인턴 정규직 전환율이 70%가 넘는데, 당신은 어떤 이유로 불합격했다고 생각하나?

Q4. 왜 다른 회사가 아닌, 우리 회사에서 인턴을 했나?

Q5. 인턴을 하며 무엇을 배웠나? 가장 힘들었던 점은 무엇인가?

'정규직 전환'보다 '배울 수 있는 점'에 집중하라

며칠 전 만났던 P 씨는 나를 보자마자 울분이 섞인 목소리로 속내를 토해냈다. 그의 이야기를 들어보니, 화가 날 만했다. P 씨는 최근까지 한 기업에서 인턴을 했다. 회식 자리에서 상사들은 '정규직 전환 1순위'라며 치켜세웠다. 맡겨진 일을 척척 해낸 것은 물론 적극적인 태도로 일을 찾아서 한 결과였다. 곧 신입사원이 될 거라는 희망은 그에게 주인의식을 불러일으켰다. 하지만 P 씨는 결국 불합격했고, 그 자리는 다른 인턴 동기가 차지했다.

"제가 떨어져서가 아니라, 그가 붙었다는 사실이 화가 나요. 그 친구는 인턴 기간 동안 평판이 정말 안 좋았어요. 지각도 자주 하고, 불평불만도 많아서 선배님들도, 인턴 동기들도 불편해 했거든요."

그는 며칠 후 '내부사정'의 비밀을 알아차렸다. 자신의 자리를 대신한 사원은 알고 보니 거래처 임원의 자녀였다. 누구든 P 씨와 같은 상황에 놓이면 정말 화가 날 것이다. 최선을 다해서 열심히 일하고 정규직을 간절히 바란 만큼 실망과 배신감은 커질 것이다.

나는 상담을 하면서 P 씨처럼 정규직 전환 단계에서 미끄러져서 힘들어하는 이를 자주 보았다. '인턴 후 정규직 전환 가능'이라는 조건을 보고 희망을 품은 채 인턴 활동에 임했던 이들은 상실감에 큰 상처를 입었다. 인턴으로 일하면서 상사에게 "일 잘 한다", "같이 일하고 싶다"며 칭찬을 자주 받았다면 그 마음은 오죽 할까. 열심히 노력한 만큼 정규직이라는 열매를 기대하는 것은 당연한 노릇이다.

하지만 이럴 때일수록 훌훌 털어버리자. 당신처럼 멋진 인재를 놓친 그 회사가 손해라고, 좋은 기회는 또 올 것이라고 콧방귀 한 번 크게 뀌어줘라. 채용은 변수가 많다. 기업 내부의 민감한 상황과 경영환경, 다른 지원자의 역량 등이 영향을 미친다. 그렇다 보니 당신이 최선을 다했다 할지라도 좋은 성과를 얻지 못할 수도 있다. 때로는 세상의 쓴맛을 겪는 것도 좋은 경험이다. 이런 장애물은 사회 생활의 성장통을 줄여주고 당신을 더 강하게 만들어줄 것이다.

가장 좋은 마음가짐은 결과를 떠나 배움에 집중하는 것이다. 반드시 정규직으로 전환되어야 한다는 생각보다는 결과에 상관없이 많은 것을 배워가겠다고 마음먹자. 인턴은 돈을 받으며 많은 것을 보고 느낄 수 있는 학습공간이다. 선배들의 노하우도 배우고, 사회도 경험하고, 귀한 인맥도 얻을 수 있다. 그 회사(직무)와 자신이 맞거나 맞지 않음을 깨닫는 것은 진로 설정에 큰 재산이다. 혹여 떨어지더라도 더 좋은 곳을 향한 하나의 발판이라고 생각하자. 당신은 젊고 기회는 많다.

'불비불명(不飛不鳴)'이라는 사자성어가 있다. 중국 고대 장왕의 일화에 나오는 '삼년부동 불비불명(三年不動 不飛不鳴)'에서 유례한 말이다.

"3년씩이나 날지 않았으니 일단 날면 높은 하늘에 오를 것이오. 또한 3년씩이나 울지 않았으니 일단 울면 세상 사람들이 모두 놀랄 것이오."

지금의 시기를 '불비불명'의 시기로 삼아보라. 조용히 때를 기다린 다음 날아올라라. 더 높이 날고, 더 크게 울기 위해서 말이다.

후기를 통해 프로그램을 점검하자

인턴이라고 해서 프로그램이 모두 알찬 것은 아니다. 인턴제를 처음 운영한 기업도 있고, 우수인재 채용보다는 홍보나 기타 다른 이유로 인턴제를 운영하는 기업도 적지 않다. 일부 기업은 정규직 채용을 무기로 영업을 강요하거나 무급인턴을 진행해 논란을 불러오기도 했다. 상황이 이렇다 보니 인턴을 하고 싶어도 불안함 때문에 선뜻 도전하지 못하는 이들이 꽤 있다.

대학내일20대연구소가 인턴 경험이 있는 전국 남녀 대학생 250명을 대상으로 조사한 결과를 보면, 인턴제도를 긍정적으로 바라보는 이와 부정적으로 바라보는 이의 의견이 팽팽하게 엇갈렸다.

Q. 인턴제도를 어떻게 생각하나?	응답률
구직자 입장에서 기업 실무를 사전에 경험할 수 있는 제도	32.8%
정규직보다 저렴한 인건비로 단순 업무인력을 확보하려는 제도	31.6%
취업난으로 힘들어하는 구직자들에게 일시적 위안을 주는 근시안적 제도	15.6%
직원을 채용하는 데 있어 역량을 검증할 수 있는 도움되는 제도	12.4%
정부에 의한 강요로 기업 · 기관이 어쩔 수 없이 실시하는 제도	7.6%

대학내일20대연구소의 한 연구원은 "기업은 책임감을 바탕으로 적절한 과제부여 및 업무의 가이드라인과 구체적인 평가 기준 제공 등 예비 직장인 육성 차원에서 필요한 지식과 역량을 전달하는 데 힘써야 할 것"이라고 강조했다. 김태완 서울대 경력개발센터 소장 또한 "기업이 인

턴제도의 장점을 충분히 활용하려면 프로그램을 제대로 짜야 한다. 일부 기업은 형식적으로 뽑아놓고 방치하는 경우도 있다”고 지적했다. 맞다! 기업은 보다 체계적인 프로그램을 운영해야 한다.

현업에서 실무 프로젝트를 수행하고, 알짜 교육을 제공하며, 게다가 보수까지 높은 인턴 프로그램이라면 대환영이다. 이처럼 탐나는 인턴은 합격 문턱이 매우 높기 때문에 철저한 준비가 필요하다.

그렇다면, 보다 알찬 인턴을 하기 위해서는 어떻게 해야 할까? 먼저 다양한 방법을 통해 인턴 프로그램을 검증하자. 기존에 인턴을 했던 선배를 만나거나 그들이 올려놓은 후기를 통해 정보를 얻을 수 있다. 인턴 프로그램은 어떻게 구성되는지, 기존 선배들의 만족도는 어떠한지, 정규직 전환 비율은 어떠한지 등을 꼼꼼하게 따져봐야 한다. 단, 개인의 성향에 따라 평가가 주관적일 수 있으니 이 점은 감안하고 판단하라.

적극적인 자세도 필수다. 회사가 좋은 취지로 인턴십을 운영했다 하더라도 인턴 참가자가 스펙 한 줄 쌓기 위해 수동적인 자세로 임한다면 값진 경험을 하기 어렵다. 한 그룹사 인사담당자는 “우수 인재를 조기에 영입해 회사의 업무와 환경에 적응하도록 키워내는 게 인턴제도의 기본 목적이다. 하지만 이력서에 한 줄 더 쓰자고 ‘다녀가는’ 사람들 때문에 이런 취지를 제대로 달성하지 못하고 있다”며 아쉬워했다.

인턴, 이제 남도 하고 나도 하는 경험이다. 꼼꼼한 사전 준비와 적극적인 자세로 나만의 특별한 스토리를 만들자.

인턴 선배의 생생 인턴 경험담

글: 송윤정

인턴 생활은 한 방송국 알리미 1기로 시작했어요. 1기라 인지도가 낮았지만 알리미 활동이 이후 다른 회사 인턴을 지원하고 제 커리어를 쌓을 때 큰 역할을 해주었죠.

미국에서 어학연수를 하면서 미국 친구들이 인턴십 활동을 통해 자신의 적성을 찾아가고 원대한 꿈을 꾸는 것을 보았어요. 신선한 충격이었죠. 저도 한국에 가면 정말 열심히 살아야겠다고 다짐을 했어요. 그리고 인턴의 문을 두드리게 됐죠.

2학년으로 복학한 후 여름방학을 맞이하게 됐고, 이 기간을 알차게 보내야겠다는 마음가짐으로 학교 취업지원팀의 홈페이지를 수시로 들락거렸어요. 그때 한 통신회사의 하계 인턴을 발견했습니다. 보통 인턴은 4학년만 지원이 가능했었는데, 그 회사는 재학생도 지원할 수 있었습니다. 모집공고를 발견한 것 자체가 행운이었죠.

'떨어지면 어때, 한번 해보는 거지' 라는 마음으로 망설임 없이 지원했습니다. 서울 본사와 지역 마케팅본부를 선택해야 했는데, 집이 지방이기도 하고 왠지 더 많은 경험을 할 수 있을 것 같아 지역 마케팅 본부를 지원했고 운 좋게 합격 소식을 들을 수 있었습니다.

지역 본부에서의 인턴은 생각한 대로 많은 기회를 가져다주었습니다. 직접 프로모션을 운영하고 그 결과를 보고하는 형식의 실무를 했습니다. 멘토의 말씀을 항상 귀 기울여 듣고, 바로 그것에 대한 보고서를 밤새서 쓰고, 쉬는 시간이나 점심시간 때 짬이 날 때마다 멘토와 이동통신사, IT 등에 대한 이야기를 나눴습니다. 저는 대학생들의 트렌드에 대해 이야기를 해드렸고요. 이렇게 많은 대화를 나누면서 멘토와 인간적으로 가까워지게 된 것 같아요.

한 번은 상무님들이 모인 마케팅전략 회의에서 인턴사원의 이름으로 사업 제안 PT를 했습니다. 어떻게 보면 기술적인 것 하나 없는 제 아이디어를 상무님들께서는 매우 좋게 봐주셨죠. 저는 주어진 과제 외에도 일주일에 마케팅과 전략 서적 2~3권을 읽고 PPT로 요약해서 멘토께 제출했습니다. 이런 자발적인 모습을 많이 칭찬해주셨습니다.

제가 진행한 프로모션 결과도 매우 좋았습니다. 인턴 근무 마지막 날 알게 된 사실인데요. 제가 관리한 대전 본부(대전, 천안, 청주, 보령)가 각각 1, 2, 3, 4위를 얻어 전사 1위에 올랐다는 이야기를 들었어요. 정말 놀라운 일이었죠. 이러한 내용이 모두 서울에 계신 인사과장님께 전해졌고 저는 이후 동계 인턴 러브콜을 받았습니다.

동계 인턴 때는 '비즈기획실'에서 근무하면서 무선인터넷 요금제 전략 방안과 조직 문화 개선 프로젝트에 참여했습니다. 거의 야근을 밥 먹듯이 했지만 전혀 힘들지 않았어요. 일을 하면 할수록 흥이 났습니다. 열심히 일하다 보니 좋은 평가를 받았고, 인턴 기간이 종료된 후에도 회사와 끈이 이어졌습니다. 학교를 다니면서 재택근무 형태로 발표 자료를 작성했고, 여러 프로젝트에 투입되면서 계속 일을 했습니다. 인턴사원들 중 유일한 혜택을 받은 거였죠. 인사과장님께서는 이번 공채 때 지원하라고 몇 번을 누차 강조하셨습니다.

지금은 다른 회사 성장사업부문 미디어본부 인턴을 하고 있습니다. 아마도 '인턴 중독증'이라는 병이 생겼나 봅니다. 이곳에서 얼마 전 세미나 경쟁 PT가 있었는데, 제가 속한 팀이 1등을 했습니다. 물론 제 능력이 뛰어나다고 생각하지 않습니다. 제게 주어진 기회들이 정말 감사한 기회들이었고 제가 만났던 분들이 모두 좋은 분들이셨습니다. 정말 모든 게 운이라는 생각이 듭니다.

저의 모토는 '사람에게서 모든 것이 나온다. 모든 것은 사람으로 통한다'입니다. 인턴은 '낀턴'이 아니라 'ㅅ턴'입니다. 혹시라도 잘 맞지 않는 상사를 만난다 해도, 단순 업무를 하게 된다 해도, 그 일과 사람에게서 얻고 배우는 것은 돈으로 살 수 없는 가치가 있습니다.

인턴은 내 평생의 직업을 결정하기 위해 할 수 있는 가장 소중한 사전 작업입니다.

전략편

기업이 원하는
이력서·자소서·면접 대비로
인턴 취업 한 방에 끝내라

인턴 채용정보, 핫스팟을 찾아라

김현유 구글 사업제휴팀 상무의 대학시절 모습은 한 마디로 '인턴왕'이었다. 그는 대학 2학년 때 보험회사를 시작으로 벤처기업, 회계법인 등 네 곳의 기업에서 인턴을 했다. 그가 대학교를 다니던 1990년대 후반은 지금처럼 인턴 기회가 흔하지 않았고, 초고속 인터넷 보급률도 낮아 채용 정보를 구하기가 쉽지 않았다.

그는 수소문 끝에 주한미국상공회의소(AMCHAM)가 매년 출간하는 회원 주소록을 구했다. 당시 한국보다는 외국 회사가 '학부생 인턴'이라는 개념에 익숙했기 때문에 외국 회사에 지원하기로 마음먹은 것이다. 회원 주소록에는 한국에 진출한 미국 회사들의 연락처가 적혀 있었다. 그중 관심 있는 회사 15곳에 자신의 영문 소개서와 편지를 보냈다.

"당신의 꿈 많았던 대학 시절을 기억하십니까?"

바로 이 문장이 편지의 처음을 장식했다. 하지만 답장이 온 곳은 단 한 곳, 당시 세계 최대 보험사였던 AIG였다. 이런 노력 끝에 그의 인턴 생활은 시작됐다.

김현유 구글 상무가 대학시절을 보냈을 당시와 지금을 비교하면, 얼마나 정보를 구하기가 쉬워졌는가? 각종 취업 포털 사이트에서 '인턴'이라는 두 글자를 검색하면 손쉽게 인턴 채용정보를 얻을 수 있다.

학교 홈페이지 채용 코너와 학과 사무실 게시판도 꼼꼼하게 살펴보자. 학교마다 산학연계 프로그램으로 인턴십을 진행하는 경우가 많기 때문에 수시로 취업지원센터를 방문해 정보를 얻는 것이 좋다. 인턴 채용공고를 일부 학교 홈페이지에만 올리는 기업도 있으니 타 학교 친구들과의 네트워크를 통해 관련 채용 정보를 챙기자.

요즘은 캠퍼스를 방문해 인턴 채용설명회를 여는 기업도 늘고 있다. 하지만 채용설명회가 열리는 학교의 수는 신입사원 채용에 비해 적은 편이다. 한 기업의 경우 서울대, 연세대, 고려대 등 서울에 있는 7개 대학에서만 행사를 열기도 했다. 채용설명회는 지원 회사에 대한 다양한 정보를 얻을 수 있는 기회인 만큼 다른 학교라도 빠지지 말고 참여하자. 관련 정보는 해당 기업 홈페이지와 취업사이트, 각 학교 취업지원센터 홈페이지를 통해 얻을 수 있다.

외국계 기업에 관심이 있다면 외국기업 취업전문사이트를 즐겨찾기 하자. 피플앤잡(www.peoplenjob.co.kr)은 신입과 경력뿐만 아니라 인턴사원을 뽑는 채용공고가 자주 올라온다. 영문이력서 작성법, 외국기업 취업 전략, 상시채용사이트 등 외국기업 취업에 필요한 정보가 풍성하다.

만약 자신이 원하는 곳에서 인턴을 뽑지 않을 때는 어떻게 해야 할까? 재학생이라면 교내에서 방법을 먼저 찾아보라. 학과 교수님과 취업 지원센터 담당자를 찾아가 인턴에 대한 관심과 열정을 전달하는 것은 기본이다. 이때 입사지원서 지참은 필수다.

지난 해 채용공고를 검색해보면 채용 시점을 예측하는 데 유용하다. 보다 정확한 시기를 알고 싶다면 기업 인사팀에 메일을 보내 문의하는 것도 괜찮다. 또 하나! 김현유 구글 상무의 대학시절을 떠올려보라. 직접 인턴 자리를 알아보는 방법이 있지 않은가.

미국 뉴욕의 한 식품회사에서 어시스턴트 매니저로 일하는 지은 씨. 그녀는 어떻게 해외취업에 성공했을까. 처음에는 인터넷을 통해 직접 외국회사에 이력서를 보냈다. 2년 동안 40곳에 원서를 보냈지만 연락은 오지 않았다. 고심한 끝에 전략을 바꾸었다. 평범한 이력서가 아니라 영상 이력서를 통해 입사 의지를 어필하기로 한 것이다. 그 결과 지금 일하는 회사에서 연락이 왔다.

게임회사 홍보실에 근무하는 진영 씨가 그 회사와 인연을 맺은 계기는 다름 아닌 이삿짐 아르바이트였다. 휴학 중 이삿짐을 나르러 갔다가 회사 홍보실 관계자가 "일을 열심히 잘 한다"며 3개월간 인턴으로 일해보길 권한 것이다. 그때 당시 토익 점수도 따로 없었다. 그렇게 인턴으로 일하다 홍보 일에 대한 매력을 느끼게 되었고, 지금은 정직원으로 일하고 있다.

구직활동을 하든 아르바이트를 하든 적극적인 자세로 임하라. 적극적인 태도는 당신의 취업문을 활짝 열어줄 것이다.

이메일을 통해 인턴 기회를 얻는 노하우

김현유 구글 상무의 대학시절처럼 '인턴왕'이 되고 싶지 않은가? 그렇다면 직접 인턴 자리를 알아보라. 가장 쉬운 방법은 이메일을 통해 인턴 자리를 구하는 것이다. 하지만 한두 차례 메일을 보냈다고 해서 일자리가 뚝딱 생기는 것은 아니다. 기업 10곳에 메일을 보냈다 하더라도 답장을 하나도 못 받을 수도 있다. 어떤 이는 50곳에 메일을 보낸 끝에 인턴 자리를 구하기도 했다. 한두 차례 메일을 보내서 답장이 오지 않는다고 실망하는 것은 금물이다. 운이 좋으면 한 번에 인턴 자리를 구할 수도 있다. 갑자기 결원이 생겨 업무를 보조할 아르바이트생이 필요한 회사에 메일을 보냈다면, 한마디로 '천생연분'이다. 그것이 궁합이고 인연이다. 다음은 이메일을 통해 인턴 기회를 얻을 확률을 높이기 위한 몇 가지 방법이다.

인사팀과 실무팀에 인턴 기회를 얻을 수 있는지 문의 메일을 보내자. 연락처는 홈페이지에 나와 있다. 연락처를 알기가 어렵다면, 대표전화를 통해 담당자 연락처를 문의하면 된다.

이메일을 보낼 때 가장 중요한 것은 정중한 표현이다. 회사에 얼마나 관심이 있는지, 어떤 꿈을 꾸고 어떤 준비를 해왔는지, 인턴이 되면 어떤 역할을 할 수 있는지 등을 최대한 예의 바르게 어필하자. 인턴을 할 수 있는 기간과 시간은 회사의 일정에 맞추겠다는 태도가 중요하다. 예를 들면 "방학 두 달 중에 회사에서 원하는 날짜에 일할 수 있다"고 적는 것이 좋다.

메일 내용이 길다고 무조건 좋은 것은 아니다. 핵심이 잘 전달될 수 있도록 10~15줄가량 쓰고, 간단한 이력을 메일 안에 넣어서 보내라. 바빠서 첨부 파일을 열어보지 않을 수도 있기 때문이다. 이력서와 자기소개서를 첨부할 때는 파일을 2개로 나누지 말고, 하나로 정리해서 보내는 것이 상대를 배려하는 모습이다.

답장이 오지 않는다고 해서 무작정 전화를 걸어 "왜 연락 안 주느냐"고 물어보는 태도는 위험하다. 업무가 너무 바빠 검토할 여력이 부족할 수도 있다. 일주일 정도 후에 다시 메일을 보내 "내용을 확인해보았는지, 검토 후 회신을 준다면 감사하겠다"고 의지를 전달하는 것이 무난하다.

'왜 이렇게까지 해야 하나' 하는 생각을 할 수도 있다. 물론 이해한다. 귀찮기도 하고, 그 과정에서 괜한 상처를 입을까봐 걱정도 될 것이다. 하지만 귀한 것을 얻으려면 그만큼 투자를 해야 한다. 생각해보라. 이러한 과정을 통해 '무'에서 '유'를 만드는 성취감을 얻을 수 있고, 일에 임하는 책임감도 달라질 것이다. 당신의 스토리를 살찌우고 싶지 않은가. 작은 도전부터 시작해보라.

헛물은 그만, 기업이 원하는 이력서를 만들어라

임의로 글꼴, 글자크기, 줄 간격, 양식을 변경하거나 작성분량을 초과한 경우는 감점 처리합니다.

한 외식기업은 인턴사원을 뽑으며 지원서 안내사항에 다음과 같이 적었다. 회사마다 표기 방법이 다르므로 작성가이드를 꼭 읽고 회사 방침에 따르자. 양식을 바꾸면 불이익을 얻을 수도 있으니 주의해야 한다. 입사지원서 지정 양식이 있는 경우는 작성하기 전에 도움말부터 챙기자.

입사지원서와 자기소개서 형식이 주어지지 않을 때는 어떻게 할까? 처음 입사지원서를 쓰는 인턴 지원자들에게 자유양식은 어렵고 막막하게 다가올 수 있다. 하지만 이 방법은 오히려 지원자의 장점을 부각시킬 수 있는 좋은 기회다. 우선 인터넷에서 여러 가지 형식의 입사지원서를 찾아보고, 자신의 가진 이력을 가장 돋보이게 할 수 있는 양식을 선택하라. 동종업계의 입사지원서를 찾아보는 것도 방법이다.

인터넷에서 떠도는 양식을 무작정 다운받아 그대로 작성하면 어학성적, 자격증, 공모전, 어학연수, 수상경력처럼 자신에게 해당되지 않는 항목이 많아 공란이 생길 수 있다. 그러니 자신의 이력을 살릴 수 있는 양식을 찾는 것이 우선이다.

입사지원서 작성의 기본은 A4 한 페이지를 가득 채우는 것이다. 빈칸이 많으면 준비가 덜 된 인상을 풍길 수 있으니 주의하자. 가장 좋은 방법은 자신의 이력에 맞는 양식을 스스로 만드는 것! 매력을 어필하는데 더욱 유용하다. 회사 로고를 입사지원서 상단에 붙이면 정성스러운 인상을 줄 수 있다. 입사지원서 상단 중앙에 '입사지원서'라는 글자 대신 회사에 대한 충성심과 직무에 대한 열정을 나타낼 수 있는 제목을 넣어도 좋다. 10글자 내외로 임팩트 있는 문장을 생각해보자. 외국계기업 인사담당자는 "입사지원서를 쓸 때 과장해서 작성하지 말라. 후에 입사지원서 내용을 바탕으로 인터뷰가 진행되니 꼭 진실되게 적어야 한다. 입사지원서는 너무 길게 작성하기보다 한 장 정도로 임팩트 있게 정리하는 것이 좋다"고 말했다.

내가 만약 인사담당자라면 이메일 아이디를 꼼꼼히 살펴볼 것이다. 무심코 적은 이메일 아이디를 보면 그 지원자의 성격이 드러나기 때문이다.《상추 CEO》저자이자 유기농 상추로 매출 100억 원을 일군 장안 농장 류근모 대표의 이메일 아이디는 '6262ssam'이다. 유기농 상추에 대한 그의 열정이 센스 있게 담겨 있다. 이처럼 사소한 이메일 주소 하나에도 자신만의 열정을 담을 수 있다. 이메일 주소와 함께 체크해야 할 것은 주소 옆에 병기되어 있는 '보낸 사람' 표기명이다. 자신의 이름으로 설정되어 있는지 한 번 더 체크해보자.

입사지원서 사진은 면접관과의 첫 번째 만남이다. 그런데 사진에 신경을 쓰지 않는 이들이 너무 많다. 티셔츠만 입고 찍은 사진을 보내거나 강아지 사진을 붙여 넣는 이도 있다. 인턴이나 신입사원이나 조직 생활을 하는 것은 마찬가지다. 공채에 앞서 준비한다는 마음을 갖고 반드시 단정한 사진을 첨부하라.

인턴에 합격한 이들의 공통점 중 하나는 자기소개서를 무척 잘 썼다는 점이다. 반면 불합격한 이들의 자기소개서는 대체로 불성실하다. 처음 자기소개서를 써서 작성요령을 모르거나, 형식적인 과정이라고 생각해서 정성을 담지 않기 때문이다. 인턴 자기소개서라고 해서 '대충대충' 쓰는 마인드는 버려야 한다. 공채를 준비하는 절실한 마음으로 자기소개서를 작성한다면 좋은 기회를 얻을 수 있다.

인턴 자기소개서에서 중요한 평가 기준 중 하나는 '자기소개서를 열심히 썼는지'다. 인턴전형은 공채에 비해 상대적으로 자기소개서를 성실하게 쓰지 않은 지원자가 많다고 한다. 먼저 분량부터 챙기자. 각 항목당 자기소개서 분량이 400~500자라면 90% 이상, 800자를 넘으면 80% 이상은 채우는 것이 좋다. 한국서부발전은 '2014년도 상반기 채용

연계형 인턴'을 뽑을 때 자기소개서 질문을 다양하게 요청했다. 입사지원서에는 '역량기반 지원서 부실 기재 시 필기전형 응시기회가 제한될 수 있다'는 안내문구가 적혀 있었다.

인턴 지원자는 그다지 보여줄 게 많지 않다고 생각할 수 있다. 하지만 높은 경쟁률을 뚫기 위해서는 자신의 열정과 의지를 보여줘야 한다. 아직 재학기간이 남아 있다면 앞으로 어떤 준비를 할 계획인지를 녹이는 것도 좋다. 기업의 인턴 자기소개서 형식을 보면 신입과 같거나 비슷한 경우가 많다. 이 때문인지 인턴 자기소개서를 보면 인턴 지원자인지, 신입 지원자인지 분간하기 어려울 때도 많다. 적어도 자기소개서에 '인턴'이라는 단어 하나쯤은 들어 있어야 하지 않을까. 왜 인턴전형에 지원했는지, 인턴전형에 참여해 무엇을 배우고자 하는지, 인턴 이후의 계획은 무엇인지 등에 대해 구체적으로 고민해보기를 바란다.

앞서 말한 대로 인턴 자기소개서 형식은 신입과 비슷한 경우가 많다. 많은 기업이 성장 과정, 성격의 장단점, 학창시절, 지원 동기, 입사 후 포부 등의 항목을 기본으로 제시한다. 자기소개서를 잘 쓰면 면접도 유리하다. 자기소개서에 아르바이트를 하며 매출을 올린 경험을 쓴다면, 면접에서 이에 대한 질문을 받을 확률이 높기 때문이다. 면접의 흐름을 자신에게 유리하게 만들고 싶다면, 먼저 자기소개서 에피소드부터 신경 쓰자.

자기소개서 질문은 기업의 채용 방침이 바뀌면 그에 따라 수정된다. 기본형을 채택하던 기업이 보다 도전적인 인재를 뽑고자 에세이형 질문을 추가하기도 한다. 해당 기업의 과거 채용공고를 살펴보며 자기소개서 질문이 달라졌는지, 그렇지 않은지를 확인해보는 과정도 필요하다.

만약 새롭게 추가된 질문이 있다면 이 부분은 더욱 꼼꼼하게 신경 쓰자.

간혹 인턴 자기소개서를 쓸 때 타 회사 인턴 경험을 적어도 되는지 물어보는 이가 있다. 물론 괜찮다. 인턴을 뽑을 때도 인턴 경험이 있으면 유리하다. 기존에 인턴을 하며 어떤 자세를 배웠는지를 강조하는 것이 좋다. 인턴을 했던 회사의 이름을 적는 것은 상관없지만, 타 회사명을 여러 차례 쓰는 것은 주의해야 한다. 언뜻 봤을 때 다른 회사에 관심이 많은 것으로 오해할 소지가 있기 때문이다. 회사 이름 대신 '식품회사', '건설회사'처럼 적는 것도 한 방법이다.

자기소개서도 입사지원서와 마찬가지로 자신만의 장점을 담는 것이 중요하다. 회사가 자신을 인턴사원으로 뽑아야 하는 이유를 진심을 담아 전달하자. 방송국 스크립터 인턴에 지원한 설희 씨는 자기소개서를 적을 때 '기분 좋은 별명 독한 서설', 'The proof of the pudding is in the eating!'과 같은 소제목을 정해 문단별로 자기소개와 지원 동기를 녹여서 썼다. 그녀가 자기소개서에 내세운 것은 능동성과 언론에 대한 열정이었다. 이러한 노력은 합격의 지름길이었다.

이처럼 자기소개서를 작성할 때는 소제목에 신경을 쓰라. 300~400자 단위로 하나씩 소제목을 두어서 단락을 구분하는 것이 좋다.《제목 만들기 12가지 법칙》에서 알려준 노하우를 활용하는 것도 좋은 방법이다.

― 제목 만들기 12가지 법칙

법칙 1 무엇이 이익인지 확실하게 알린다.

법칙 2 지금이 기회라고 강조한다.

법칙 3 절실하게 중요한 일임을 인식시킨다.

법칙 4 내용이 궁금해서 참을 수 없게 만든다.

법칙 5 '왜?'라는 의문이 들게 한다.

법칙 6 '그게 가능해?'라고 할 정도로 놀랄 만한 거짓말을 한다.

법칙 7 '설마, 그런 게 있을까?' 하는 흥미를 유발한다.

법칙 8 제목답지 않은 제목을 단다

법칙 9 '왜 읽어야 하는가?'를 확실하게 알린다.

법칙 10 '상식'을 살짝 비튼다.

법칙 11 '신선함'과 '새로움'에 주목하게 한다.

법칙 12 보는 순간 고개를 끄덕이게 한다.

아프리카TV의 BJ '마케터 스타'

매향딸기, 동남아 고객의 입맛을 사로잡다

대나무 분재 감상하러 담양 오세요!

이모! 저 왔어요!

고장 난 컴퓨터와 복사기는 제게 맡겨주십시오

서비스 품질은 높이고, 요금 부담은 덜고

15만 요우커를 사로잡겠습니다!

섬유·패션, "미국이 미래입니다"

지원 동기

인사담당자가 가장 궁금해 하는 항목은 '지원 동기'다. 단순히 취업을 희망하는 것인지, 지원 회사에서 성장하고 싶은 목표가 있어서 지원했는지를 바로 이 문항을 통해 확인하고자 한다. 막연히 회사를 칭찬하거나 자신에 대한 이야기만 늘어놓는 것은 좋지 않다. 회사와 자신의 교집합을 찾아 그 회사에서 인턴을 하며 무엇을 배우고, 어떤 점에 기여할지를 강조하는 것이 좋다.

[예시]

○○ 회사는 고객을 최우선으로 삼고 있습니다. 이 회사의 인턴사원에게 가

장 중요한 역량은 고객만족(CS)을 실천할 수 있는지의 여부라고 생각합니다. 저는 고객의 입장에서 고객이 필요로 하는 것이 무엇인지 빠르게 파악하고 니즈를 충족시킬 수 있는 사고방식과 실행력을 갖고 있습니다. 1년 전 커피전문점에서 6개월 동안 아르바이트를 할 때 고객들의 니즈를 반영해 마일리지 제도를 제안하고 신 메뉴 개발에도 적극적으로 참여해 매출을 10% 이상 올린 경험이 있습니다. 이후에도 학회 활동을 하면서 내부고객의 만족도를 높임으로써 갈등을 줄이는 노하우를 배웠습니다. 인턴사원이 된 후 ○○ 회사의 ○○부서에서 고객가치를 실현하며 회사가 필요로 하는 인재가 되기 위해 노력하겠습니다.

성장 과정

주로 자기소개서의 앞부분에 나온다. 자기소개서의 첫 인상을 좌우하므로 공들여 작성하자. 성장 과정을 쓸 때는 현재 모습(직업관, 인성, 가치관 등)에 영향을 준 사건을 소개하는 것이 좋다. 가급적 초등학생보다는 중·고등학생 때의 경험을 꺼내라. 특정한 시점만 묘사하거나 연대기 순으로 나열하는 것보다는 테마를 정해 서술하는 것이 더욱 괜찮은 방법이다.

[예시]

세상에 많은 빚을 지다: 다섯 살 때 갑자기 한쪽 시력이 나빠져 안구기증을 통해 세상을 다시 보는 귀한 선물을 얻었습니다. 그 후 저와 가족은 다른 사람에게 도움을 주는 삶을 살기 위해 노력했습니다. 15년 동안 꾸준히 부모님과 함께 양로원에서 봉사활동을 했고, 장기기증도 신청했습니다. 대학교 2학년 때에는 전공을 살려서 아프리카 탄자니아에서 6개월 동안 컴퓨터를 가르치는 봉사활동을 했습니다. 생활 속에서 나눔과 봉사를 실천하며 다른 사람을 더 배려할 수 있는 힘을 길렀습니다. 또한 개인보다는 더 나은 사회를 위해 일하고 싶다는 꿈을 꾸게 되었습니다. ○○전자 헬스케어사업부의 문을 두드리는 이유도 이와 같습니다. ○○전자에 입사해서 환자가 정확한 진단을 통해 맞춤형 치료를 받을 수 있도록 첨단의료기기 소프트웨어를 설계하는 데 기여하고 싶습니다.

학창시절

학생의 본분은 공부이므로 학창시절 무엇을 배우고 어떤 소양을 쌓았는지 궁금해 한다. 다만 회사는 단순히 공부만 잘하는 모범생은 환영하지 않는다. 대학시절 진로와 연관된 꿈을 위해 노력했던 이야기를 2가지 테마로 나눠 정리해보라.

[예시]

인턴 사원에게 가장 필요한 자세는 열정과 적극성이라고 생각합니다. 저는 학창시절 공모전 참여와 동아리 활동을 하며 이런 태도를 키웠습니다. 대학교 2학년 때 도내 공모전 출품작을 학교 기숙사 주차장에서 만든 경험이 있습니다. 당시 기숙사 생활을 하고 있었는데, 밤 12시가 되면 기숙사 불이 다 꺼져 불이 켜 있는 주차장에서 공모전 준비를 했습니다. 추운 겨울 지하주차장 바닥에 돗자리를 깔고 밤새 출품작을 만들면서 하드웨어 개발에 대한 열정을 다졌습니다. 또한 2년 동안 자작자동차동아리 활동을 하면서 '국제 대학생 자작자동차대회, 내구 레이스 준우승'의 성과를 거두기도 했습니다. 인턴 사원이 된 후에도 끊임없이 배우고 익히며 선배님들께 사랑 받는 인턴 사원이 되겠습니다.

장단점

기업 인사담당자는 장단점을 명확하게 파악하는 이들을 선호한다. 강점을 잘 알고 그것을 활용할 줄 아는 사람은 고유한 성과를 창출할 수 있고, 약점을 정확히 파악하고 있는 사람은 자신의 한계를 잘 알기 때문에 협력을 잘한다고 입을 모은다. 너무 두루뭉술하게 접근하지 말고 구체적인 예시를 덧붙여서 신뢰를 더하자. 한 가지 더! 장단점을 쓸 때는 기업이 묻는 것이 '성격'인지, '역량'인지 한 번 더 살펴보아야 한다. 성격의 장단점은 '꼼꼼하다, 신중하다, 지나치게 열정적이다' 등의 범위에서 찾을 수 있고, 역량의 장단점은 직무를 담당하는 직장인으로서 부족하다고 판단하는 지식, 스킬, 태도 등의 범주에서 고려해볼 수 있다. 아래 예시는 역량의 장단점을 소개한다.

[예시]

- **성에를 제거하는 두 가지 방법:** 경청과 소통의 자세가 뛰어나다고 생각합니다. 3학년 1학기 '창의적 공학 설계'의 프로젝트를 진행할 당시 의견조율을

통해 위기를 극복한 경험이 있습니다. 1차 발표에서 9조의 아이디어가 자동차 성에제거장치로 동일하다는 사실을 알게 되자 두 팀 모두 손해를 볼 수 있었기에 팀원들이 크게 동요하며 양 팀 간 의견 충돌이 일어났습니다. 이때, 직접 공동 프로젝트를 제안하였습니다. 보안을 철저히 하는 다른 7개 조와 달리 공동 설계를 진행하면서 비슷한 문제를 다른 방식으로 풀어갔습니다. 부수적인 정보를 서로에게 제공해주기도 하고, 각자의 설계와 발표를 평가해주며 시너지효과를 발휘했습니다. 그 결과 '열 방식'과 '기구학적 방식'으로 설계한 두 팀 모두 가장 우수한 평가를 받았습니다. 2명을 제외한 모든 팀원이 A+의 성적을 받았으며 '자동차 성에제거장치'로 특허를 출원할 수 있었습니다. 다양한 팀들과 함께 방향을 맞춰가는 파이롯트 업무에서 위의 경험과 장점을 살려보겠습니다.

• 경영 마인드를 길러라: 전공 위주로만 수강하다 보니 상대적으로 경제와 경영 분야의 지식이 부족합니다. 한동안 '자동차생활'류의 잡지만 챙겨보는 대신 경제·경영 분야에는 관심을 두지 않았습니다. 하지만 T자형 지식을 갖춘 엔지니어가 되기 위해서는 경제의 흐름 역시 읽을 수 있어야 한다고 생각했기에 올해 초부터 〈매일경제〉 신문을 정기구독하고 있습니다. 경제신문을 읽으면서 ○○자동차의 기사 역시 찾을 수 있었고 관련 기사를 스크랩할 수도 있었습니다. 경제·경영학도 수준의 지식을 갖추기는 어렵겠지만 항상 배움을 게을리 하지 않겠습니다.

입사 후 포부

회사는 3년, 5년, 10년 후의 미래를 자주 묻는다. 이는 지원자가 목표가 있는지, 목표의 난이도는 어느 수준인지, 이를 달성하기 위한 과정은 구체적인지를 알기 위함이다. 기업은 구체적이면서도 큰 목표를 갖고 있고, 그것을 이루기 위한 계획을 구체적으로 세운 지원자를 선호한다. 특히 인턴은 성장가능성을 많이 보기 때문에 '입사 후 포부' 항목을 잘 써야 한다. 입사 후 어떻게 성장해갈지를 구체적으로 강조하라. 각 기업 홈페이지에서 직장선배의 인터뷰를 참고하면 입사 후 포부를 쓰는 데 도움을 얻을 수 있다.

[예시]

졸업 후 K건설에 입사해 화공플랜트 전략기획업무 전문가가 되는 것이 목표입니다. 이를 위해 대학시절 해외플랜트교육을 이수하였고 재무, 회계, 마케팅 등의 경영지식도 쌓았습니다. 인턴 사원이 된 후에는 크게 두 가지 실천방안을 생각하고 있습니다.

첫째, 1시간 먼저 출근해서 그날 할 일을 미리 정리하고 야근 등에 솔선수범하며 선배님들께 도움을 드리는 사원이 되겠습니다. 기업문화를 빠르게 익혀 '외부인'이 아니라 '내부인'으로 함께 하겠습니다.

둘째, 플랜트의 전체적인 프로세스를 배우고 싶습니다. 전략기획 업무는 부분이 아닌 전체적인 프로세서를 먼저 아는 것이 중요하다고 알고 있습니다. 인턴 기간 동안 플랜트 전략기획 직무에 필요한 업무지식과 경험이 무엇인지 꼼꼼히 살피고 배우겠습니다.

인턴 기간 동안 쑥쑥 성장하고, 남은 재학 기간 동안 부족한 점을 보완해 K
건설 공채에 도전하겠습니다. 입사 후 3년 내 이라크, 쿠웨이트, 캐나다 등에
서 수익 위주의 사업전략을 수립함으로써 K건설의 발전에 기여하겠습니다.

직장 선배의 비전

"실무와 이론을 겸비한 구매기획 전문가로 성장하여 서브원 MRO사업부
가 구매사관학교의 역할을 하며 산업재 유통시장의 리딩 컴퍼니라는 비
전을 이루는 데 힘을 보태고 싶습니다."

– 서브원 구매전략실 김아름

"서브원 FM사업부는 FM 분야 국내 1위 자리를 지키고 있으며 세계적인
기업 부동산 자산관리 서비스 회사를 목표로 하고 있습니다. 저는 유연하
고 균형 잡힌 사고를 겸비한 아웃소싱 매니저로서, 사업 성장을 지원하고
거래의 안정성을 확보하여 FM사업부가 국내외 시장을 선도하는 데 기여
할 수 있는 새로운 패러다임의 한 축을 그려내고 싶습니다."

– 서브원 외주관리실 정민영

▲ 출처: 서브원 홈페이지

질문부터 파악하라
스펙을 이기는 자기소개서 작성법 ③

요즘은 서류전형과 면접전형의 상호연계성을 높여 채용을 보다 효율적으로 진행하고자 하는 움직임이 늘고 있다. 자기소개서 질문을 '기본형'에서 '에세이형'으로 바꾸고 이를 토대로 역량 구조화 면접을 보는 것이 그 예라고 할 수 있다. 기본형이 '성장 과정', '성격의 장단점', '학교생활', '지원 동기 및 포부' 등을 주로 묻는다면, 에세이형은 기업에 따라 질문이 다르다. 보통 각 기업이 중시하는 역량을 바탕으로 세부사항을 묻는다.

일부 회사는 인턴사원을 뽑을 때 자기소개서 양식을 따로 두지 않고 A4 1~2페이지 분량으로 '자유서술'을 요청하기도 한다. 이 경우에는 '자기소개', '학창시절', '인턴 지원 동기', '포부 및 향후 계획' 등을 중심으로 작성하면 된다. 단락 구분과 소제목을 넣는 것은 필수다. A4 1페이지 분량을 기준으로 4~5개 항목을 두는 것이 좋다. 자기소개서를 쓰기

전에 여러 곳의 에세이형 질문을 살펴보면 뼈대를 잡는 데 유리하다. 일부 회사는 자기소개서에 넣을 내용과 순서를 친절하게 알려주고 있다. SK그룹, 한화그룹 등이 대표적이다. 회사마다 자기소개서 질문은 다르더라도 선호하는 전개방식은 유사하기 때문에 에세이형 질문을 자주 보면 틀을 잡는 감각이 생긴다. SK 이노베이션과 한화갤러리아의 자기소개서 질문을 보면 회사 및 직무 지원 동기, 입사를 위해 준비한 노력 등과 더불어 열정, 도전, 헌신, 창의성, 협업 등의 역량을 중시하고 있음을 알 수 있다.

SK 이노베이션 '2013 하반기 인턴' 자기소개서 질문 

1. 자신에게 주어졌던 일 중 가장 어려웠던 경험은 무엇이었습니까? 그 일을 하게 된 이유와 그때 느꼈던 감정, 진행하면서 가장 어려웠던 점과 그것을 극복하기 위해 했던 행동과 생각, 결과에 대해 최대한 구체적으로 작성해주십시오.

2. 이제까지 가장 강하게 소속감을 느꼈던 조직은 무엇이었으며, 그 조직의 발전을 위해 헌신적으로 노력했던 것 중 가장 기억에 남는 경험은 무엇입니까? 개인적으로 더 많은 노력을 기울였던 일과 그때 했던 행동과 생각, 결과에 대해 최대한 구체적으로 작성해주십시오.

3. 자신에게 요구된 것보다 더 높은 목표를 스스로 세워 시도했던 경험

중 가장 기억에 남는 것은 무엇입니까? 목표 달성 과정에서 아쉬웠던
점이나 그때 느꼈던 자신의 한계는 무엇이고, 이를 극복하기 위해 했
던 행동과 생각, 결과에 대해 최대한 구체적으로 작성해주십시오.

4. 기존과는 다른 방식을 시도하여 이전에 비해 조금이라도 개선했던 경
   험 중, 가장 효과적이었던 것은 무엇입니까? 그 방식을 시도했던 이유,
   기존 방식과의 차이점, 진행 과정에서 했던 행동과 생각, 결과에 대해
   최대한 구체적으로 작성해주십시오.

5. SK 입사 후 어떤 일을 하고 싶으며, 이를 위해 본인이 무엇을 어떻게
   준비해왔는지 구체적으로 기술하십시오.

(주)한화갤러리아 '2013년 하반기 신입사원(인턴)' 자기소개서 질문

1. 입사 지원 동기와 지원직무와 연관된 본인의 차별화된 역량을 구체적
   인 경험/경력 중심으로 기술하세요.

2. 성장 과정, 학교생활, 사회경험 및 기타활동을 통틀어 가장 열정적으
   로 몰입했던 경험에 대해 기술하세요(구체적 상황, 열정적으로 임하게 된
   동기, 진행 중 힘들었던 점과 해결방법, 성취 결과 등).

3. 팀의 일원으로서 공동의 목표를 위해 협업해서 일했던 경험에 대해 기술하세요(구체적인 목표, 본인이 맡았던 역할, 협업 시 힘들었던 점과 해결 방법, 협업의 결과 등).

4. 고객(소비자)의 입장에서 갤러리아가 개선해야 할 점을 한 가지 기술하고, 이를 해결하기 위한 아이디어를 구체적으로 제안해보세요(MD, 마케팅, 서비스, 편의시설 등).

5. 입사 후 본인의 구체적인 비전과 이를 달성하기 위한 자기개발 계획에 대해 기술하세요.

한국서부발전은 2014년도 상반기 채용연계형 인턴을 뽑으면서 역량 기반 지원서를 요청했다. 언뜻 보더라도 질문이 꽤 많다. 그만큼 지원자 개인에게 관심을 갖고 역량을 파악하고자 하는 시도라고 볼 수 있다. 해당 질문은 일반적으로 면접 때 자주 나온다. 면접관에게 전하고 싶은 말을 미리 정리해본다고 생각하라.

질문은 크게 자기소개, 문제해결, 조직목표달성, 조직발전전략, 과업능력개발, 이해관계조율 등으로 나뉜다. 개인 활동보다는 조직의 공동 목표 달성을 위해 구성원과 협업해서 성과를 내고 조직의 가치 창출에 기여한 경험을 묻고 있는 것이 특징이다. 이 점은 다른 회사에 지원할 때도 신경 써야 한다. 많은 기업이 혼자 성과를 낸 경험보다 조직에서 타인과 함께 힘을 합쳐 시너지를 낸 경험을 더욱 선호하기 때문이다. 역량기반 지원서만 보더라도 기업이 어떤 인재를 원하는지 한눈에 알 수 있다. 아래 질문을 꼼꼼하게 살펴보라. 질문 안에 답이 다 들어 있다.

한국서부발전 '2014년도 상반기 채용연계형 인턴' 역량기반 지원서 

Ⅰ. 자기소개서

1. 자신의 생활신조를 말씀하여 주십시오. [800 Bytes 이내]

2. 우리 회사에 입사 지원하게 된 동기는 무엇입니까? [400 Bytes 이내]

3. 자신의 가장 큰 장점은 무엇이라고 생각하십니까? [400 Bytes 이내]

4. 자신의 가장 큰 단점은 무엇이며 그것을 개선하기 위해 어떠한 노력을 기울였습니까? [800 Bytes 이내]

5. 자신만의 스트레스 해소법이 있다면 말씀하여 주십시오. [400 Bytes 이내]

6. 입사 후 희망업무와 포부에 대해 말씀하여 주십시오. [800 Bytes 이내]

Ⅱ. 기존 방식이나 현상에 대해 문제의식을 갖고 전략적으로 해결한 경험을 다음의 세부 항목에 따라 작성해 주십시오.

1. **[경험의 상황과 본인의 역할]** 언제, 어디에서 가지게 된 경험이었습까? [400 Bytes 이내]

2. **[문제의식]** 어떤 문제의식을 가졌습니까? 그러한 문제의식을 가지게 된 계기는 무엇입니까? [400 Bytes 이내]

3. **[문제해결 양상]** 어떤 방식으로 문제를 해결하였나요? 해결과정에서 어려움은 없었습니까? [800 Bytes 이내]

4. **[경험의 결과]** 본인의 노력으로 개선된 결과를 구체적으로 작성해 주십시오. [400 Bytes 이내]

Ⅲ. 조직 또는 팀의 목표를 이해하고 이를 달성하기 위해 노력했던 경험을 다음의 세부 항목에 따라 작성해 주십시오.

1. **[경험의 상황과 본인의 역할]** 어떤 성격의 조직에 속해 있었으며, 언제 가지게 된 경험이었습니까? [400 Bytes 이내]

2. **[목표의식]** 본인이 속한 조직 또는 팀의 목표는 무엇이었습니까? [400 Bytes 이내]

3. **[조직에 대한 관심 및 어려움 극복]**

  a. 목표 달성 과정에서 겪게 된 어려움은 무엇이었으며, 어떻게 극복하였습니까? [400 Bytes 이내]

  b. 목표 달성 과정에서 동료들에게 어떤 도움을 주었습니까? [400 Bytes 이내]

4. **[경험의 결과]** 본인의 노력을 통해 얻은 성과를 구체적으로 작성해 주십시오. [400 Bytes 이내]

Ⅳ. 조직에 속했던 경험 가운데, 개인의 관점이 아닌, 조직의 발전 전략을 고민하고 효율적으로 이 전략을 실행으로 옮겼던 경험을 다음의 세부 항목에 따라 작성해 주십시오.

1. **[조직 및 본인 상황 확인]** 본인이 속한 조직은 어떤 상황에 처해 있었으

며, 본인의 역할은 무엇입니까? [400 Bytes 이내]

2. **[실행 방안 수립]** 어떤 점에 착안하여 조직 차원의 실행 방안을 고민하였습니까? [400 Bytes 이내]

3. **[전략적 일 처리]** 효율적으로 해결안을 도출하기 위하여 어떻게 일을 처리하였습니까? [800 Bytes 이내]

4. **[경험의 결과]** 본인의 노력으로 얻은 성과를 구체적으로 작성해 주십시오. [400 Bytes 이내]

V. 과업이나 과제 수행을 위해 필요한 능력을 개발하고, 조직의 가치 창출에 기여한 경험을 다음의 세부항목에 따라 작성해 주십시오.

1. **[경험의 상황과 본인의 역할]** 언제, 어디에서 가지게 된 경험이었습니까? [400 Bytes 이내]

2. **[과업에 대한 이해]** 어떤 능력이 과제 수행을 위해 필요하다고 생각했습니까? 그렇게 생각하신 이유는 무엇입니까? [400 Bytes 이내]

3. **[학습의 적극성]** 능력을 개발하기 위하여 어떠한 노력을 하였습니까? [800 Bytes 이내]

4. **[기여도]** 본인의 신장된 능력이 조직의 가치 창출에 어느 정도 기여하였는지 구체적으로 작성해 주십시오. [400 Bytes 이내]

VI. 조직의 공동 목표 달성을 위해 구성원들의 이해 관계를 조율하고, 이를 위해 솔선수범한 경험을 다음의 세부 항목에 따라 작성해 주십시오.

1. **[경험의 상황]** 언제, 어떤 조직에서 가진 경험입니까? [400 Bytes 이내]

2. **[조직마인드]** 조직의 공동 목표는 무엇이며, 본인의 역할은 무엇이었습

니까? [400 Bytes 이내]

3. **[업무협조]**

    a. 구성원들의 이해 관계나 갈등 관계를 조율하기 위해 어떤 의사결정

    을 내리고 행동에 옮겼습니까? [400 Bytes 이내]

    b. 공동 목표 달성을 위해 어떤 노력을 하였습니까? [400 Bytes 이내]

4. **[영향력의 범위]** 본인의 노력이 공동 목표 달성에 얼마나 영향을 미쳤

    는지 구체적으로 작성해 주십시오. [400 Bytes 이내]

내가 일하는 사무실 근처에는 '콩셰프'라는 작은 커피숍이 하나 있다. 색다른 이름에 끌려, 달달한 카페모카 맛에 끌려 어느새 나는 그 커피숍의 단골이 되었다. 커피숍은 크기는 작지만 전체적으로 깔끔하고 아기자기한 소품이 많다. 손 글씨로 적은 메뉴판도 마음에 들고, 테이크아웃 500원 할인제도도 좋다. 벽면 한쪽에는 메이크업, 헤어 할인 등 다양한 이벤트 공지가 적혀 있다. 주변 상가와 제휴를 맺어서 진행하는 거라고 한다. 자주 들르다 보니 카페 주인과 몇 마디 이야기를 나누는 사이가 됐다. 한 번은 주인과 이런 이야기를 했다.

"곳곳에 사장님의 세심한 손길이 담겨 있어 좋네요."

"아유, 감사합니다. 아무래도 20~30대 여자 손님이 많으니 그들이 관심을 가질 만한 걸 고민해보고 있어요."

"이렇게 신경을 쓰시니 장사가 잘 되겠어요."

"바로 옆에 커피전문점과 제과점이 몇 개 있어서 그렇지도 않아요."

"주변에요?"

"북부역 근방에 3곳이나 있는 걸요. 길 건너에 작은 커피숍도 있고요. 인테리어나 서비스나 아직 부족하지만 그래도 열심히 해야죠."

나는 고개를 갸우뚱하며 커피숍 문을 열고 나왔다. 그동안 주변에 커피전문점이 많다는 것을 의식해본 적이 없었기 때문이다. 그런데 문을 열자마자 주인이 말한 커피전문점과 제과점이 눈에 들어왔다. 새삼 경쟁이 치열하구나 싶었다.

주인은 본능적으로 눈을 크게 뜨고 귀를 쫑긋 세운다. 치열한 경쟁 속에서 살아남아야 하기 때문이다. 다른 곳에서 어떤 상품을 파는지, 가격은 어떠한지, 어떤 이벤트를 하는지 하나하나 신경 쓰느라 몸과 마음이 바쁘다. 바로 여기에 합격으로 가는 지름길이 숨어 있다. 바로 손님(구직자)이 아니라 주인(기업)의 시각에서 업계를 바라보는 것이다.

기업 인사담당자는 당신이 회사에 대해 얼마나 알고 있고, 회사의 경영활동에 얼마나 도움이 될 만한 인재인지를 살펴본다. 그런 니즈를 충족시키기 위해서는 손님이 아니라 주인의 입장에서 바라봐야 한다. 자신이 지원할 회사는 어떤 시장에서 경쟁하고 있는지, 어떤 경쟁력으로 어떻게 사업하고 있는지 살펴보아야 한다. 자기소개서에서 가장 중요한 것은 회사와 직무에 대한 열정이다. 이는 인턴도 예외가 아니다. 특히 채용전제형 인턴은 회사와 직무에 관심과 열정이 있음을 보여줘야 한다.

물론 인턴에 지원하는 당신이 기업의 시장상황을 정확히 파악하기는 쉽지 않다. 또한 입사 후 당장 무언가 큰 일을 맡아 진행하지도 않을 것이다. 그럼에도 불구하고 업계 시장조사를 한 사람과 그렇지 않은 사람은 열정에 큰 차이가 난다. '인턴이 뭐 이렇게까지'라고 생각하지 말고 조금만 노력하라. 인기 있는 기업의 채용전제형 인턴은 서류전형 경쟁률이 100대 1이다. 높은 경쟁률을 뚫을 수 있는 가장 좋은 방법은 '그냥 지원자'가 아니라 '우리 가족'이라는 느낌을 주는 거다. 주인의식을 갖고 업계를 바라보라. 그리고 당신이 인턴사원으로 그 회사에서 무엇을 배우고 익혀 향후 어떤 기여를 할 것인지 전달하는 것이 중요하다.

달걀 배달하는 농부에게서 배우는 자기소개서 작성방법

지원자들의 자기소개서를 보면 대개 비슷비슷한 경우가 많다. 내용이 평이하고 추상적이기 때문이다. 그들은 하나 같이 말한다. "내세울 것도 없고 경험도 평범하다"라고. 하지만 똑같은 경험을 해도 배우고 느끼는 것은 다르다. 화장품을 하나 팔아도 어떤 이는 자기소개서에 쓸 게 없다고 말하고, 어떤 이는 고객의 유형과 판매 프로세스를 분석해서 더 합리적인 방법을 내놓았던 경험을 적는다.

자기소개서는 경험의 차이도 크지만, 작은 에피소드라도 어떻게 적느냐에 따라 그 가치가 달라진다. 괜찮은 결과물을 얻기 위해서는 다음처럼 자기소개서 작성 3단계를 거쳐야 한다.

지난 기억을 떠올리고 의미를 부여하고 지원분야와의 연관성을 살리는 것은 귀찮고 번거로운 과정이다. 하지만 이를 통해 멋진 자기소개서가 탄생하는 것은 물론 잊고 있었던 자신의 매력을 발견함으로써 자신감도 커진다. 대학교 3학년 수정 씨는 "자기소개서를 쓰면서 과거를 기억하다 보니 생각보다 자신이 잘 살아온 것 같아 기쁘다"라고 말하기도 했다.

거창한 경험이 아니라도 괜찮다. 자신의 인생에 영향을 미친 에피소드라면 모두 다 값지다.《나는 달걀 배달하는 농부》라는 책을 보면 흥미로운 에피소드가 많이 나온다. 이 책은 13년 동안의 교사 생활을 그만두고, 고향 순천에서 유정란을 키우고 배달하는 농부 김계수 씨가 썼다.

저자는 양계장에서 인생을 보았다고 한다. 그는 매주 300세대 정도에 달걀을 배달했던 경험이 있는데, 이를 통해 세대마다 집주인의 개성을 발견했다. 배달 온 달걀을 받거나, 대금을 결제하는 모습, 빈 달걀 용기를 되돌려주는 일, 달걀의 소비 행태 등을 꼼꼼하게 살펴본 것이다. 달걀을 담는 용기를 내놓는 모습도 차이가 있다. 매주 한 개씩 내놓는 곳이 있는가 하면, 5개월 치를 모아서 한꺼번에 내놓기도 한다. 고객 중에는 시간에 쫓기며 배달 일을 하는 사장을 배려해 살뜰한 행동을 하는 이들도 많았다. 저자가 소개한 그들의 모습은 다음과 같다.

1. 초인종을 누르면 금방 안에서 대답이 들리고 바삐 문을 열어준다.

2. 월말에 달걀 값을 계산할 때 잔돈까지 정확하게 준비해두고 있다가 달걀
   과 맞바꾼다.

3. 엘리베이터가 금방 내려가버리면 매우 아쉬워한다.

4. 달걀을 선물받은 것처럼 "잘 먹겠다", "감사하다"며 인사말을 건넨다.

5. 삼겹살을 굽고 있다가 달걀을 받으면서 삼겹살에 소주 한 잔을 얹어준다.

이처럼 저자는 책 곳곳에서 생생한 삶의 목소리를 들려준다. 우리도 밀도 있게 우리의 삶을 들여다보자. 같은 소재라도 덩어리로 뭉쳐서 바라보는 것과 이리저리 나눠서 쪼개보는 것은 차이가 크다. 자신만의 대표적인 경험을 떠올려보라. 무엇을 경험했고, 어떤 점이 새로웠으며, 무엇을 배웠는가. 제발 "별것 없다"는 말은 하지 말라. 함께 일했던 사람이 다르고, 장소가 다르고, 제품이 다르지 않은가. 당신의 경험은 아주 특별하다.

김계수 씨의 에피소드를 자기소개서 예시로 엮어보았다. 달걀 배달 에피소드 하나에서도 다양한 이야기가 나오고, 그럴듯한 의미를 부여할 수 있다. 다음 예시는 자기소개서 작성 3단계 중 첫 번째와 두 번째 단계를 접목시킨 것이다. 이처럼 기본적인 틀을 만든 후 세 번째 단계를 거쳐야 인사담당자의 입맛을 사로잡을 수 있다. 바로 지원 회사, 직무에 대해 조사한 후 연관성을 살려 문장 여기저기를 다듬는 과정 말이다.

[예시 1]

달걀 배달 아르바이트를 하며 다양한 소비자들의 개성을 파악하고, 고객의 행동에 유연하게 대처하는 노하우를 키웠습니다. 1년 전 매주 300세대 정도에 달걀을 배달했습니다. 세대마다 집주인의 모습은 조금씩 차이가 있었습니다. 배달 온 달걀을 받거나, 대금을 결제하는 모습, 빈 달걀 용기를 되돌려주는 일, 달걀의 소비 행태 등 작은 행동 하나하나가 달랐습니다. 월말 결제가 기본임에도 한 줄 값도 외상을 못하고 바로 주려는 사람, 1년 치를 모아서 주면서도 평온한 사람, 몇 달 치 대금을 먼저 입금해두고 먹는 사람 등 고객의 모습은 다양했습니다. 이를 통해 고객은 한 가지 유형으로 정의할 수 없고, 변화무쌍한 고객을 이해하기 위해서는 세심한 관찰과 배려가 중요하다는 것을 알았습니다.

[예시 2]

달걀 배달 아르바이트를 하며 작은 배려심이야말로 사회생활의 윤활유임을 깨달았습니다. 1년 전 매주 300세대 정도에 달걀을 배달하며 많은 고객을 접했습니다. 그중 13층에 사시는 할머니 댁을 방문할 때마다 더욱 신이 났습니다. 할머니께서는 시간에 쫓기며 배달 일을 하는 저를 위해 다음과 같이 배려해주셨습니다.

① 초인종을 누르면 금방 대답을 하시고 바삐 문을 열어주셨습니다. ② 월말에 달걀값을 계산할 때 잔돈까지 정확하게 준비해두고 계시다가 달걀과 맞바꾸셨습니다. ③ 달걀을 선물 받으신 것처럼 "잘 먹겠다", "감사하다"며 인사말을 건네주셨습니다.

이렇게 작은 것 하나하나까지 마음을 써주시는 할머니를 볼 때마다 기쁜 마음으로 더욱 정성스럽게 달걀을 배달해드렸습니다. 입사 후 할머니께 배운 배려심을 고객과 동료들에게 나눠 드리고 싶습니다. 선배님들의 마음을 훈훈하게 만들어 드리는 신입사원이 되겠습니다.

[예시 3]

달걀 배달 아르바이트를 하며, 새로운 아이디어로 재료비를 ○○% 이상 줄인 경험이 있습니다. 1년 전 매주 300세대 정도에 달걀을 배달하는 일을 했습니다. 달걀을 담는 용기는 고급 펄프를 원료로 써서 만드는 것이라 한 번 쓰고 버리기에는 아까웠습니다. 저는 사장님께 고객에게 용기를 회수하는 것에 대해 건의해보았습니다. 사장님께서도 좋은 생각이라며 격려를 해주셨습니다. 하지만 용기 회수는 자원을 아끼고 쓰레기와 생산비를 줄일 수 있는 장점이 있지만, 고객의 협조가 이뤄지지 않으면 무용지물이었습니다. 저는 크게 두 가지 방법을 고민해보았습니다. (생략) 이를 실천한 결과 몇 개월 동안 총 ○○개의 용기를 회수해서 ○○만 원의 비용을 절감했습니다. 작은 것이라도 주인의식을 갖고 개선사항을 고민하면 비용을 줄이고 이윤을 높이는 데 도움이 된다는 것을 알았습니다. 입사 후에도 '내가 회사의 주인이다'라는 마음으로 비용을 절감하고 매출을 높이기 위해 노력하겠습니다.

쓰쿠르가 자기소개서를 쓴다면?

자기소개서 작성 3단계를 잘 이해했는가. 이제부터는 쓰쿠르와 함께 좀 더 쉽고 재미있게 자기소개서를 쓰는 방법을 알아보자.

무라카미 하루키의 소설《색채가 없는 다자키 쓰쿠르와 그가 순례를 떠난 해》에는 주인공 다자키 쓰쿠르가 고교시절 친하게 지냈던 친구들과 함께했던 자원봉사 경험담이 나온다.

봉사활동은 고등학교 1학년 사회 과목의 여름 방학 과제로 주어졌지만, 정해진 기간이 끝난 다음에도 그들은 자발적으로 2년 반가량 봉사활동을 계속했다. 방과 후 초등학교에 가서 아이들을 가르치고 운동을 하고 정원의 풀을 베기도 하고 건물에 페인트칠을 하거나 놀이 기구를 고치기도 했다. 아이들 중에는 학교 공부에는 잘 적응하지 못하지만 선천적으로 탁월한 음악적 재능이 있는 아이가 있었다. 학교에는 골동품에 가까운 업라이트 피아노밖에 없어서 그들은 새 피아노를 사야겠다는 생각을 했다. 이를 위해 열심히 모금 활동을 벌이고, 아르바이트를 하고 악기 회사에 찾아가서 협조를 부탁하기도 했다. 오랜 노력 끝에 고등학교 3학년 봄 그랜드 피아노를 손에 넣었다. 그들의 성실하고 지속적인 봉사 활동은 주목을 받아 신문에도 실렸다.

_《색채가 없는 다자키 쓰쿠르와 그가 순례를 떠난 해》 중에서

만약 쓰쿠르가 입사를 위해 봉사활동 경험담을 자기소개서에 적는다면, 인사담당자는 당장 그를 만나보고 싶어할 것이다. 이 에피소드는 인사담당자의 눈을 끌기에 충분하기 때문이다. 에피소드 안에 직장 생활에 필요한 다양한 역량이 녹아 있다.

주요 내용	활동에 담긴 역량
2년 이상 꾸준한 봉사활동	끈기, 성실성, 배려
5명이 함께 한 프로젝트	팀워크, 리더십
교육, 풀베기, 페인트칠, 놀이기구 수리 등 다양한 활동	적극성, 창의성
피아노 구입 목표 설정	목표의식, 도전정신
모금 활동, 아르바이트, 악기 회사 방문	계획성, 실행력
그랜드 피아노 구입, 봉사활동 신문 게재	성과지향

물론 위 내용만으로도 인사담당자의 호감을 끌 수 있지만, 만약 내가 쓰쿠르의 자기소개서를 상담할 수 있는 영광이 주어진다면, 다음처럼 몇 가지 질문을 건네고 싶다.

- 피아노의 가격은 얼마였나?
- 모금 활동은 어떻게 벌였나?
- 어떤 아르바이트를 했나?
- 악기 회사는 몇 곳을 찾아갔고, 협조를 구한 결과는 어떠했나?
- 이 경험을 통해 무엇을 배웠나?

이와 함께 팀 활동 내에서 자신의 역할이 무엇인지도 떠올려야 한다. 인사담당자는 그 활동을 한 팀원 모두를 뽑고자 하는 것이 아니다. 여러 사람이 함께한 활동을 자기소개서에 적을 때는 자신이 어떤 역할을 담당했는지 구체적으로 밝히는 것이 좋다.

STAR기법으로 자기소개서 쉽게 쓰기

스펙을 이기는 자기소개서 작성법 ⑤

자신의 인생에서 쓰쿠르의 봉사활동처럼 풍성한 스토리를 찾아보라. 그리고 종이를 꺼내라. 'STAR' 기법을 활용해 효과적으로 풀어보자. STAR는 상황(Situation), 과제(Task), 행동(Action), 결과(Result)의 영문 앞 글자를 따서 만든 용어다. '어떠한 상황(S)에서 과제(T)가 있었는데, 특별한 행동(A)을 함으로써 어떤 결과(R)를 거뒀다'는 식이다.

에세이형 자기소개서는 질문에서 직접적으로 STAR를 묻고 있기도 하다. 다음이 그 예이다.

자신의 추진력을 가장 잘 보여주는 경험 중 기억에 남는 것을 골라 구체적인 상황(S/T), 자신의 행동(A), 결과(R) 등을 기술해주십시오.

성장 과정, 학창시절 등의 기본형 질문에도 STAR를 적용해 글을 써 보라. 기업 인사담당자가 선호하는 자기소개서를 쓸 수 있다. 여기서 잠깐! STAR 기법을 효과적으로 활용할 수 있는 노하우를 소개하겠다. STAR를 100% 활용하기 위해서는 S/T/A/R 중 A에 힘을 주어야 한다. S/T는 도입부다. 도입이 무거우면 글이 늘어진다. S/T는 짧게 쓰고 에 피소드의 핵심인 A를 보다 자세히 쓰자. 더불어 한 가지 덧붙여야 할 것 이 있다. 바로 경험을 통해 배운 점이다. '과거에 이런 경험을 해서 무엇 을 배웠다. 입사 후에도 이를 활용해 어떤 성과를 거두겠다'는 것을 강 조하는 것이 좋다.

자, 그럼 실전이다. 먼저 쓰쿠르의 자원봉사 경험담을 STAR기법으로 전개해보자. 당신이 STAR를 쉽게 익히기를 바라는 마음에서 2가지 에 피소드로 나눠 정리해보았다. 수치 등 일부 표현은 자기소개서로 옮기 는 과정에서 수정되었으니 참고하기를 바란다.

쓰쿠르의 자원봉사 STAR 1 (끈기, 주인의식 등 강조)

S/T 고등학교 1학년 때 사회 과목의 여름 방학 과제는 봉사활동이었습 니다. 저는 학습능력이 낮은 초등학생을 위해 학습 도우미 봉사활동 을 시작했습니다.

A 방과 후 초등학교에 가서 아이들을 가르치고 함께 운동을 하며 친 분을 쌓은 것은 물론 스스로 할 일을 찾아서 했습니다. 건물에 페인 트칠을 하고, 놀이 기구를 고치고, 정원의 풀을 베기도 했습니다.

R 정해진 기간이 끝난 다음에도 자발적으로 활동을 계속해 2년 반 가 량 봉사활동을 이어갔습니다.

S 고등학교 때 4명의 친구와 함께 2년 반 동안 초등학생을 위한 학습 도우미 봉사활동을 했습니다. 그중 가장 뜻 깊은 일은 루민이에게 그랜드 피아노를 선물한 일입니다.

T 봉사활동을 하며 열 살 루민이가 탁월한 음악적 재능이 있다는 것을 알았습니다. 하지만 학교에 있는 업라이트 피아노는 골동품에 가까웠습니다. 저는 새 피아노를 사서 루민이의 음악적 재능을 도와주자는 제안을 했습니다. 팀원들 모두 흔쾌히 찬성했습니다.

A 저희 5명은 새로운 피아노를 구입하기 위해 3가지 계획을 세웠습니다. 먼저 열심히 모금 활동을 벌여 일주일 동안 100만 원의 돈을 모았습니다. 여름 방학 때는 모두 아르바이트를 했습니다. 저 역시 아르바이트를 통해 100만 원의 돈을 보탰습니다. 악기 회사를 찾아가서 협조를 부탁하기도 했습니다. 5곳의 회사를 방문해 적극적인 설득 과정을 통해 절반의 가격으로 피아노를 구입할 수 있었습니다.

R 처음 목표를 세운 후 1년의 노력 끝에 그랜드 피아노를 루민이에게 선물할 수 있었습니다. 루민이가 꿈을 이루는 데 도움을 주었다는 보람과 다 같이 해냈다는 성취감에 매우 기뻤습니다. 저희 팀의 봉사활동은 주목을 받아 신문에도 실렸습니다.

어떤가? 쉽지 않은가? STAR 하나만 익히면, 자기소개서 쓰기가 두 배로 쉬워진다.

인턴 선배의
합격 자기소개서 대 공개

Q. 이제까지 가장 강하게 소속감을 느꼈던 조직은 무엇이었으며, 그 조직의 발전을 위해 헌신적으로 노력했던 것 중 가장 기억에 남는 경험은 무엇입니까? 개인적으로 더 많은 노력을 기울였던 일과 그때 했던 행동과 생각, 결과에 대해 최대한 구체적으로 작성해주십시오.

[필리핀에서 봉사보다 더 중요한 공동체 정신을 배웠습니다]

○○대학교를 통해 활동한 필리핀봉사단에서 구성원과의 속 깊은 얘기와 목표 공유를 통해 서로를 이해하게 되었고, 초반 갈등을 뛰어넘어 끈끈한 공동체 정신을 바탕으로 성공적인 봉사를 수행했던 경험이 있습니다. ○○대학교를 대표하여 필리핀 'Naga'지역에서 봉사를 하게 된 우리는 갑작스러운 환경 변화와 봉사 대상 연령층 정보 부족 등으로 갈등이 생겨났습니다. 이를 해결하기 위해 고심한 저는 교수님께 두 가지 해결책을 제안했습니다.

[첫 번째 해결책: 진심이 담긴 대화]

첫째, 일정이 끝난 후 모여 하루를 정리하며 얘기를 나눔으로써 서로를 이해할 수 있는 시간을 갖자는 제안이었습니다. 처음에는 모두가 어색해 했지만 최대한 얘기하기 편한 분위기를 조성하기 위해 대화를 유도하려 노력하였고, 점차 속 깊은 얘기를 꺼내더니 나중에는 서로의 라이프스토리를 얘기하면서 눈물을 흘릴 정도로 가까워 졌습니다.

[두 번째 해결책: 팀워크로 완성한 슈퍼주니어 공연]

둘째, 필리핀에서 알게 된 주민들을 위해 힘을 합쳐 공연을 준비하자는 제안이었습니다. 어렵지 않으면서 가시적인 목표를 설정함으로써 하나로 뭉치게 하려는 아이디어였습니다. 단기간에 춤을 익혀야 했기 때문에 파트를 배분하여 서로에게 가르쳐주게 함으로써 책임감을 부여하였고, 연습시간을 즐겁게 하기 위해 망가지는 모습도 많이 보여주었습니다. 마지막 날, 50명 이상이 모인 자리에서 필리핀 한류스타인 '슈퍼주니어'의 춤을 완벽히 선보여 연예인 부럽지 않은 박수갈채를 받았습니다.

필리핀에 봉사를 하러 갔지만, 봉사만큼이나 중요한 공동체 정신을 배웠습니다. 공동체 정신은 상대방에 대한 이해와 신뢰 형성, 거짓 없는 정직한 모습을 보여주는 데서 출발합니다. S사에서 경영지원 직무를 수행하면서 범세계적 인간관계를 형성할 수 있을 것이라고 생각합니다. S사와의 관계가 가장 가깝다고 느껴지게끔 신뢰를 쌓고, 거짓 없이 행동하겠습니다. 또한 기업 내에서도 다른 문화, 다른 생각을 가진 개개인을 이해하고 공감하여 강한 내부 소속감을 쌓도록 하겠습니다.

Q. 자신에게 요구된 것보다 더 높은 목표를 스스로 세워 시도했던 경험 중 가장 기억에 남는 것은 무엇입니까? 목표 달성 과정에서 아쉬웠던 점이나 그때 느꼈던 자신의 한계는 무엇이고, 이를 극복하기 위해 했던 행동과 생각, 결과에 대해 최대한 구체적으로 작성해주십시오.

[한 번도 힘든 걸 두 번씩 도전한 이유가 있습니다]

부상의 위험을 감수하면서까지 국토대장정에 두 번 도전하여 결국 완주해냄으로써 도전정신을 배우고 한계를 뛰어 넘어 한 단계 성장했습니다. 부산에서 임진각까지 걷는 국토대장정에 참가한 저는 팀의 막내로서 의욕만 앞서 사전 준비와 컨디션 관리에 소홀했습니다. 결국 시작한 지 일주일 만에 발바닥에 주먹만한 물집이 생겨 중도 귀가하라는 의사의 지시를 받았습니다. 포기할 수 없었던 저는 5일 동안 매일 치료를 받았고, 끝나자마자 복귀하여 남은 일정을 마쳤습니다. 귀가자 중 돌아온 사람은 저뿐이었기 때문에 모두의 환영을 받으며 끝마쳤지만 완주하지 못했던 아쉬움은 두 번째 도전을 준비하게 만들었습니다.

[부족함을 채우고 다시 또 도전했습니다]

지난번의 아쉬웠던 점을 분석하니 체력 관리 부족과 더위에 취약한 체질, 사전 정보 부족임을 깨달았습니다. 이를 극복하기 위해 매일 3시간씩 걸어 다니며 체력을 증진시키고, 여름이 아닌 겨울 국토대장정에 도전하였습니다. 또한 인터넷 검색과 성공한 지인들의 노하우를 공부하여 문서로 정리했습니다. 할 수 있는 모든 노력을 하니 단순한 의욕이 아닌 여유가 생겼습니다. 두 번째 국토대장정은 막내가 아닌 리더로서 조원들을 다독일 수 있었고, 모든 코스를 단 한 번의 열외 없이 완벽하게 해냈습니다.

누구나 실패를 할 수 있습니다. 하지만 목표를 향한 노력을 멈추지 않고, 실패를 과정으로 만들 수 있다면 극복할 수 있다는 믿음을 국토대장정을 통해 얻었습니다. S사는 현재의 업적을 달성하기 위해 수많은 도전을 해왔습니다. 기름이 없는 나라에서 국내 최초의 정유사업을 시작한 것도 장기적 목표와 도전정신이 있기 때문이라고 생각합니다. 사업 다각화를 위해 신재생에너지와 같은 차세대 에너지 개발을 선도하는 것처럼 저 또한 S사 안에서 높은 목표를 지향하고 달성할 수 있는 기회를 얻고 싶습니다.

Q. 기존과는 다른 방식을 시도하여 이전에 비해 조금이라도 개선했던 경험 중, 가장 효과적이었던 것은 무엇입니까? 그 방식을 시도했던 이유, 기존 방식과의 차이점, 진행 과정에서 했던 행동과 생각, 결과에 대해 최대한 구체적으로 작성해주십시오.

[생각의 전환으로 1000% 수익을 창출했습니다]

인도 배낭여행 당시, 한 노점상에서 시장조사를 통한 경쟁 노점상과의 차별화 전략으로 단기간에 많은 수익을 창출하여 숙박비를 돌려받았습니다. 인도의 수도인 델리의 번화가 빠하르간지에서 일주일 간 한 민박에서 머물렀습니다. 관광객이 많던 주변은 길거리 노점상이 밀집해 있었고, 민박집 주인도 인도식 꼬치를 팔고 있었습니다. 마음이 잘 통한 우리는 금세 친해졌고 노점상 설치, 재료 옮기는 일을 도와주며 음식도 얻어먹곤 했습니다. 차별화 전략의 부재로 노점상의 수익이 적어 안타까웠던 저는 4일 간의 컨설팅을 맡아 초과 수익이 나면 돌려달라는 제안을 했습니다. 저는 인도가 대체로 위생관념이 부족해 음식을 청결하지 않게 보관하여 외국인들이 길거리 음식에 관심이 있지만 먹기 꺼려한다는 사실에 주목했습니다.

[고객의 니즈를 빠르게 파악하고 즉시 행동으로 옮기겠습니다]

저는 150루피를 투자하여 마트로 달려가 위생용품을 사왔습니다. ① 노점상 주변을 깨끗이 청소하고 ② 꼬치를 플라스틱 통에 넣어 먼지로부터 보호하고 ③ 위생용품을 착용하게 하고 꼬치를 집게로 집어 소스가 섞이거나 묻지 않게 했습니다. 그리고 가격은 주변보다 5루피 정도 비싸게 받았습니다. 그 이후 4일 동안은 특히 외국인들이 줄을 서서 먹을 정도로 많은 손님이 찾아왔고, 1,500루피를 주려는 주인에게 숙박비만 받겠다고 말하고 술 한 잔을 얻어 먹었습니다. 빠르게 주변 환경과 고객의 니즈를 파악함과 동시에 즉각적인 행동으로 옮겼기 때문에 짧은 시간에 가시적인 성과를 창출했다고 생각합니다.

S사의 경영지원 부서에서도 빠른 국제원유시장과 에너지시장의 변화에 맞춘 의사결정이 필요합니다. 경쟁기업과 같은 전략을 추구하거나 뒤처진 전략을 고집한다면 성공할 수 없다고 생각하기 때문에 가장 중요한 건 변화하는 고객의 니즈입니다. 주변의 소리에 귀를 열고 유연하게 대처하는 것과 동시에 혁신을 통해 경쟁기업의 추격을 허용하지 않도록 하겠습니다.

Q. 개인적인 어려움과 희생을 각오하고 윤리적, 도덕적으로 행동했던 경험이 있다면 서술해주십시오.

[장애아동과의 끈끈한 사랑을 실천한 2개월의 희생]

복지관 공익근무요원 복무 중 봉사자가 없어 프로그램 운영에 비상이 생겨 2개월가량 주말 프로그램을 부탁 받는 상황에 놓였습니다. 주말 장애아동 운동 프로그램은 봉사자가 필수인 핵심 사업이었습니다. 체력적으로 힘들었지만 복지관과 쌓은 신뢰를 지키고 장애아동에게 도움이 될 거라는 생각으로 솔선수범하였습니다. 10명이 넘는 아이들을 선생님과 둘이서 관리하는 게 쉽지 않았지만 장애아동에 대해 모르는 건 물어보고 부족한 정보를 찾아가며 공부했습니다. 그러자 처음엔 저를 피하던 아이들이 점점 다가와 주었고, 이를 보며 정말 행복했습니다. 특히 선생님도 통제하기 힘들었던 '찬우'라는 아이에게 지속적인 애정을 쏟은 결과 복지관에 오면 저부터 찾고, 제 손을 꼭 잡고 놓지 않는 모습을 보며 눈물 흘린 적도 있습니다. 이를 바탕으로 K사의 어려운 순간을 헌신과 희생으로 극복하고 사회에 공헌할 줄 아는 올바른 정신을 지닌 K인이 되겠습니다.

— 합격 자기소개서 ② 지원 동기 및 포부 편

Q. 회사 및 직무에 지원한 동기를 기술해주십시오.

[저는 A사를 '바이오기업'으로 정의합니다]

바이오산업의 기획/관리를 맡아 글로벌 1위 달성을 넘어 A사의 가장 큰 매출을 차지하는 사업이 되도록 기여하겠습니다. A사는 바이오산업으로 사업을 다각화하여 혁신을 주도하고 있습니다. 바이오산업은 성장성이 높고, 친환경적이며 인류의 생존과 번영을 위해 반드시 필요한 산업입니다. A사는 핵산, 라이신 등 사료사업과 바이오텍터 등 제약사업에서 매년 30%의 놀라운 수익률을 달성하고 있습니다. 저는 A사 바이오산업의 기획/관리를 맡아 글로벌 1위 달성에 기여하고 싶습니다.

대학교 때 주식동아리에서 리서치 팀장을 맡아 관련 도서를 통해 분석 TOOL을 세우고, 기업분석과 RISK 평가와 전략수립을 진행했었습니다. 동아리 오픈 세션에서 발표를 설득력 있게 전달하여 호평 속에 1위로 뽑히기도 했습니다. 또한 전공을 통해 재무관리, 관리회계 등을 배워 전반적인 재무지식을 갖췄습니다. A사의 기획/관리부서 인턴사원이 된 후 회사가 필요로 하는 인재상과 직무 역량을 빠르게 익히겠습니다. 이를 통해 새로운 바이오시장을 개척하고 타 기업과의 합작 혹은 M&A를 진행할 때 보탬이 되는 사원으로 성장하겠습니다.

Q. 입사 후 어떤 일을 하고 싶으며, 이를 위해 본인이 무엇을 어떻게 준비해 왔는지 구체적으로 기술하십시오.

[S사의 '안경'이 되겠습니다]

안경은 보이지 않거나 흐릿한 물체를 선명하게 보여주는 점에서 소중한 물건입니다. Business 부서에 입사한 후 S사의 '안경'이 되어 발견되지 않은 자원과 사업영역을 발굴하여 기업을 성장시키겠습니다. 단기적으로는 석유 수출 1위를 유지하기 위해 가장 큰 수요처인 중국과 보다 많은 장기적 계약을 체결하고, 산유국의 생산광구를 직접 매입하거나 M&A 할 수 있는 전략을 세우겠습니다. 중기적으로는 전기배터리, 태양광 등 신재생에너지의 grid parity 시점에 맞추어 공격적인 투자와 홍보를 진행하겠습니다. 신재생에너지의 매출 비중을 점차 높여 가면서 다양한 포트폴리오를 갖춘 안정감 있는 S사를 만들고 싶습니다. 장기적으로는 수펙스(SUPEX)추구상 수상이라는 개인적인 목표를 달성하고 싶습니다. 꼼꼼한 시장 조사와 소통, 리더십을 바탕으로 Business 업무에서 탁월한 성과와 업적을 달성하여 '챌린저상'을 수상하겠습니다. 또한 포상금 2억원은 도움이 필요한 사람들께 기부하여 사회적 가치를 실현하는 진정한 S인이 되고 싶습니다.

[S사가 선호하는 인재가 되기 위해 노력했습니다]

S사는 환율리스크와 포트폴리오에 집중하는 수출 중심 기업입니다. 저는 주식 동아리 활동 당시, 팀장을 맡아 정유산업에 대한 기업분석을 진행한 적이 있었고, 오픈 세션에서 발표를 선보여 1위를 한 적이 있습니다. 관련 도서를 읽으며 분석 툴을 공부하였고, 환율 변화와 사업 다각화, 마진율에 대해 고민한 적이 있습니다. 불확실한 리스크를 해결하기 위해선 남들보다 빠른 움직임과 대처가 필요하다는 걸 깨달았습니다. 또한 S사는 고객과의 약속을 지키기 위한 시간 약속과 사전 플랜이 필수라 생각합니다. 최대한 많은 곳을 보고 싶다는 프랑스 친구와 대중교통만으로 서울의 11군데를 관광한 적이 있습니다. 하루 만에 가능했던 건 치밀한 사전 정보 수집과 시간을 분 단위로 활용한 덕분이었습니다. S사 Business 부서에서 이러한 저의 역량들을 마음껏 발휘해보고 싶습니다.

Q. 지원한 동기는 무엇이며, 본인이 우리 자동차 회사에 적합하다고 생각하는 이유를 기술하십시오.

[제주도에서 피어나는 전기차의 꽃]

제주도에서 카셰어링업체와 소비자에게 '레이EV'를 알리고 시장질서를 확립하는 목표를 달성하고자 지원했습니다. 전기차는 친환경에너지를 기반으로 향후 자동차 시장을 이끌어 갈 신 성장 동력입니다. 제주도는 2,300만 원의 정부 보조금과 충전 인프라 구축을 바탕으로 한 전기차 시장의 연습경기장입니다. 저는 제주도에서 카셰어링업체와 소비자에게 '레이EV'를 알리고 T사만의 강점을 강조할 전략을 연구하고 싶습니다.

주식동아리에서 Research팀장을 맡아 분석 TOOL을 세우고 기업분석과 RISK 평가, 전략수립을 진행했었습니다. 또한 설득력 있는 발표로 연합 동아리 오픈세션에서 1위를 차지하기도 했습니다. T사에서도 전기차 시장을 체계적으로 분석하여 영업전략을 세우고, 예상되는 위험과 경쟁사의 영업전략을 철저히 파악하여 상부에 효과적으로 프레젠테이션 하겠습니다. 전국여행동아리에서는 ○○대학교 지부를 처음으로 만들어 회원모집을 하고 운영계획을 세워 발전시킨 경험이 있습니다. T사 또한 전기차를 공공기관이 아닌 카셰어링 목적으로 판매하는 건 초기단계이기 때문에 저의 경험을 응용하고 싶습니다. 마지막으로 학생회 활동과 지속적인 봉사활동을 통해 사람들과 소통하며 파트너십을 쌓아온 역량을 바탕으로 경쟁사와의 협상을 추진하겠습니다. 이를 통해 각기 다른 전기차 충전방식을 통일하는 방안을 제시하여 서로가 WinWin하도록 만들겠습니다.

Q. 지원 동기와 ○○자동차 인턴을 통해 얻고자 하는 점에 대해 서술해주십시오.

[파이롯트와 놋쇠그릇]

파 파란만장한 4년의 대학생활, 오직 ○○자동차를 위해 준비해왔습니다.

이 이제 준비한 역량을 보여드릴 때라고 생각합니다.

롯 놋쇠 그릇은 처음부터 화려하지 않지만 쓰면 쓸수록 윤기가 납니다.

트 트인 마음과 자세로 직무를 배워 5년, 10년 뒤 진정한 가치를 빛내는 놋쇠 같은 연구원이 되겠습니다!

[세 가지의 약속]

첫째, 실무경험입니다. ○○자동차가 아니라면 그 어느 곳에서도 파이롯트 업무를 경험할 수 없습니다. 프로토 차량 개발과 신차개선 및 교육업무 등 실제업무를 통해, 그동안 길러온 역량을 가능성 있는 현실로 바꾸겠습니다.

둘째, 참신한 조직문화입니다. 새로운 생각을 중시하는 ○○자동차의 조직 문화를 몸으로 습득하고 싶습니다. 5주의 인턴 기간동안 5개의 아이디어와 50개의 질문 목록을 만들어 선배님들께 피드백을 받겠습니다.

셋째, 글로벌 인재로서의 자세입니다. 교환학생 기간 중 70명이 넘는 외국인 친구를 만들었듯이 파이롯트 센터에 대기 중인 해외 근로자들과의 교류에 두려움 없는 자세로 임하겠습니다. 인턴 기간을 통해 이제는 70명이 아닌 500명을 상대할 수 있는 글로벌 역량을 키우겠습니다.

Q. 귀하가 K사를 지원하게 된 동기에 대해 서술해주십시오.

[혁신을 주도하는 창조형 인재가 되겠습니다]

K사는 25년간 혁신을 통해 발전해왔습니다. 항공 산업은 주 5일근무, 대체휴일제 등 여가시간 증가와 미국, 중국 등의 비자가 면제 되는 글로벌화, FTA를 통한 무역확대로 인해 성장 가능성이 높습니다. K사는 여러 어려움을 이겨내며 모범적 서비스와 안전 기록, 기술개발을 바탕으로 2009년 ATW Airline of the year을 수상한 이래 5회 연속 수상을 달성하며 세계적으로 인정받았습니다. 하지만 항공 산업의 특성상 유가, 환율 변동에 취약하며 세계의 항공사들과 경쟁해야 하는 숙제도 가지고 있습니다. 저는 혁신 없는 성장은 불가능하며, 성장 없는 혁신은 무의미하다고 생각합니다. K사 일반직에서 혁신을 통해 새로운 가치를 창출하고, 현재의 문제를 해결하여 수익을 창출하는 K인이 되겠습니다.

Q. 5~10년 후에 귀하의 경력 목표는 무엇이며, 그것을 추구하는 이유를 서술해 주십시오.

[K사의 성장이 곧 저의 경력 목표입니다]

경영계획을 맡아 5년 내에 관광사업을 육성하기 위한 방안을 제시하겠습니다. 관광산업은 친환경적이며 일자리 창출도 제조업에 2배가 넘는 신성장 동력입니다. 급격히 성장하는 중국을 타깃시장으로 선정하여 문화 콘텐츠와의 제휴를 통해 지속적으로 한국의 좋은 이미지를 홍보하고, 맞춤형 서비스를 개발하겠습니다. 또한 최근 구매한 A380 6대와 A350 30대의 도입으로 고품격 서비스를 한 차원 높이는 동시에 상대적으로 취항이 적은 미국과 유럽라인을 확대하는 전략을 세우겠습니다. 10년 내에 K사가 지원하는 MBA 과정을 통해 관리자의 자질을 배우고 K그룹 내 긴밀한 상호 소통 관계를 만들겠습니다. K에는 7개의 그룹이 있지만 각자 사업 분야가 다르기 때문에 본부 간 소통이 쉽지 않습니다. 같은 업무, 혹은 그룹을 통합한 동호회 활동을 활성화시키고 K인의 자부심을 높이는 프로그램을 기획하여 하나의 공동체 문화를 만드는 것이 저의 목표입니다.

서류전형만 통과하면 쉽게 면접에 붙을 것 같지만, 면접은 생각보다 어렵다. 특히 면접 경험이 많지 않은 인턴 지원자에게 면접은 특히 부담스러운 전형이다. 자기소개서는 주변에서 의견을 보태줄 수 있지만, 면접은 100% 자신의 역량으로 치러야 한다. 채용전제형 인턴의 경우 면접 전형은 더욱 까다롭다. 지원자 1명당 30분 이상 면접을 보는 회사도 많다. 이를 위해 많은 연습이 필요하다.

최근 한 대학교 상담실에서 만난 준영 씨는 이틀 후가 면접이라 서둘러 상담을 신청했다고 한다. 그가 면접 합격 사실을 안 건 바로 어제였다. 이처럼 면접 합격 통보를 면접 보기 2~3일 전에 하는 기업도 있으므로, 서류전형을 치른 후 결과와 상관없이 면접 준비를 시작하는 것이 좋다. 혹시 서류전형에 불합격하더라도 면접 준비한 경험은 자신의 노하우로 쌓일 것이다.

난생처음 정장을 입고 면접을 보면 스스로 어색해서 행동이 자연스럽지 않을 수 있다. 면접 전에 한두 차례 정장을 입고 행동하며 정장 입은 모습에 익숙해지는 것도 필요하다. 한 지원자는 인턴 면접을 보기 전 정장을 입고 회사를 방문해본 적이 있는데, 이 경험이 실제 면접 당일에 매우 도움이 되었다고 했다. 익숙한 옷차림으로, 익숙한 곳에 오니 긴장이 덜 되고 자신 있게 말을 할 수 있다고 했다. 이런 노하우를 벤치마킹해보라.

시간관념은 가장 중요하다. 지각은 통하지 않는다. 갑자기 비가 올 수도 있고, 차가 막힐 수도 있다. 1시간 전에 여유롭게 도착할 수 있도록 서두르자. 면접 대기실에 들어서면 낯선 풍경이 펼쳐질 것이다. 빼곡히 글자가 적힌 종이를 보며 중얼거리는 사람, 시선을 위로 하며 암기를 하는 사람…… 하지만 이런 모습에 부담을 느끼지 말라. 당신의 페이스를 유지하고 편안하게 임하라. 대기 시간 동안 중얼거리며 암기를 하는 것은 좋지 않다. 이런 연습은 집에서 하는 것이다. 면접 때 할 말을 키워드로 정리하며 되새기거나, 업계 동향이 담긴 신문과 잡지 등을 보며 차분하게 앉아 있는 것이 좋다. 전자회사 인사담당자는 "지나친 면접 준비로 인해 천편일률적으로 답을 하거나, 의욕이 앞서 본인이 경험하지 못한 부분들에 대해 거짓으로 답변하는 경우는 가장 낮은 점수를 준다"고 말했다.

대기실에서 시끄럽게 떠드는 것도 조심하라. 면접 대기실과 면접장은 생각보다 가까운 거리에 있다. 당신이 하는 말은 옆 자리에 앉아 있는 지원자뿐만 아니라 면접관의 귀에까지 들린다. 지루함을 달래려고 옆 자리에 앉아 있는 사람과 이야기를 하거나, 친구와 전화 통화를 하거나, 쉴 새 없이 휴대폰을 꺼내 메신저나 게임을 하거나, 셀카를 찍는 것도 안 된다. 인턴 면접은 아르바이트와 다르다. 당신의 취업과 진로에 터닝포인트가 될 수 있는 자리인 만큼 진지한 태도로 임하자. 유통회사 인사담당자는 "대기실에서 시끄럽게 떠드는 지원자들은 곱게 보이지 않는다. 면접의 시작은 면접실이 아니라 면접 대기실이라고 생각하라"고 조언했다.

자, 이제 면접장이다. 면접을 보러 가기 전에 청심환을 먹는 이도 있지만, 너무 긴장하지 않아도 된다. 인턴 면접은 대체로 공채 전형보다 편한 분위기에서 진행된다. 면접관들은 농담을 건네며 자연스러운 분위기를 조성한다. 단, 한 가지 주의할 점이 있다. "부담 갖지 말라"며 편하게 있기를 권하는 면접관의 말만 믿고 과도하게 흐트러지는 것은 금물이다. 이 경우 사회생활을 할 준비가 아직 안 되어 있는 것으로 오해받을 수 있다. 너무 긴장할 필요도 없지만, 너무 풀어져서는 안 된다. 기분 좋은 긴장감이 면접에 도움을 준다.

면접 때 질문은 어떤 것이 나올까? 질문은 보통 자기소개서에서 나온다. 면접의 기본은 팩트에 기초해 진정성을 파악하는 것이다. 지원자가 풀어 쓴 스토리에 대해 이런저런 대화를 나누면서 과거의 행동을 되짚어본다. 예를 들어 아르바이트 경험이 써 있다면, 무엇을 했고 어떤 점이 힘들었나 등의 질문이 이어진다. 호텔 인사팀 부장은 "일단 자기소개서를 꼼꼼하게 훑어본 후 이를 토대로 면접을 본다. 때론 자신이 쓴 자기소개서 내용에 대해 바로바로 답하지 못하는 지원자도 있다. 보여주기

식 작성이기 때문이다. 스토리는 결국 자신의 경험이다. 그리고 자기소개서 내용이 사실인지, 겪은 내용이 무엇인지, 얘기하고자 하는 게 무엇인지 확인하는 과정이 바로 면접이다"라고 말했다.

많은 면접관이 모호한 부분이 있으면 시간을 두고 다시 질문하거나, 다른 관점으로 물어보거나, 상황에 대해 구체적으로 질문을 던진다. 자기소개서를 쓸 때 거짓말을 하거나 과장을 하면 면접에서 혼쭐이 난다. 다른 이의 아이디어를 자신이 냈다고 하거나, 옆에서 행사 준비를 도운 후에 맡아 이끌었다고 하는 등의 거짓말은 면접관의 예리한 눈에 빤히 보인다. 경험을 부풀리지 말고 사실대로 말하되, 의미를 부여해 전달하는 것이 좋다. 면접 전에 자기소개서를 한 번 더 읽고 가는 것도 중요하다.

세계적인 커뮤니케이션 전문가 존 파월 신부는 커뮤니케이션에는 크게 5단계가 있다고 정의했다. 상투적인 표현을 나누는 1단계, 정보를 교환하는 2단계, 자신이 중요하게 생각하는 가치에 관해 이야기를 하는 3단계, 개인의 감정이나 속마음을 이야기하는 4단계, 다른 이에게 알려져서는 안 되는 비밀을 공유하는 5단계! 1단계와 2단계는 감정적으로 거리가 있는 반면, 4단계와 5단계는 친밀한 사이에서 나누는 커뮤니케이션이다. 그렇다면, 면접 때는 어떤 단계로 말하는 것이 좋을까? 정답은 3단계다. 1, 2단계에 멈추면 면접관과 거리를 좁힐 수 없고 4, 5단계로 앞서 나가면 아직 친분이 쌓이지 않았기 때문에 불편하게 느낄 수 있다. 3단계의 커뮤니케이션으로 면접관의 호감을 얻어라.

메시지와 함께 에피소드를 함께 넣는 것이 가장 좋은 방법이다. 버락 오바마 미국 대통령의 당선 연설문 'Yes, We can'은 스토리를 잘 활용한 사례다. 오바마 대통령은 연설문에서 당시 106세인 흑인 할머니 앤 닉

슨 쿠퍼의 인생을 미국의 역사와 연결해 전달했다. 메시지만 이야기하면 딱딱하다. 메시지와 더불어 자신만의 에피소드를 덧붙여야 좋은 인상을 줄 수 있다.

　면접 때는 해당 조직에 어울리는 성품을 강조하는 것이 무엇보다 중요하다. 한 금융그룹 인사담당자는 "우리 회사는 평생 가족을 미리 만난다는 마음으로 인턴을 뽑는다. 이때문에 인턴의 인성과 친화력을 더 중요하게 여긴다"고 말했다. 기존 직장인들과 잘 어울려 지낼 수 있는 성향임을 보여주고 싶다면 회사 홈페이지를 꼼꼼하게 살펴보라. 한 그룹사 인사담당자는 "우리 회사가 내거는 비전과 핵심가치를 꼭 확인하라. 이는 우리와 함께 이런 뜻을 이루어나갈 인재를 찾고 있다는 뜻이다. 자신의 경험 중에 회사의 비전, 가치와 관련 있는 것이 무엇이 있을까를 생각해보면 면접에 유리하다"고 말했다.

　때로는 말보다 태도가 중요하다. 한 방송국 연기대상에서 20대 초반 여배우는 쟁쟁한 선배 연기자들을 제치고 미니시리즈 부문 여자 최우수상을 받았다. 그런데 그녀는 수상소감을 전하는 과정에서 산만한 태도를 보여 보는 이를 불편하게 했다. 수차례 얼굴을 찡그리고 갑자기 웃음을 터뜨리는 것은 물론 몸을 좌우로 심하게 흔들어 방송 화면을 벗어나기도 했다. 특히 드라마 제작진, 소속사 관계자, 미용실 샵 관계자, 가족, 심지어 애완견을 일일이 거론하며 감사한 마음을 전하면서도 정작 함께 출연한 배우에 대해서는 따로 언급하지 않아 아쉬움을 남겼다. 후보에 올라갔다면 진정성 있는 소감을 준비하고 진중한 태도를 보이는 것이 기본 아닐까. 면접도 마찬가지다. 말을 매끄럽게 잘 하는 것보다 더 중요한 것은 면접에 임하는 태도다. 바른 자세와 시선 처리로 예의 바른 모습을 보여주자. 인턴은 전문지식이 부족하더라도 진실하고 열정적인 태도를 갖고 있다면 얼마든지 보완이 가능하다. 회사에 대한 관심을 바탕으로 인턴에 임하는 자세, 각오 등을 말하면 좋은 점수를 얻을 수 있다.

인턴 면접 준비 시 유의사항

- 예비 사회인으로서 프로의식을 갖고 임하라.
- 옷차림과 표정 등 이미지부터 챙겨라.
- 회사가 원하는 가치관과 인재상을 파악하라.
- 직무에 대한 열정과 구체적인 포부는 기본이다.
- 선배 사원을 존중하고 빨리 배우는 자세를 어필하라.
- '팀워크 에피소드'를 통해 협업과 조직 적응력을 강조하라.
- 목표를 위해 장애물을 뛰어넘었던 에피소드를 준비하라.
- 자신감과 겸손함의 균형을 유지하라.
- 부정적인 말과 행동은 금물이다.
- 모의면접을 통해 자신의 장·단점을 체크하자.

Q. 우리 회사가 당신을 뽑아야 하는 이유가 무엇인가?

"습득이 빠른 것이 장점입니다. 이 장점으로 선배님들께서 알려주신 것을 빠르게 배워 회사 업무에 기여하겠습니다. 저는 대학생활 동안 모르는 분야에 뛰어들어 빨리 배우는 능력을 길렀습니다. 공대생임에도 제가 모르는 마케팅 공모전에 도전해보았고, 스킨스쿠버와 패러글라이딩을 배웠으며, 노점상에서 액세서리를 판매한 적도 있습니다. 이렇게 다양한 경험을 하다 보니 무언가를 배울 때 습득 속도가 빨라졌습니다. 자료 조사도, 문서 정리도, 마케팅 아이디어 제안도 지시하신 것보다 하루 더 빨리 해내겠습니다."

이 질문은 한 마디로 경쟁력을 묻는 것이다. 일을 하는 데 필요한 능

력을 강조하되, 인턴 지원자임을 감안해서 배우는 자세와 겸손함을 잊
지 말자.

Q. 인턴 기간에 단순한 일을 할 수도 있는데…

"무슨 일이든 시켜주십시오. 복사의 달인도, 엑셀의 달인도 되고 싶습니다.
'능력을 보여주지 못할 자리는 없다'는 카네기의 말을 실천해보겠습니다."

이렇게 씩씩하게 말하면 면접관은 당신의 머리카락을 쓰다듬으며 격
려를 해주고 싶을 것이다. 많은 지원자들이 환상을 갖고 지원하기 때문
에 인턴을 하다 중도 포기를 한다. 인턴 업무에 대해 막연한 환상을 갖
고 지원하지 말고, 어떤 일을 하는지 정확히 파악해보라. 이를 바탕으로
어떤 일을 하든 배운다는 자세를 갖고 열심히 일하겠다는 각오를 전달
하면 좋은 인상을 줄 수 있다.

Q. 동아리나 팀프로젝트를 하며 책임감을 발휘했던 경험이
있다면 말해보라

"1년 전 친분이 있는 지인 3명과 함께 공모전 준비를 할 때였습니다. 세 번이
나 수상하지 못한 터라 다들 지쳤지만 네 번째 UCC 공모전에서는 더욱 노
력하자고 다짐했습니다. 기획과 촬영은 모두 함께했지만 마지막 편집은 제

몫이었습니다. 그런데 하필 공모전 마감일을 3일 앞두고 장염에 걸려 몸 상
태가 최악이 되었습니다. 팀원들은 다음 기회를 노리자며 포기를 권했지만
저로 인해 팀원들의 노고가 수포로 돌아가는 것을 볼 수 없었습니다. 병원에
가서 링거를 맞고 작업을 했습니다. 몸은 아팠지만 집중력을 발휘한 결과 다
행히 마감 하루 전날 작품을 완성할 수 있었습니다. 결국 수상은 못했지만
멤버들의 단합을 다지는 계기가 되었습니다. 더욱 팀워크가 돈독해진 저희
는 그 다음 공모전에 도전해 우수상을 받았습니다."

회사는 인턴에게 전문성을 기대하지는 않는다. 하지만 인턴도 회사
구성원인 만큼 맡은 업무를 책임 있게 수행하는 자세는 기본이다. 면접
관은 당신이 입사 후 어떤 태도로 일을 대할지 궁금하다. 힘든 상황에서
도 제 몫을 다 해냈던 이야기를 하면 공감을 얻을 수 있다.

Q. 취미를 소개해보라

"토피어리 만들기가 취미입니다. 뉴에이지 음악을 틀고 토피어리를 만들다
보면 마음이 차분해지고 걱정거리가 사라집니다. 3년 전부터 토피어리를 만
들어 주변 사람들에게 선물했는데 반응이 좋아서 동네 꽃집을 통해 판매도
했습니다. 기회가 된다면 면접관님들께도 드릴 수 있기를 바랍니다. 가습효
과가 뛰어난 토피어리는 여름에는 제습 역할을, 겨울에는 가습 역할을 합니
다. 사계절 유용한 토피어리처럼 회사에 도움이 되는 사원이 되겠습니다."

"야구 응원을 즐깁니다. 4년 전부터 한 달에 두 번 이상 지인들과 함께 야구장을 찾아 응원을 하고 있습니다. 야구는 인생을 닮았습니다. 그 안에는 실패도 있고 희생도 있고, 선후배간의 위계질서와 예절까지 담겨 있습니다. 야구를 보면서 힘든 일이 생겨도 좌절하지 않고 이겨내는 법을 배웠습니다. 입사 후 선배님들과 함께 야구를 응원하면서 강한 소속감을 다지고 싶습니다."

취미를 묻는 질문은 자주 등장한다. 지원자의 취미생활을 통해 개인 성향과 적극성, 대인관계 등을 확인하기 위함이다. 좋은 취미는 생활의 활력소가 되고 강력한 스트레스 해소책이자 재충전의 기회가 된다. 예시처럼 자신의 취미를 소개함과 동시에 면접관과 자연스러운 대화를 유도하거나, 함께하는 취미활동을 통해 사회성을 강조하는 것은 좋은 방법이다. 후속 질문에도 대비해야 한다. 산악자전거가 취미라면 언제부터 취미를 갖게 되었는지, 자전거는 무엇을 타는지, 엔진능력은 어떤지, 주로 어느 코스를 가는지 등 세부적인 질문을 받을 수 있다. 호감을 얻기 위해 '거짓 취미'를 말하면 이 같은 질문에 우왕좌왕할 게 뻔하다. 답변은 어디까지나 진실을 바탕으로 해야 한다.

Q. 학창시절에 실패한 경험을 말하라

"케이블TV 채널 tvN의 〈대학 토론 배틀〉에 참가해 16강에서 탈락한 경험이 있습니다. 대학 토론 배틀은 국내외 200여 개 대학에서 참가한 대학생 700여

명이 불꽃 튀는 설전을 통해 진검 승부를 벌이는 방식입니다. 저는 5명의 친구들과 함께 이 토론에 참가했습니다. 밤새 토론 논거를 만들고 열심히 준비했지만 8강에 오르지 못했습니다. 하지만 이 경험을 통해 경쟁력 있는 토론자가 되려면 읽고 쓰고 말하고 듣는 연습이 필요하다는 것을 깨달았습니다."

기업은 인재를 뽑을 때 성공한 경력만큼이나 실패 경력을 중시한다. 실패는 도전의 다른 이름이기 때문이다. 면접관은 이 질문을 통해 지원자가 무엇을 실패라고 생각하는지, 인생의 굴곡 없이 나약하게 자란 것은 아닌지 확인하고자 한다. 너무 거창하지 않아도 괜찮다. 자신의 인생을 되돌아보고 목표를 위해 노력했으나 실패했던 경험을 떠올려보자.

Q. 왜 신입이 아니라 인턴 채용전형에 지원했나?

"인턴 기간을 통해 내실을 키우고 경쟁력을 다지고 싶기 때문입니다. 가까운 길이라도 때로는 돌아가는 것이 더 빠르다는 말을 좋아합니다. 인턴 기간 동안 선배님들께 많이 듣고 많이 배우겠습니다. 제일 먼저 문을 열고, 제일 늦게 문을 닫으며 내실을 키우겠습니다. ○○회사가 원하는 인재가 돼서 다시 신입사원 전형에 도전하겠습니다."

졸업을 앞두고 있다면, 회사는 지원자가 왜 인턴전형에 지원했는지 매우 궁금할 것이다. "스펙이 부족해서 그렇다"처럼 부족한 점을 말하지 말고 인턴제도의 장점과 인턴전형에 임하는 각오를 패기 있게 전달하라.

Q. 인턴 생활을 할 때 가장 중요한 것이 무엇이라고 생각하나?

"생소한 업무라도 열정을 가지고 문제를 해결해나가는 모습이 필요하다고 생각합니다. 회사와 업무에 대한 학습태도도 중요하기 때문에 모든 것을 배운다는 자세로 진지하게 임하겠습니다."

정답은 없다. 친화력, 성실함, 열정 등 자신이 중요하다고 생각하는 면을 논리적으로 전달하면 된다. 단, 여러 명의 지원자가 동시에 답을 할 때는 다른 지원자보다 차별화된 답을 할 수 있도록 신경 써라. "옆 지원자와 생각이 같습니다"에서 답을 멈추면 의욕이 부족해 보일 수 있다.

Q. 인턴이 된 후 어떤 일을 꼭 해보고 싶은가?

"회사가 주력하고 있는 비철 사업의 발전방향에 대해 조사해서 발표를 해보고 싶습니다. 광물을 어디에 팔고, 어느 곳에 투자해야 하는지 실질적인 제안을 하고 싶습니다."

이 질문을 통해 지원자의 의지를 파악해볼 수 있다. 통신회사 인사담당자는 "이런 질문을 하면 신나서 얘기하는 사람이 있다. 그런 사람을 보면 덩달아 기분이 좋아진다"고 말했다. 대부분의 지원자는 이 질문에 별다른 이야기를 하지 않고 얼버무린다. 인턴에게 전문성을 기대하는 것은 아니지만, 그렇다고 해서 회사와 직무에 대해 무관심한 사람을 뽑고 싶은 면접관은 없다. 지원 회사의 사업 포트폴리오를 분석해보고 자신이 기여할 수 있는 부분에 대해 고민해보라.

나는 영화제나 방송 축제 등 각종 시상식을 자주 챙겨본다. 좋아하는 연예인을 한 자리에서 만나는 즐거움도 있지만, 진심이 담긴 수상소감을 듣고 싶은 기대가 한 몫을 한다. 인상적인 연예인의 수상소감을 모아봤다. 이들의 이야기에 귀를 기울여보라. 수많은 이들에게 감동을 준 목소리이지 않은가. 그 안에 면접관의 마음을 여는 열쇠도 들어 있을지 모른다.

황정민, '청룡상 남우주연상' 수상 소감

"감사합니다. 저한테도 이런 좋은 상이 오는군요. 솔직히 저는 항상 사람들한테 그래요. 일개 배우 나부랭이라고… 왜냐하면 60여 명 정도 되는 스텝들과 배우들이 멋진 밥상을 차려놓아요. 그러면 저는 그냥 맛있게 먹기만 하면 되는 거거든요. 근데 스포트라이트는 저만 받아요. 그게 정말 죄송스러워요. 그리고 항상 제 옆에 있는 것만으로도 저를 설레게 하고, 현장에서 열심히 할 수 있게 해준 전도연 씨에게 감사드립니다. 도연아! 너랑 같이 연기하게 된 건 나한테 정말 기적 같은 일이었어. 고마워! 그리고 마지막으로 저희 가족들과 사랑하는 동생, 조카, 그리고 지금 열심히 공연하고 있는 '황정민의 운명'인 집사람에게 이 상을 바칩니다. 열심히 하겠습니다."

황정민의 '밥상' 소감은 해가 지나도 잊혀지지 않는다. 자신을 일개 '배우 나부랭이'라고 낮추며, 수상의 영광을 스태프들에게 돌린 겸손한 자세는 지금도 많은 이들에게 회자되고 있다. 겸손은 인턴 지원자가 면접 때 꼭 챙겨야 할 기본 자세다. 겸손한 태도를 바탕으로 많은 것을 배우고 회사에 기여하고 싶다는 의지를 전달하자.

김명민, 'KBS 연기대상' 대상 수상 소감

"이순신 장군을 연기하게 된 것은 저에게 큰 행운이었습니다. 저에게 정신적인 고통을 안겨주시더니 이렇게 큰 상을 주시네요. 한때 모든 것을 포기하려 할 때, 이순신 장군을 연기하게 해주신 이성주 감독님께 감사드립니다. 이순신 장군의 10분의 1이라도 닮고자 발악한 저를 도와주신 선배님들, 한 회 출연도 마다하지 않은 단역 연기자들, 무더위와 혹독한 추위를 이기며 저를 진짜 장군처럼 대해준 300여 명의 연기자들께 감사드립니다. 제가 최고라는 어리석은 생각을 버리고 연기해나가겠습니다."

김명민의 수상소감은 오랫동안 우리 마음에 감동으로 남아 있다. 특히 자신이 맡은 배역과 수상소감을 연결 지은 것은 최고의 묘미라고 할 수 있다. 그저 "감사합니다. 최선을 다하겠습니다"라고 천편일률적인 소감을 말하는 이들과 큰 차이가 있다. 면접도 마찬가지다. 말 한마디, 행동 하나 정성을 담아라. 특히 자기PR, 지원 동기, 포부처럼 예측이 가능한 질문은 더더욱 준비해보라. 단순히 자신의 이야기를 전달하는 데서 그치지 말고 김명민처럼 지원 회사와 직무를 연결 지어 소개해보라. 정성이 담긴 말은 면접관을 미소 짓게 한다.

김병만, 'SBS 연예대상' 대상 수상 소감

"이경규 선배님 고맙습니다. 강호동 선배님 고맙습니다. 유재석 선배님 고맙습니다. 대상 저한테 너무 큰 상입니다. 우리 선배님들은 대상을 넘어서는 분들이십니다. 저는 이제 새싹입니다. 이 상으로 저를 키워주시는 것 같아 정말 감사합니다. 선배님들은 정말 만능 엔터테이너이신데 저는 사실 부족한 게 참 많습니다. SBS에 감사드리는 건 제가 잘 할 수 있는 프로그램을 만들어주셨다는 것입니다. 정글을 열심히 돌아다니며, 시청자분들에게 좀 더 나은 모습을 보여드리기 위해 노력했습니다. 하늘에서 뛰어내리고 물속으로 들어가고 제가 할 수 있는 한 최선을 다했습니다. 제가 SBS와 인연을 맺은 것은 2011년도입니다. 〈키스앤크라이〉를 통해서 열심히 빙판 위를 달리고 있는데 정순영 부국장님께서 정글을 소개해주셔서 맨 처음 류담, 리키김, 황광희, 저 넷이서 출발을 했습니다. 그 뒤로 많은 연기자들이 함께 노력해주었습니다. 그 연기자분들이 저를 여기까지 데려다준 것 같습니다. 정말 감사합니다. 그리고 저희 스태프들! 촬영감독님은 트럭에서 ENG카메라를 든 채로 떨어져도 파스 붙이고 끝까지 달려줬습니다. 배가 뒤집혀도 두려워하지 않고 다음 편을 위해 달려주었습니다. 우리 스태프들 감사합니다. 그리고 〈정글의 법칙〉 팬 분들, 고비도 있었지만 끝까지 응원해주시고 사랑해주셔서 정말 감사합니다. 내년부터 더 달리겠습니다. 기회가 주어지는 한 더 많은 작품을 하겠습니다. 1월 1일에는 소림사에 갑니다. 저 김병만은, 김병만의 방식으로 시청자분들께 최선을 보여드리겠습니다. 복 많이 받으십시오."

김병만의 수상 소감에 선후배 방송인들이 모두 자리에서 일어나 기립박수를 보냈다. 겸손한 모습으로 선후배, 동료, 제작진, 스태프, 팬들을 챙기며 작품에 대한 각오를 밝히는 모습은 보는 이에게 뭉클한 감동을 준다. 김병만의 수상 소감에서 우리가 배울 수 있는 것은 참 많다. 겸손함 가운데서도 그동안 노력했던 모습을 진솔하게 어필했고, 주변 사람들을 잊지 않고 고루 챙겼다. 많은 사람들을 이야기함에도 지루하지 않은 것은 딱 맞는 비유와 생생한 에피소드가 담겨 있기 때문이다.

신은경, 'MBC 연기대상' 최우수 연기상 수상 소감

"감사드릴 분이 너무 많습니다. 감사하단 말씀을 드리고 싶어서 이 자리에 꼭 서고 싶었습니다. 28년 연기 인생에서 〈스캔들〉은 정말 힘들었습니다. 원형탈모가 올 만큼 힘들었지만 힘이 들 때마다 '윤하영 역할을 신은경이 아니면 누가 했을까'라고 말씀해주신 감독님이 계셔서 포기할 수가 없었습니다. 함께 웃어주시고 울어주신 스태프들 감사드립니다. 자칫 추락할 뻔했던 배우 신은경을 진흙탕에서 건져 이 자리까지 올 수 있게 해주신 소속사 대표님께 감사드립니다. 끝까지 남아서 박원숙 선생님처럼 존경받는 배우가 되겠습니다. 천년만년 연기하겠습니다."

28년 동안 연기를 했음에도 원형탈모가 올 만큼 힘들었다는 신은경, 그럼에도 포기하지 않고 천년만년 연기하겠다는 목소리에서 강한 의지가 느껴진다. 직장 생활을 할 때도 마찬가지다. 처음 몇 년은 흥미와 열정으로 채울 수 있지만, 그 다음은 '견디는 능력'도 필요하다. 기업은 반짝하고 사라지는 사람을 원하지 않는다. 오랫동안 꾸준히 함께 일을 할 인재를 원한다. 이런 모습을 어필하고 싶다면, 신은경처럼 구체적인 직장인 롤모델을 이야기해보라. 목표가 뚜렷한 사람은 믿음이 간다.

정형돈 'MBC 방송연예대상' 최우수상 수상 소감

"오랫동안 함께해준 매니저, 무한도전 멤버들, 스태프들 모두 감사드립니다. 솔직히 말씀드리면, 언제부턴가 시상식에 오는 게 귀찮은 일이고 빨리 좀 끝났으면 하고 생각할 때가 있었습니다. 그런데 한 친구가 데뷔 10년 만에 처음으로 시상식을 가봤다며 얼마나 감동스러운지 모르겠다는 말을 했습니다. 그 이야기를 듣고 그동안 시상식에 무미건조하게 참여했던 제가 못나 보였습니다. 제가 그동안 너무 안이했습니다. 그래서 올해부터는 자리에 오는 것을 영광스럽게 생각하기로 했습니다. 언젠가 오고 싶어도 못 올 날이 있을 것입니다. 상을 받든, 못 받든 시상식에 계속해서 참여할 수 있도록 노력하겠습니다. 많은 분들이 재미있게 웃긴 사람에게 망가졌다는 표현을 쓰더라고요. 내년에는 망가진 걸 넘어서서 문드러지겠습니다. 감사합니다."

정형돈은 솔직한 수상소감으로 눈길을 끌었다. 마음가짐이 달라진 계기를 진솔하게 고백해, 보는 이들의 마음을 훈훈하게 만들었다. 화려한 미사여구보다 더 빛나는 것은 이와 같은 진솔한 말 한마디다. 면접관의 마음을 사로잡고 싶다면, 진실한 마음과 그것을 보여줄 수 있는 경험담을 준비하라.

이현숙, 'KBS 연예대상' 작가상

"감사합니다. 매일 생방송 스태프로만 있었는데 이 자리에 올라와 보니 정말 좋습니다. 얼마 전 〈연예가 중계〉가 1,500회를 맞이했고, 30년을 맞이했습니다. 저는 이 프로그램을 10년 동안 함께 해왔습니다. 이제는 연예가 중계가 일상이 됐는데 전 스태프가 토요일이 되면 긴장을 합니다. 역사가 오래된 프로그램에서 오랜 시간 함께 일하며 즐거운 일이 많았습니다. 〈연예가 중계〉의 두 MC, 신현준 씨와 박은영 아나운서에게 감사함을 전합니다. 이 자리에 나온다고 하니 신현준 씨가 자신의 얘기를 해달라고 했습니다. 제가 신현준 씨를 캐스팅한 이유는 '1년에 특종을 네 번은 받겠지'라는 생각 때문이었습니다. 그런데 그 동안 신현준 씨는 성직자처럼 살고 있습니다. 특종은 딱 한 번 결혼 발표 때였습니다. (웃음) 항상 열심히 하는 작가가 되도록 노력하겠습니다. 계속해서, 2,000회까지 함께 가겠습니다."

이현숙 작가는 웃음을 자아내는 재치 있는 수상소감으로 주목을 끌었다. 이러한 재치는 면접 때도 유용하다. 합격자들 중에는 분위기에 맞는 유머로 면접관에게 호감을 얻고 화기애애한 상황을 만든 이들이 많다. 이현숙 작가의 소감에서 배울 수 있는 것은 하나 더 있다. 바로 강한 소속감이다. 막연히 "오랫동안 열심히 일하겠다"고 말하는 것과 "2,000회까지 함께 가겠다"고 구체적인 수치를 덧붙이는 것은 큰 차이가 있다. 면접관은 '인턴 구직자'도, '학생'도 원하지 않는다. 면접관이 만나고 싶은 사람은 그 회사에서 곧 함께 일할 '가족'이다. 스스로를 그 회사의 신입사원이라고 생각하라. 그리고 소속감을 보여주라. 마음을 보여줄 수 있는 방법은 회사에 대해 깊이 있게 연구하는 것이다.

《미생》에서 배우는
면접 합격 노하우
뽑히는 면접 전략 ④

최종면접, 이는 인턴에서 정규직 사원으로 가는 중요한 관문 중 하나다. 인턴의 필독서로 잘 알려진 《미생》에는 인턴사원들이 최종 PT면접에 참여하여 좌충우돌하거나 면접관에게 좋은 인상을 남기기 위해 고군분투하는 모습이 생생하게 그려져 있다. 《미생》에 있는 수많은 에피소드 중에서 당신에게 들려주고 싶은 몇 가지 이야기를 가져왔다. 각각의 에피소드와 함께 면접에 참여할 때 주의할 점과 노하우를 살펴보자.

[장면 1]

지원자 (우스꽝스러운 복장으로 등장하며) "안녕하십니까! 저희는 세계 무대에 우리 발자국을 남기겠다는 각오로 이 회사에 지원한 장기석! 구현우! '장구' 팀입니다!"

많은 지원자들이 면접에서 좋은 이미지를 얻기 위해 '튀어야 한다'는 오해를 한다. 하지만 별 다른 의미 없이 튀기만 하는 행동은 면접관에게 반감을 살 뿐이다. 면접은 예의를 갖춘 태도가 기본이다. 복장, 말씨, 표정, 말의 내용 등 모든 면에서 회사와 면접관을 위해 예의를 챙기자. 그렇다고 해서 지나치게 진지하고 어두운 분위기를 풍길 필요는 없다. 적극적이고 유머 있는 태도는 면접관도 환영한다. 그렇다면 '부정적인 튀는 행동'과 '긍정적인 눈에 띄는 행동'을 판단하는 기준은 무엇일까? 답은 지원 회사, 직무와의 연관성이다.

당신이 한 행동이 자기 자신만 도드라지게 한다면, 그 행동은 별 의미 없다. 이유 없이 노래를 부르거나 춤을 추는 것과 같은 행동 말이다. 하지만 같은 노래라도 이유가 있다면 다르게 다가온다. 만약 당신이 지원 회사에서 아르바이트를 하며 직원들의 활기를 충전시키기 위해 댄스 가수 노래를 패러디한 영상물을 제작해 화제를 끈 적이 있다고 하자. 이 경험을 소개하기 위해 당시 영상물에 넣었던 노래를 3초 가량 부른다면, 이 노래는 면접관에게 다르게 다가올 것이다. 면접에서 가장 중요한 것은 회사와 직무에 대한 관심임을 잊지 말자.

[장면 2]

지원자1 저희가 준비한 주제는 '아바타'입니다. 영화 아바타에 나오는 자원
침략의 문제점과 그 대안을 고민하고 싶었습니다. 우리는 필요에
따라 풍부한 경제력과 국가적 지위에 힘입어 제3국 또는 극빈국의
자원을 마구 채취하는 글로벌 기업들을 많이 봐왔습니다.

면접관 그런데 안영이 씨와 한 팀인 이상현 씨는 너무 자기 타임이 없잖아?
안영이 씨 위주잖아. 이상현 씨는 뭘 같이 준비한 거지?

지원자2 전 영상과 인터뷰 등을 준비했습니다만…….

면접관 안영이 씨는 팀별 과제인데 파트너의 난처함을 고려하지 않은 건
가? 어떻게든 파트너의 역할이 있었어야 하지 않을까?

팀별 과제에서 가장 중요한 것은 팀워크다. 팀별 과제의 평가 포인트
는 개개인의 능력이 아니라 얼마나 다른 지원자와 협력을 잘 하는지, 배
려하는지다. 물론 팀별 과제를 수행할 때도 문제해결을 위한 적극성은
기본이다. 좋은 팀워크로 최선의 결과물을 내놓는 팀이 승리한다.

[장면 3]

면접관 여기 오기 전에 다른 곳 인턴도 했구만. 그런데 왜 우리 회사에 또 지
원하게 됐지?

지원자 그… 저… 전… 무역… 업무를… 하고… 싶었습니다.

면접관 거기도 상사 있는데?

지원자 지방대… 출신이고… 여러 가지… 경쟁에서 어려울 것으로… 판단
했습니다.

면접 때 꼭 챙겨야 할 것은 자신감이다. 서류전형에 통과했다면 기업이 원하는 기본 조건은 모두 채운 셈이다. 부족한 점보다는 자신만의 강점에 집중하자. 면접관은 기대한다. 한쪽이 기울었다면, 다른 쪽이 채워졌을 거라고. 당신이 학점이 부족하다면, 넘치는 부분을 강조하라. 다양한 아르바이트 경험과 꾸준한 봉사 경험을 꺼내면 된다. 그 점이 회사의 업무에 어떤 도움을 줄 수 있을지 덧붙여라. 당신의 경쟁력이 그 회사에 도움이 된다면 면접관은 그 부분을 알아봐줄 것이다. 만약 그것이 회사에 당장 크게 도움이 되지 않는다 하더라도 '자신이 그 회사에 어떻게 기여할지' 진지하게 고민한 노력을 '잠재력'과 '발전 가능성'으로 이해할 것이다. 인턴은 공채보다 잠재력과 발전 가능성에 대한 비중이 높다. 부족한 점에 집중하지 말고, 가능성에 주목하자.

[장면 4]

면접관 최신 자료 구할 수 없었나? 각종 경제 연구소 사이트가 얼마나 잘 돼

　　　　있는데…

지원자 SERI(삼성경제연구소) 말씀이십니까?

면접관 우리 회사도 있는 건 모르나 보지?

지원자 아…!

이 상황에서 지원자는 2가지 실수를 했다. 보고서를 작성하거나 발표 자료를 만들 때 최신 자료를 구하려는 노력을 하지 않았다. 이는 정성과 성의 부족이다. 입사하고 싶은 마음이 굴뚝같다면, 작은 실수로 오점을 남기지 않도록 주의하자. 두 번째 실수는 지원 회사보다 경쟁사에 대한 관심이 더 크다는 점이다. 면접관에게 경쟁사를 우선하는 모습을 보이면 불합격으로 가는 지름길이다. 누구도 이런 상황에서 지원자의 편을 들어주기 어렵다. 자, 당신의 마음을 들여다보라. 회사와 경쟁사 중, 어떤 곳에 마음이 가 있는가. 진짜 마음이 향하는 곳에 지원하라. 그것이 회사와 당신 모두를 위한 길이다.

[장면 5]

한석율 제가 장그래 씨께 팔 물건은 이것입니다. 장그래 씨 좀 잡아줄래요?

면접관 그게 뭐지?

한석율 울산 공장에서 만들고 있는 우리 계열사의 대표 섬유들입니다.

면접관 오호

한석율 우리 회사 주력 섬유 중에서 합성섬유들입니다. 나일론, 폴리에스테

　　　　르, 아크릴, 폴리우레탄…. 21세기 섬유산업의 고부가가치를 대표하

는 섬유들입니다.

면접관 그 천을 장그래 씨에게 팔겠다는 것인가?

한석율 이 천에 더해서 각 생산라인에 투입된 인력들의 업무 환경과 잘못 내려진 오더로 인한 손실액과 커뮤니케이션의 문제에 대해 분석한 자료입니다. 현장의 발언을 장그래 씨에게 팔겠습니다.

사회자 장그래 씨, 결정하세요.

장그래 이 섬유들은 문제가 없는 것이죠?

한석율 물론 훌륭한 제품들입니다.

장그래 그렇다면… 전 이 노트만 사겠습니다. 천은 안 사겠습니다.

면접관 그 이유를 말해보게.

장그래 이 천은 한석율 씨와 함께 팔고 싶습니다. 한석율 씨의 훌륭한 현장 경험에 누가 되지 않도록 이 노트로 열심히 공부하겠습니다. 함께 팔아도 되겠습니까?

이는 개별PT 장면으로,《미생》에 그려진 면접 장면 가운데 내가 가장 좋아하는 부분 중 일부다. PT 주제는 '팀별 PT 때 함께했던 파트너에게 팔아야 할 물건을 소개하는 것'이다. 여기서 한 지원자가 물건을 파는 이유를 설명하면 상대방은 그 물건을 살 것인지, 말 것인지 결정하고 그 이유를 설명해야 한다. 이 자리에 들고 온 물건을 보면 그 지원자의 관심과 입사의지를 한눈에 알 수 있다. 위 장면을 보라. 한석율 지원자가 장그래 지원자에게 팔고자 하는 것은 합성섬유와 노트다. 모두 회사에 대한 관심과 열정이 담긴 물건이다. '현장'에서 직접 이 물건을 골라온 한석율 지원자의 열의가 돋보이는 부분이다. 이 상황이라면 대부분의 지원자는 한석율 지원자의 물건을 모두 사야 한다. 거절할 이유가 딱히 없기 때문이다. 그렇다고 해서 "와, 정말 좋은 물건이네요. 무조건 사겠습니다"라고 한다면 상대만 빛나고 자신은 초라해진다. 그런데 위 상황에서 장그래는 매우 적절한 행동을 했다. 두 가지 물건 중 하나는 사고, 나머지 하나는 같이 팔겠다고 말한다. 장그래의 마지막 발언은 아주 매력 있다. 단 2줄 안에 기업이 원하는 8가지 역량을 담았다.

- **팀워크, 영업력** 이 천은 한석율 씨와 함께 팔고 싶습니다
- **겸손, 배려** 한석율 씨의 훌륭한 현장경험에 누가 되지 않도록
- **자기계발, 성실성** 이 노트로 열심히 공부하겠습니다
- **팀워크, 커뮤니케이션능력** 함께 팔아도 되겠습니까?

당신도 이처럼 매력적으로 말하는 연습을 하라. 노력한 만큼 면접관의 마음을 사로잡을 수 있다.

실전편

인턴 딱지 떼고
정규 사원으로 가는
생존 매뉴얼

인턴에 대한 4가지 착각과 진실

요즘 각 대학은 방학 전에 직장체험을 가는 학생들을 대상으로 사전 교육을 진행한다. 한 대학 관계자는 "직장체험을 간 후 중도 포기하는 학생들이 늘었다. 학생들이 약속 기간을 지키지 못하고 중도 포기하면 학교 이미지가 안 좋아지는 것은 물론, 후배들의 직장체험 기회도 줄어들 수 있다"고 걱정했다. 그렇다면, 학생들이 중도 포기하는 이유는 무엇일까? 학교 담당자들과 학생들의 목소리를 들어보면 "별다른 고민 없이 신청하거나", "사전 정보 없이 너무 기대를 크게 해서" 생기는 문제였다. 막연한 환상은 여러모로 좋지 않다. 물론 알찬 프로그램을 만나 만족도 높은 경험을 하고 온다면야 제일 좋겠지만, 그렇지 않은 환경에서도 잘 지낼 수 있는 방법은 있다. 생길 수 있는 상황들을 모두 가정하고 현실 감을 키우는 것이다. 일종의 예방주사 효과라고나 할까. 직장체험의 이

점도 챙겨야 하지만, 그곳에서 겪을 수 있는 어려움이나 주의사항도 꼭 살펴봐야 한다.

인턴을 할 때도 마찬가지다. 뽑히는 것보다 중요한 것은 '잘 끝내는 것'이다. 높은 경쟁률을 뚫고 인턴에 참여했다 하더라도 중도 포기하거나 나쁜 평가를 얻는다면, 안 한 것만 못할 수 있기 때문이다. 나는 그동안 인턴을 비롯한 각종 직장체험 프로그램에 참가했던 학생들의 목소리를 자주 들었다. 그들은 당신이 인턴에 참여하기 전에 미리 알면 좋을 몇 가지를 알려줬다. 물론 모든 회사가 다 그런 것은 아니지만, 몇 가지 애로사항과 주의사항을 전달하고자 한다. 당신이 현실감을 키우고 인턴 생활에 더 잘 적응하는 데 도움이 되길 바라는 마음에서다.

나를 환영할 것이다?

학교를 떠나 처음 직장의 문을 두드린 당신은 이런 상상을 할 것이다. 많은 이들이 인턴사원을 반기고, 출근 첫날부터 환영회를 열어줄 것이라고. 그런데 아는가? 그들은 당신에게 관심이 없을 수도 있고, 심지어 귀찮아할 수도 있다. 환영회는커녕 혼자 밥을 먹을 수도 있고, 하루 종일 말 한마디 건네는 이가 없을 지도 모른다. 회사에는 당신을 살뜰히 챙겨주는 '친구'가 없다. 그저 이리저리 바쁘게 뛰어다니는 '직장인'만 있을 뿐이다.

그렇다면, 당신이 배치될 부서 입장에서 한 번 생각해보자. 며칠 전에 있었을 부서의 회의 상황을 가정해보았다.

팀장	"자, 다음 주에 인턴사원이 한 명 올 거야. 누가 담당할래? 정 대리 어때?"
정 대리	"아, 죄송해요. 저 요즘 너무 바빠서 야근하는거 아시잖아요. 프로젝트를 빨리 끝내야 해서요."
팀장	"그럼, 박 대리가 맡아."
박 대리	"(마지못해) 네…. 지난 번 인턴사원처럼 지각 잘 하고 불평 많은 사람이 들어오는 건 아닌지 모르겠어요. 괜히 왔다가 금방 나가버리면 분위기만 흐려지고…. 저도 바쁜데…. 휴…."

당신은 이 글을 보고 매우 당황스러울 것이다. 회사는 인턴제를 선호하고 현업에서도 인턴에 대한 만족도가 높다고 했는데, 왜 인턴인 당신을 환영하지 않는가 하고 말이다. 좋은 지적이다. 회사가 인턴제를 선호하고 점차 늘려가는 추세인 것은 맞다. 인턴을 거친 이들이 입사 후 조직적응력이 높고 조기 퇴사 비율이 낮다는 것도 현업에서 나온 목소리다.

하지만 모든 기업이 인턴을 환영하고 적극적으로 활용하는 것은 아니다. 인턴제를 도입한 지 얼마 되지 않아 시행착오를 겪는가 하면, 인턴제도를 도입한 후 애로사항을 호소하는 기업도 있다. 한국경영자총협회가 인턴제도를 도입한 375개 기업을 대상으로 조사한 결과에 따르면, 인턴제도 도입 후 느끼는 애로사항은 '정규직 전환 후 입사 포기하는 사례'(29.5%), '현업 부서의 업무 가중'(25.2%), '인턴지원자들의 역량미달과 무관심'(20.0%) 등으로 나타났다.

회사가 인턴을 뽑는 이유는 여러 가지다. 회사 채용 방침일 수도 있고, 정부 시책에 따른 것일 수도 있고, 해당 부서에서 요청했을 수도 있다. 현업에서 가장 만족도가 좋은 것은 '해당 부서의 요청'이다. 이 경우 인턴이 담당할 역할이 명확하게 있고, 필요에 의해서 뽑은 것이기에 인턴사원을 반기는 경향이 강하다. 하지만 정부 시책이나 회사 채용 방침에 의해 갑작스럽게 인턴을 맞이해야 할 때는 현업에서도 난감하다. 인턴제를 처음 시행하거나, 경험이 많지 않은 부서는 인턴사원을 어떻게 대해야 할지, 어떤 역할을 맡겨야 할지 등에 대한 가이드가 없는 경우도 있다. 회사 차원에서 마련한 인턴 운영 매뉴얼도 현업에서 당장 적용하기에는 그 내용이 추상적이다.

현업 부서의 업무 가중도 큰 어려움 중 하나다. 다시 한 번 위 회의상황을 살펴보라. 당신은 회사가 낸 인턴사원 공고를 보고 지원을 했지만, 정작 당신을 담당할 사람은 '그 회사'가 아니라 정 대리이거나 박 대리이거나 또 다른 누군가다. 그런데 많은 직장인들이 과중한 업무와 야근에 허덕이지 않는가. 당신을 담당할 선배 직장인이라고 해서 예외가 아니다. 그는 기존에 주어진 많은 업무에 '인턴사원을 관리하는 일'이라는 또 하나의 업무가 추가됐을지도 모른다. 누군가를 가르치는 일은 의외로 어렵다. '차라리 내가 하는 게 속 편하지'라는 생각이 불쑥불쑥 든다. 직장 선배도 마찬가지다. 일도, 기업 문화도, 직장 예절도 서툰 당신에게 무언가를 가르치고 살펴야 하는 것은 부담일 수 있다. 게다가 위의 상황처럼 기존에 뽑았던 인턴이 잘 적응하지 못하고 며칠 만에 그만두는 등 좋은 인상을 남기지 않았다면 새로 올 인턴에 대한 기대치는 그만큼 떨어진다.

자, 지금까지 조금 불편한 현실을 이야기했다. 아직 회사는 당신 편이 아니라 처음 며칠은 애를 먹을 수도 있다. 그렇다고 너무 겁먹지 말라. 기대치가 낮은 것은 한편으로는 다행이다. 조금만 노력하면 쉽게 그들의 마음을 열 수 있을 테니 말이다. 이제 마음가짐을 바꾸자. 직장 선배를 자신의 편으로 만들기 위해 먼저 노력하자. 그들이 당신에게 호의적으로 대하는 것은 '당연한 일'이 아니라, '감사한 일'이다. 이런 마음을 갖고 먼저 다가가라. 스펀지 같은 인턴이 돼서 하나라도 더 배우고 흡수하기 위해 부지런히 노력하라. 당신을 대하는 그들의 태도가 달라지는 것을 느낄 것이다.

중요한 일을 할 것이다?

인턴업무라는 게 그리 폼 나는 것은 아니다. 자신의 역할이 따로 있는 것도, 그렇게 자랑할 만한, 아주 그럴듯한 일을 하는 것은 아니다. 복사, 보도자료 스크랩, 홈페이지 관리, 자료정리처럼 간단한 업무를 하는 경우가 대부분이다. 내가 만났던 학생들 중에는 회사 지침서만 며칠 동안 읽은 이도 있고, 수백 통의 편지를 접어 우표를 붙이거나, 하루 종일 전화 거는 일만 했던 이도 있다. 인턴을 하면서 뭔가 중요하고 거창한 일을 할 거라고 기대했던 이들은 '소박한' 일을 하면서 지루해 하거나 허탈해 한다. 기대감이 컸던 학생일수록 실망감이 커져 출근한 지 며칠 만에 그만둔 이들도 있었다.

생각해보라. 인턴은 조직에서 가장 낮은 위치다. 신입사원의 일을 체

험하는 것이 인턴이다. 그런데 신입사원이 하는 일 중에 의사결정을 내
릴 만큼 중요한 일이 얼마나 될까? 보통 신입사원은 상사가 내리는 의
사결정에 도움을 줄 만한 자료를 만들거나 보조하는 일을 한다. 불평하
기 전에 회사 입장도 생각해보라.

인턴에게 중요한 일을 맡기기 어려운 또 다른 이유가 있다. 인턴경험
을 디딤돌 삼아 다른 회사에 지원하고자 하는 이들이 많기 때문이다. 한
국경영자총협회가 인턴제도를 도입한 375개 기업을 대상으로 조사한
결과에서도 기업은 '정규직 전환 후 입사 포기하는 사례'(29.5%)를 가장
큰 애로사항으로 꼽았다. 곧 떠날 인턴에게 애정을 주고 중요한 일을 맡
기기란 생각보다 어렵다.

처음부터 마음을 비우는 것이 좋다. 중요한 일을 할 거라고 기대하지
말고 어떤 일이든 배우는 자세로 임하겠다고 생각하라. 사소한 일이라
도 그 일을 가치 있게 만드는 방법을 고심하라.

어떤 회사든 반복적인 일이 많다. 이를 효율적으로, 의미 있게 하는
사람이 일을 잘하는 사람이다. 예를 들어 자료정리 업무가 주어졌다고

해보자. 무작정 가나다순으로 정리하기보다는 날짜별로 정리할지, 프로젝트 단위별로 정리할지 한 번만 생각해보라. 그 기준은 업무 효율성이다. 당신을 대하는 상사의 눈빛이 달라질 것이다.

인턴을 하며 홈페이지 관리를 했던 소현 씨도 처음엔 불평이 가득했다. 하루 종일 Ctrl C와 Ctrl V를 반복하며 일하다 보니 팔도 아프고, 지루함이 몰려왔다. 하지만 다음 날부터 태도를 바꿨다. 기계적으로 글만 붙이던 그녀는 홈페이지에 올려진 칼럼과 공지사항, 뉴스 등을 꼼꼼히 읽으며 일을 했다. 분명 같은 일을 했는데, 일의 능률도 오르고, 지식도 늘었다.

기철 씨는 엑셀을 잘 다룬다. 그는 인턴 기간 동안 반복되는 엑셀 자료를 입력하다 좀 더 효율적으로 업무를 처리할 수 있는 방법을 고민했다. 먼저 자료의 포맷을 꼼꼼하게 분석한 다음 버튼 하나만 누르면 복잡한 작업을 손쉽게 처리할 수 있도록 만들었다. 그는 엑셀 자료 하나로 직장 선배의 마음을 확 사로잡았다. 어찌 보면 별것 아닐 수도 있지만 회사가 원하는 것은 바로 이런 마음 씀씀이다.

공공기관에서 인턴을 하고 있는 재준 씨는 "힘든 일은 내가 먼저 하겠다는 다짐을 했더니 불평이 사라졌다. 프린터 용지 갈아 끼우기와 생수통 교체는 이젠 익숙한 일이 됐다"고 말했다. 일을 하다 보면 '무슨 일을 하는가(what to do)'가 중요한 것 같지만, '어떻게 하는가(how to do)'가 더 중요하다. 전화 업무 하나만 보더라도 그렇다. 한 통의 전화가 회사 이미지에 얼마나 큰 영향을 미치는가. 의미 없는 일은 없다. 무슨 일을 하든 야무지게 잘 처리한다는 인상을 주자. 당신이 경험할 수 있는 일의 폭도 넓어진다.

일이 많을 것이다?

하루 종일 단순한 일을 하느라 힘들어하는 이들이 있는가 하면, 할 일이 없어서 고민인 이들도 있다.

"인턴 기간 동안 가시방식이 따로 없었어요. 하루 종일 제가 한 일이라곤 커피 타고 신문 스크랩하고 꽃에 물을 주는 것이었죠. 사수가 바쁘게 일하는 모습을 보면 부럽기도 하고…. 열심히 취업 준비해서 인턴전형에 합격했는데, 할 일 없는 제 모습을 보니 한심하더라고요."

인턴을 하다 보면 일이 없어 애가 탈 수도 있다. 직장 선배가 일을 구체적으로 가르쳐주지 않고 새로운 일도 맡기지 않으면 멀뚱멀뚱 시간만 허비할 수도 있다. 이럴 때는 "제가 도울 일은 없나요?"라고 다가가서 물어라. 선배가 별다른 일이 없다고 하면 일을 주기 어려울 만큼 바쁜 상황일 수도 있으니 일을 달라고 재차 캐묻지 말라.

그렇다면 어떻게 해야 할까? 바로 일을 스스로 찾아 해보는 것이다. 수철 씨는 누가 시키지도 않았는데, 직접 시장 보고서를 만들어서 상사에게 전달했다. 상사는 이 내용을 사내 게시판에 올려 크게 칭찬했고, 이후 수철 씨를 대하는 직원들 태도는 달라졌다. 동훈 씨는 멘토 선배가 퇴근할 때 "맥주 한잔 사주세요!"라며 넉살 좋게 이야기를 건넸다. 선배와 저녁을 함께 하며 그는 평소 생각해 온 업무 아이디어를 말했다. 선배는 "보고서로 준비해보라"며 격려했고, 그는 일주일 동안 틈틈이 책과 자료를 참고해 보고서를 제출했다. 이후 동훈 씨의 역할은 더욱 커졌다.

이처럼 회사에 도움이 될 만한 아이디어를 내고 자료를 만드는 것은 아주 좋은 방법이다. 업계 시장 현황이나 개선점 등을 정리해보라. 외국어를 잘 한다면 해외 자료를 찾아서 번역을 해도 괜찮다. 애널리스트가 쓴 보고서를 살펴보거나 업계 협회 사이트에서 논문과 보고서를 찾아보라. 아직 우리나라에 출간되지 않은 경제서적을 해외 인터넷 서점에서 전자책으로 보고 번역하는 것도 좋은 시도다. 자료를 다 만든 후에는 직장 선배에게 다음과 같이 말하며 전달하라.

"혹시 도움이 되실까 해서 정리해보았습니다. 제가 도움을 드릴 만한 일이 있으시면 언제든지 말씀해주십시오."

또 다른 방법도 있다. 바로 노트에 그 회사 직장인의 일상을 관찰하며 기록하는 것이다. 인턴사원에게는 직장의 사소한 일상이 모두 배움터다. 선배가 나누는 전화 통화를 통해 전화 매너를 익힐 수도 있고, 상황 대처 능력을 배울 수도 있다. 업무 회의 시간에는 얼마나 많은 회사어가 오가는가. 인정받는 직장인은 걸어 다니는 매뉴얼이다. 옷은 어떻게 입었는지, 전화 통화는 어떻게 하는지, 고객은 어떻게 대하는지, 윗 상사를 어떻게 대하는지 등을 상세하게 적어라. 여유가 있으면 그림을 그려 넣어도 좋다.

이러한 노력은 당신이 원하던 것을 불러올 것이다. 먼저 관심이다. 혼자 뭔가를 열심히 하고 있으면, 다들 궁금해서 못 견딜 것이다. 당신이 뭘 그리 열심히 하고 있는지 말이다. 노트에 귀엽게 그려진 그림과 빼곡하게 적힌 메모를 보면 다들 감탄을 할 것이다. 또 다른 하나는 바로 새로운 일이다. 당신의 그림 실력과 메모 실력에 반한 직장 선배는 그 능력을 활용할 만한 일을 줄 것이다. 또 어떤 이는 오죽 할 일이 없으면 이런 '이상한 일'을 할까 싶어 당신이 할 만한 일을 찾아볼 것이다. 물론 상사들의 흥을 잔뜩 써 놓으면 큰일 난다. 최대한 긍정적으로, 배울 점을 기록하라. 멍하니 있는 것은 단 하루로 족하다. 맡겨진 일이 없다면, 스스로 일을 찾아서 해보라. 다 자기 하기 나름이다.

회사에는 좋은 사람만 있을 것이다?

인턴을 하면서 일이 아니라 '사람' 때문에 중도 포기하는 이들도 있다. K 씨는 인턴을 하면서 여러 번 실수를 했다. 그때마다 상사는 "학교에서 뭘 배웠니? 지난번에 말해줬는데 왜 모르니?"처럼 큰 소리로 냉정하게 지적했다. 아직 졸업을 한 것도 아니고 배우러 온 것인데, 이런 대우를 받으니 화가 났다. 그는 결국 한 달도 안 돼 일을 그만뒀다.

어딜 가든 좋은 사람이 있는가 하면, 나쁜 사람도 있다. 회사도 마찬가지다. 친절하고 존경할 만한 이도 있겠지만, 그렇지 않은 이들도 있다. 이런 사람은 당신뿐 아니라 다른 이들도 대부분 싫어하니, 너무 억울해하지 말라. 인간관계가 힘들어서 그만두고 싶을 때는 '이왕 그만두는 거 상대가 나를 좋아하게 만든 후 그만두자'라고 생각해보라. 자신을 괴롭히던 사람이 당신을 인정한다면 얼마나 짜릿하겠는가. 상사가 밥 먹는 시간, 화장실 가는 시간까지 아껴가며 열심히 일하고 있다면 간식이라도 좀 챙겨드려라. 그런 마음으로 다니다 보면, 잘 하는 일이 생기고, 칭찬 받을 일도 는다.

IT업체에서 인턴을 한 새미 씨는 학교 생활과 인턴 생활 사이에 가장 큰 차이가 무엇이냐는 질문에 '상사가 있다는 것'을 꼽았다. 학교에서는 태도나 결과가 나쁘다고 꾸중하는 사람이 없지만, 회사에서는 혼날 일이 많이 생긴다. 실수를 하다가 상사에게 꾸중을 듣는다면, 정중하게 "죄송합니다. 다시 하겠습니다"라고 말하면 된다. 아무리 나쁜 상사라도 배울 점은 있다. 감정을 상하게 하는 기분 나쁜 말은 가슴에 담아두지 말고, 필요한 정보만 쏙쏙 담아두자. 회사는 인턴에게 업무능력을 크게 기대하지 않는다. 회사 분위기에 잘 어울리고, 직원들이 바빠서 놓치는 사소한 부분들을 신경 써주기를 바란다. 이러한 노하우를 배우는 것도 인턴의 참맛이다. 디스플레이회사 인사담당자는 "즐거운 마음가짐으로 사회 생활을 하는 것이 대학 생활에 쌓아야 할 스펙이다"라고 말했다.

인턴이 반드시 갖춰야 할 기본 중의 기본 5가지

얼굴도, 눈도, 코도 둥근 청소부 아저씨. 그는 파란색 사다리 위에서 날마다 표지판을 닦았다. 어느 날 아저씨는 자신이 닦는 표지판의 인물이 작가와 음악가라는 것을 알았다. 그는 자신이 이들의 이름 외에는 아무것도 모른다는 것을 깨닫고, 음악회에 다니고 책을 보며 열심히 공부했다. 새로운 즐거움을 발견한 아저씨는 달라졌다. 베토벤의 〈달빛소나타〉를 흥얼거리고 괴테의 〈마왕〉에 나오는 구절을 읊조리며 거리의 표지판을 닦았다. 지나가던 사람들이 관심을 보이자, 아저씨는 더 열심히 공부했다. 열정을 다해 음악과 문학을 이야기하는 아저씨에게 대학에서 강연을 해달라는 요청이 들어왔다. 하지만 아저씨는 주저 없이 거절한다.

"나는 하루 종일 표지판을 닦는 청소부입니다. 강연을 하는 건 오로지 내 자신의 즐거움을 위해서랍니다. 나는 교수가 되고 싶지 않습니다. 지금 내가 하는 일을 계속 하고 싶습니다.”

이 이야기의 주인공은 독일 동화작가 모니카 페트가 쓴 그림책《행복한 청소부》에 나오는 '행복한 청소부'다. 그는 우리에게 무슨 일이든 즐거운 마음으로 대하면 행복이 찾아온다는 것을 알려준다. 당신이 행복한 청소부의 마음으로 인턴 기간을 보낸다면 신입사원으로 가는 고속철을 탄 것과 마찬가지다. 지금부터 회사가 붙잡는 명품 인턴이 되는 방법을 알아보자.

기본부터 챙겨라

대학교에 강의를 하러 간 어느 날, 교직원은 함께 일하던 부하직원을 내게 소개했다. 그는 1년가량 인턴을 하다 한 달 전 정규직으로 전환됐다고 했다. 그 비결을 묻자 상사는 칭찬부터 했다.

“인턴을 시작하고 얼마 안 됐을 때였어요. 이 친구가 바로 제 뒤에 앉아 있었는데, 제가 부르자마자 자리에서 일어나더니 메모지를 챙겨 다가왔습니다. 그리고 무릎을 꿇는 자세로 저와 눈높이를 맞추며 메모를 하더라고요. 그런데 더 놀라운 것은 1년 내내 그 자세를 잃지 않는 것이었습니다. 이런 친구를 놓치는 건 말도 안 되죠.”

상사가 멀리 앉아 있다면 모를까, 바로 옆에 앉아 있는데 자리에서 벌떡 일어나서 상사의 자리로 가는 이는 생각보다 많지 않다. 그냥 앉아서 이야기를 들어도 충분히 잘 들리는 거리기 때문이다. 하물며 1년가량 같은 자세를 유지할 수 있는 사람은 몇 명이나 될까? 한결같이 기본을 지키는 모습은 주변인을 자신의 편으로 만드는 비결이다.

인턴 기간 동안 제일 먼저 기본부터 챙겨라.《신입사원의 조건》의 저자 조관일 창의경영연구소 대표는 신입사원이 가져야 할 초심은 면접에 임하면서 조심조심하던 태도요, 마음가짐이라고 했다. 신입사원도 이러한데, 인턴은 오죽하랴. 처음 출근하는 날부터 마지막 퇴근하는 그날까지 긴 면접이라는 생각으로 임해야 한다. 학생으로서 몸에 익었던 습관을 버리고 직장인으로 변신에 성공했다면 정규직행 티켓은 당신 것이다.

적극적인 사고와 행동으로 무장하라

인턴을 하면서 기본을 지키는 것만큼 중요한 것이 또 있다. 바로 적극적인 업무 태도다. 인턴도 꼬박꼬박 월급을 받는다. 월급을 받는다는 것은 그만큼 일을 해야 한다는 뜻이다. 인턴이라고 해서 꼭 주어진 일만 해야 하는 것은 아니다. 자신의 역할이나 권한, 업무 범위를 스스로 줄이지 말라. 공공기관 청년인턴을 하던 미연 씨는 인턴 생활 동안 "제가 해보겠습니다"를 입에 달고 살았다. 어떤 일이 주어져도 항상 가능하다는 생각으로 일단 시작했다. 어려움이 생길 때는 조언을 구하면서 일을 처리하다 보니 인턴을 하기 전보다 자신감이 부쩍 커졌다. 주어진 일은 효율적으로 빠르게 처리하고, 나머지 시간에는 주인의식을 갖고 일을 찾아보자. 회사는 얼마나 좋은가. 컴퓨터도, 인터넷도 마음껏 사용할 수 있고 가까이에는 언제든 조언을 구할 수 있는 베테랑 선배들이 가득하다. 마음먹기에 따라 충분히 자기계발을 할 수 있는 환경이다. 높은 경쟁률을 뚫고 합격한 인턴들은 대체로 자세가 훌륭하다. 그들 가운데서 인정을 받으려면 정말 열심히 노력해야 한다. 식품회사 인사담당자는 "인턴십을 거치면서 '별 문제가 없는 인턴'이 돼서는 최종 선발되기 어렵다"고 지적했다.

민정 씨는 명품인턴 중 한 명이었다. 그녀는 부서 분위기와 상황을 늘 주의 깊게 살피며 자신이 할 만한 일은 없는지 생각했다. 한 번은 그의 팀 상사와 과장이 이렇게 이야기를 나누고 있었다.

팀장 월요일까지 해외 시장조사 좀 해주게. 수요일 회의 때 보고할 자료가 필요하거든.

과장 네, 알겠습니다. 그런데 지금 급한 일이 있어서 미국과 일본 시장만 먼저 조사해도 되겠습니까.

팀장 그래. 우선 두 곳만 먼저 하게나.

과장 네, 알겠습니다.

바로 옆에서 이야기를 들은 민정 씨는 점심시간에 과장에게 다가가 이렇게 말했다.

"과장님, 많이 바쁘시죠? 혹시 도울 일이 있으면 말씀해주세요. 제가 외국 친구들이 몇 명 있는데, 시장조사 하시는 데 도움을 드리고 싶습니다."

인턴의 이야기를 들은 과장은 크게 기뻐하며 도움을 요청했다. 그녀는 페이스북을 통해 외국 친구들에게 연락을 취해 자료를 모았다. 이틀 동안 거의 밤을 새다시피 한 민정 씨는 50페이지 분량의 해외시장 자료를 만들었다. 그 후 그녀의 역할은 달라졌다. 단순 보조 업무를 하던 민정 씨는 직원 한 명의 역할을 톡톡히 해냈다. 인턴 기간이 종료되고 민정 씨가 학교로 돌아갈 때 부서 직원들은 모두 아쉬움을 표했다.

"신입사원 공채 전형에 꼭 지원해요. 우리가 기다리고 있을 테니까."

"언제든 궁금한 것 있으면 연락해요."

부서 직원 모두 그녀의 멘토이자 응원군 역할을 자원했다.

민정 씨가 부러운가? 부러우면 지는 거다. 당신은 민정 씨보다 더 멋진 인턴사원이 될 수 있다. 상사가 주말에 처리해야 하는 애매한 일을 누굴 시킬까 고민하고 있을 때, "제가 나오겠습니다! 주말인데 다들 아이들과 함께 쉬셔야죠"라고 말하는 인턴, 시키지 않아도 업무에 필요한 비품이나 장비를 미리 준비해놓는 센스 있는 인턴, 얼마나 사랑스러운가? 소극적인 태도는 버리고 적극적인 사고와 행동으로 당신을 가득 채워라.

고승덕 변호사의 성공인생을 위한 지침서 《고승덕의 ABCD성공법》에서는 직장인이 사는 방법을 A-B-C-D 등급으로 나눠 설명하고 있다. C, D형에 머물러서는 명품 인턴은 물론 명품 직장인이 될 수 없다. B형은 기본이요, A형 인재로 거듭나기 위해 노력하자.

A형(Ace)　최고 우수 유형으로, 누가 시키지 않아도 스스로 꿈을 찾고 목표를 이루는 방법을 끊임없이 탐구한다. 이런 부하는 윗사람의 지시에 2~3개의 대안을 찾거나 전혀 새로운 방면에서 해법을 모색한다.

B형(Better)　시키는 사람의 뜻을 헤아려 제대로 하려는 유형을 일컫는다.

작은 일도 최선을 다하라

버지니아 아주엘라, 그녀는 미국 리츠칼튼 호텔에서 청소부원으로 시작해 객실 품질관리 책임자로 올라섰다. 호텔 직원의 최고상인 Five Star상을 받고, 세계적인 경영 석학 톰 피터스로부터 지식인으로 선정되기도 했다. 그녀의 매력은 무엇이었을까?

"저는 객실 서비스가 호텔의 만족도를 좌우한다고 생각했어요. 객실을 청소하면서 언제나 고객만족제일을 신경 썼죠. 고객의 이름과 성향을 기억해두었다가 방을 청소하고 준비하는 과정에서 고객의 취향을 미리 반영했습니다. 특정한 신문을 배치하거나 수건을 여유 있게 준비하는 등의 서비스를 했습니다."

그녀는 자신의 경험을 토대로 고객의 유형을 20가지로 나눴다. 그리고 고객 유형에 따라서 청소하는 방법을 다르게 적용했다. 이렇게 노력한 결과 고객들의 만족감은 높아졌다. 한 신문 기자가 자신만의 성공요인을 물었을 때, 그녀는 잠시 머뭇거리면서 이렇게 말했다.

"내세울 만한 게 없습니다. 단지 할 일을 충실히 했을 뿐입니다."

성공한 사람들은 이처럼 작은 일도 소홀히 대하지 않는다. 작은 일, 큰 일 가리지 않고 최선을 다하는 모습이 성공으로 가는 지름길이다. 명품인턴이 되는 방법도 이와 마찬가지다. 많은 인턴이 "정규직이 되면 열심히 일할 것"이라고 말하지만 이 말을 반길 회사는 없다. 위치나 지위가 달라진다고 해서 그 사람의 태도가 한순간에 바뀌지는 않기 때문이다. 지금 자신의 위치에서 열심히 하는 사람이 상대에게 신뢰를 주고 기회를 얻을 수 있다. 공공기관에 입사한 태훈 씨는 "인턴 때부터 '난 정직원이다'라는 생각으로 일했더니 정말 정직원이 되더라"며 활짝 웃었다. 얼마 전 8개월 동안 복사 아르바이트를 했던 형태 씨를 만난 적이 있었다. 하루 복사 분량은 2,000장. 그는 '어떻게 하면 이 일을 잘 할 수 있을까'를 고민했다. 그 결과 우선순위 업무 파악, 복사대행업체와 친분 쌓기 등 자신만의 노하우가 생겼다. 중요한 복사 업무가 생길 때는 야근은 물론 주말에도 나와서 성실하게 업무를 계속했다. 복사 업무를 하다 보니 개인정보가 쉽게 유출되는 것을 확인해 이 부분을 건의하기도 했다. 며칠 후 복사기 옆에는 문서 파쇄기가 등장했다. 그는 아르바이트생의 목소리에도 귀를 기울여주는 회사가 더 좋아져 더욱 성실하게 일을 했다. 복사기 옆에 종이 뒷면을 활용할 수 있도록 공간을 따로 마련해 종이 낭비를 줄이기도 했다. 오랫동안 그의 모습을 지켜본 회사는 함께 일하자는 제안을 했다. 나중에 들어보니 복사 아르바이트를 3개월 이상 한 사람은 형태 씨가 유일했다. 많은 학생들이 한 달도 못 버티고 그만두었다고 한다. 작은 일을 어떻게 대하는지를 보면 그 사람의 업무 태도와 가능성을 느낄 수 있다. 성실한 사람은 어디에서 무엇을 하든 티가 나는 법이다.

스펙이 아니라 스토리를 남겨라

나는 직장 생활을 하면서 하이힐을 신고 뛰어다니다가 몇 차례 발에 피가 난 적이 있었다. 한 번은 대규모 채용박람회가 열렸을 때였다. 당시 우리 회사가 그 행사를 운영했고 우리 팀은 언론사, 방송사 기자 홍보를 맡았다. 오후 4시쯤 됐을까. 숨을 돌리며 커피 한 잔을 하고 있는데 팀원이 깜짝 놀라며 내 종아리를 가리켰다. 검붉은 피가 스타킹에 엉겨 묻어 있었다. 신발을 벗어보니 발가락 사이사이에 많은 피가 엉겨 있었다. 하이힐을 신고 아침부터 바쁘게 뛰어다닌 결과였다. 그런데 신기한 일이 생겼다. 그전까지는 아무렇지도 않았던 발이 갑자기 퉁퉁 부어올라 구두를 신을 수가 없었다. 그날 저녁, 나는 한 통화의 전화를 받고 가슴이 뭉클했다.

"지금 기자들과 회식중인데, 팀장님 얘기가 나와서 전화 드렸어요. 넓은 박람회장에서 하루 종일 뛰어다니시느라 고생 많으셨습니다. 주차장 김밥도 잘 먹었습니다."

발가락에 피가 나는 줄도 모르고 열심히 뛰어다닌 결과는 이렇게 따뜻한 칭찬으로 돌아왔다. 돌이켜보면 별것 아니었다. 나는 무거운 사진기를 들고 열심히 취재하는 기자들을 생각하며 무엇을 하면 좋을까를 생각했다. 보도자료를 출력해서 전달하는 것은 물론 박람회장에서 열리는 즉석명함발급 서비스를 활용해 이색명함을 만들어 선물했다. 특히 반응이 좋았던 것은 '주차장 점심'이었다. 당시 그곳은 수만 명의 관람객으로 가득 찼기에, 점심 먹을 공간이 마땅치 않았다. 나는 기자들에게 어떻게 점심을 대접할까 고민하며 이곳저곳을 돌아다녔다. 그때 눈에 들어온 자리가 있었다. 바로 1층 주차장이었다. 주차장은 바람도 잘 통하고 햇빛도 적당히 들었다. 나는 먼저 친분이 있는 기자에게 주차장이 점심 장소로 어떤지 물어봤다. 다행히 그 기자는 다들 좋아할 거라며 격려해줬다. 돗자리와 신문을 구해 주차장 한 곳에 자리를 잡고 김밥과 비빔밥, 쫄면 등을 주문했다. 그리고 기자들에게 다가가 운전기사님과 함께 점심을 드시라고 권했다. 다행히 그들은 '소풍 온 기분'이라며 주차장에서의 이색 점심을 반겼다.

지금도 나는 그날의 기억을 떠올리면 기분이 좋아진다. 맡은 일을 열심히 한 것뿐인데, 누군가 그 마음을 알아주니 얼마나 감사한가. 꼭 누가 알아주지 않으면 어떠랴. 스스로 자신이 대견하게 느껴지고 뿌듯하다면 그것만으로 값질 것이다. 훗날 당신에게 지금의 인턴 기간이 소중한 추억으로 기억되길 바라지 않는가? 그렇다면 지금부터 노력해보라. 회사에서 다른 인턴이 한 번도 시도하지 않았던 것을 해보라. 지금 그 부서에 필요하지만 다들 바빠서 관심을 기울이지 못하는 것에 도전해보라. 그리고 그 일을 위해 발가락에 피가 나는 줄도 모르고 뛰어다녀보라.

감사하는 마음을 표현하라

1. 월·화·수·목·금·토·일 항상 아침밥을 주시는 할머니께 감사드립니다.

2. 담임선생님 저희가 잘되라고 나무라시고 때로는 잘 챙겨줘서 감사합니다.

3. 최오철 선생님!! 승미 언니와 제가 투포환 경기에서 1등하라고 잘 가르쳐 주셔서 감사합니다.

4. 세상 모든 사람에게 좋은 공기를 준 나무에게 감사합니다.

5. 안전지킴이 선생님, 비가 오나 눈이오나 저희가 학교 갈때 안전하게 가는지 지켜봐주셔서 감사합니다.

6. 어린이날을 만드신 방정환 선생님께 감사드립니다.

7. 영일만 온천 차량 아저씨! 아침마다 정류장까지 태워주셔서 감사합니다.

(중략)

95. 식단표에 맞게 맛있게 만들어 주시는 조리사 선생님께 감사합니다.

96. 옷을 사서 택배로 부쳐주신 작은 고모께 감사합니다.

97. 보일러를 만들어주신 분께 감사합니다.

98. 불이 났을 때 신속하게 불을 꺼주시는 소방관 아저씨께 감사합니다.

99. 우리 가족이 건강하게 지내서 감사합니다.

100. 마지막으로 100감사를 쓸수 있게 도움을 주신 모든 분들께 감사합니다.

위 글은 〈경북일보〉가 주최한 '100감사 편지쓰기' 공모전에서 장려상을 받은 포항 남성초등학교 김은채 학생의 글 중 일부다. 따뜻한 마음이 묻어나 저절로 입가에 미소가 지어진다. 바로 이처럼 매사 감사하는 태도야말로 명품 인턴이 되는 지름길 아닐까?

대부분의 직장 상사는 작은 배려에도 감사의 마음을 적극적으로 표현하는 부하 직원을 아긴다. 인턴을 하다 보면 고마움을 표현하고 싶은 일이 자주 생길 것이다. 어려운 문제가 생겼을 때 상사가 그 문제를 해결해주기도 하고, 월급날, 스승의날, 생일, 명절, 성탄절처럼 의미 있는 날이 오기도 한다. 딱히 무슨 날이 아니더라도 직장 선배의 관심, 충고, 배려 등은 모두 돈으로도 살 수 없는 귀한 것이다. '고맙다'는 따뜻한 말과 함께 비타민 캡슐 하나라도 건네는 마음이 필요하다.

포스코 챌린지 인턴사원들은 첫 월급을 받고 선배와 멘토를 위해 '감사나눔' 선물을 준비했다. 형우 씨는 직접 곰돌이 모양의 쿠키를 노릇하게 구워 예쁘게 포장했고, 태홍 씨는 아침마다 커피 한 잔과 함께 회의를 시작하는 선배를 위해 도너츠를 준비했다. 경백 씨는 바나나와 피로회복제를 준비했고, 꾹꾹 눌러 쓴 손편지로 감동을 더했다. 유경 씨와 성종 씨는 '감사가 열리는 마법 콩' 화분을 준비했다. 이 화분에 물을 주고 관심을 쏟으면 '감사 나눔'이라는 메시지가 새겨진 콩이 열린다. 예쁜 마음 한 조각을 선물해보라. 절로 풍요로운 인턴 기간을 보낼 수 있지 않을까?

중소기업 경영기획팀에서 인턴을 하던 수정 씨는 발렌타인데이를 맞아 부서 직원에게 초콜릿을 선물했다. 직접 초콜릿을 만들고 카드를 썼다. 팀장에게는 아이 양말 2개를 따로 포장해서 드렸다. 회식 자리에서 스쳐 지나가듯 아이 이야기를 했던 말을 수정 씨가 기억한 것이다. 한 달이 지난 어느 날, 팀장은 수정 씨를 회의실로 불렀다.

"다들 수정 씨와 함께 일하고 싶다고 하네요. 수정 씨 덕분에 경영기획팀 분위기가 더 밝아졌습니다. 같이 일해봅시다."

그녀는 너무 놀라 쾌재를 불렀다. 입사 후 수정 씨는 초콜릿이 자신의 입사에 긍정적인 영향을 미친 것을 알았다. 그녀의 센스에 반한 부서 직원들이 수정 씨가 일하는 모습을 더욱 유심히 살피고, 잘 적응하는 데 도움을 준 것이다. 이 글을 보고 당신도 발렌타이데이에 초콜릿을 선물하고 싶은가? 핵심은 초콜릿이 아니다. 대가를 바라지 말고, 순도 100%의 마음을 전하라. 배려는 또 다른 배려로 돌아오기 마련이다.

직장 선배가 좋아하는 센스 있는 선물 아이템 

고마운 마음을 표현하고 싶은데, 어떤 선물을 해야 할지 모르겠다면 선배들의 'It item'을 살펴보라. 취향과 코드에 맞는 선물을 하면 더 센스 있는 모습을 보여줄 수 있다. 선물은 가격보다 마음이다. 이런저런 고민을 하고 있을 당신을 위해 직장 선배가 아끼는 물건을 소개한다. 내용은 각 기업 홈페이지에 실린 직장인 인터뷰를 보며 하나씩 모았다.

핸드크림, 립밤 사무실에 오래 있다 보면 얼굴도 손도 점점 건조해진다. 피부를 관리해주는 보습제는 부담 없는 선물이다.

캡슐커피 커피는 직장 생활의 필수 아이템이다. 간편하게 원두의 향을 그대로 음미할 수 있는 캡슐커피는 직장인의 애환을 달래준다.

수첩, 포스트잇 메모를 많이 하는 직장인에게 요긴하다. 문서 작업이 많은 경우 클립도 좋다.

견과류, 건강차, 웰빙음료, 영양제 누군가 내 건강을 챙겨준다면 감동이다.

안마봉 컴퓨터 작업을 오래하는 직장인이 좋아할 선물이다.

우산 갑자기 비가 오는 날, 우산만큼 반가운 선물이 또 어디 있을까? 비상용으로 사무실에 구비해두기도 좋아 직장인에게는 실용적인 선물이다.

간식 출출하고 나른할 때 간식은 효과 만점이다. 때로는 군침 도는 간식으로 사무실 분위기를 바꿔보자.

인사담당자가 말하는
베스트 인턴 VS 워스트 인턴

인사담당자가 말하는 베스트 인턴

기본 소양을 갖춘 인턴

기본을 지키면 좋은 평가를 받는다. 출근시간을 잘 지키는 성실함, 웃으면서 인사하는 기본예절, 사소한 일이라도 최선을 다하는 책임감 등은 기본적으로 갖춰야 할 소양이다. 다양한 방면에 관심을 두고 적극적으로 일하는 인턴도 좋다. 실제로 본인이 할 수 있는 영역에서 최선을 다한 인턴이 다른 팀에서 좋은 평가를 받아 정규직으로 채용된 사례가 있다.

예의 바른 인턴

신세대답지 않은 예의범절로 선배들의 귀여움을 독차지하는 인턴. 예의범절이 확실한 인턴사원은 누구에게나 예쁨을 받는다. 당당하게 자기 의사를 분명히 말하면서도 상사의 조언을 받아들이는 데 주저하지 않는 인턴사원을 보면 당장이라도 채용하고 싶어진다. 이런 유형의 인턴은 조직 구성원들과도 쉽게 융화해 선배들로부터 좋은 평가를 받게 되고, 다른 사람들보다 더 많은 것을 배워 갈 수 있다.

적극적인 태도를 갖고 있는 인턴

높은 성적을 받는 인턴들에게는 공통점이 있다. 대체로 주어진 업무뿐만 아니라 다양한 분야를 깊게 탐구하려 들고, 선배에게도 적극적으로 질문을 던진다. 멘토에게 먼저 다가가 도움을 청하는 데도 적극적이다. 이런 태도 덕분에 업무를 넓고 깊게 파악하는 성향을 보인다. 주변 사람들에게 먼저 다가가는 친화력과 조직적응력이 뛰어난 인턴 또한 좋은 평가를 받는다.

신입 같은 열정적인 인턴

인턴으로 활동하는 학생은 조직에 활력을 불어넣는 신입사원이라는 마음을 가져야 한다. 열정과 패기를 바탕으로 적극적으로 활동하는 자세를 보인다면 좋은 평가를 받을 수 있다. 한 예로 인턴에 참가했던 한 학생은 인턴 기간 내내 항상 밝은 표정으로 예의를 갖춰 행동했다. 언제나 맡은 일을 적극적으로 처리하고 주어진 업무에 최선을 다하는 모습을 보였다. 해당 부서 팀장이 "이 학생과 함께 일하고 싶다"는 말을 인재

개발실로 전할 정도였다. 회사는 팀장의 말을 적극 반영해 정규직으로 채용했다. 비록 방학 기간에 한 달 정도 짧은 시간이지만 자신의 장점과 역량을 최대한 보여준다면 좋은 평가는 물론 입사 기회도 얻을 수 있다.

확실한 강점으로 팀에 기여하는 인턴

프로젝트로 받은 과제가 기획, 제안 같은 것도 있지만 경우에 따라서는 실제 현업에서 발생한 문제를 해결하는 프로젝트일 때도 있다. 과제의 난이도는 그동안 학생으로서 경험해본 프로젝트나 리포트 작성보다 복잡할 수 있다. 자신만이 가진 확실한 강점으로 팀에 기여하는 것이 관건이다. 리더로, 혹은 분석가로, 탁월한 실행가로 자신의 강점을 드러내면서 다른 역할을 맡은 동료들과 최대의 시너지 효과를 낼 수 있는 사람이어야 한다.

가족 같은 인턴

우리 회사는 '평생 가족'을 미리 만난다는 마음으로 인턴을 뽑는다. 이 때문에 전문성보다는 인턴의 인성과 친화력을 더 중요하게 여긴다. 인턴 또한 마찬가지여야 한다. 잠시 스쳐가는 인연으로 팀원들을 대할 것이 아니라 인턴십을 통해 또 하나의 가족을 만든다는 자세로 임한다면 훨씬 더 값진 것을 얻어갈 것이다.

두각을 보이는 인턴

인턴십은 '긴 면접' 기간이라고 보면 된다. 기업 쪽에서 우수한 사람을 뽑기 위한 실무 면접 과정인 셈이다. 이때 뽑고 싶은 인턴과 그렇지 않은 인턴으로 분류되는데 회사가 '꼭 뽑고 싶은 인턴'으로서의 역량을 드러내야 한다. 그 방법은 주어진 일에 대한 높은 수준의 성과를 보여주는 것이다.

인사담당자가 말하는 워스트 인턴

목적 없는 인턴

인턴 기간에 무엇인가를 보여주려는 지원자와 단순히 스펙 쌓기 차원에서 지원한 지원자는 모든 면에서 비교된다. 짧은 기간이지만 자신의 역량을 보여주려는 열정과 선배들과 적극적으로 교류하고 다양한 문화를 익히려는 노력이 없으면 인턴십 프로그램은 시간낭비가 될 것이다.

스펙 쌓기용 인턴

입사지원서의 경력사항에 한 줄의 스펙을 넣기 위해 인턴활동을 하는 이들이 가장 피하고 싶은 유형이다. 인턴으로 일하면서 다른 곳에 입사지원서를 낸다거나, 취업 관련 커뮤니티를 검색하는 것도 나쁜 인상을 준다. 이런 인턴은 인사담당자들의 모임에서도 자주 회자돼 다른 회사에 지원해도 나쁜 평가를 받을 수 있다.

중요한 일만 해보고 싶어 하는 인턴

중요한 일만 해보고 싶어 하는 인턴. 실무에 투입됐다고는 하지만 인턴의 업무에는 한계가 있을 수밖에 없다. 그러나 개인의 스펙을 쌓기 위

해 허드렛일이나 직장 선배의 조언을 무시하는 인턴들은 좋은 인상을
주지 못한다. 이런 인턴들은 결국 멘토에게 업무 노하우를 배우지도, 실
무 경험을 쌓지도 못한다.

책임감 없는 인턴

인턴이기 때문에 업무에 대한 책임은 지지 않지만 주어진 과제들을
책임감 없는 모습으로 수행하면 좋은 평가를 얻기 힘들다. 회사 및 업무
에 대한 학습태도도 인턴십에서 많은 부분을 차지하기 때문에 학습에
진지하게 임하지 않는 자세 역시 바람직하지 않다.

친화력 없는 인턴

업무수행 능력이 뛰어나도 친화력이 없다면 좋은 인상을 주기 힘들
다. 다가오지 않는 무심한 직원은 어느 팀에서도 선호하지 않는다. 크고
활기찬 목소리로 인사하는 직원이 팀 분위기를 화기애애하게 바꾼다.
인사성이 밝고, 먼저 다가오는 태도를 갖춘 직원이 협업능력이 우수하
다는 평가를 받는다.

부정적이고 소극적인 인턴

회사는 지원자들의 지원 직무를 최대한 고려해 부서를 배치하지만
모두를 만족시킬 순 없다. 실망감을 나타내는 것은 받아들일 수 있지만
다시는 해당 팀에서 근무할 생각이 없는 듯한 태도를 보이면 좋은 결과
를 얻기 힘들다.

지나치게 경쟁하는 인턴

입사하려고 지나치게 경쟁적인 자세를 보이는 것은 좋지 않다. 인턴에게 바라는 것은 높은 수준의 업무 성과가 아니다. 부서원들 및 동료 인턴들과 어떻게 조화를 이루고 업무를 수행해 나가느냐가 포인트다. 비즈니스 매너가 부족하거나 소극적인 자세를 보인다면 이 또한 좋지 않다. 인턴에게 원하는 것은 과제를 수행할 때 보이는 신입다운 패기와 열정임을 잊지 말자.

▲ 참고: "인턴으로 취업뚫기", 동아일보.

업무 실력보다 중요한 생활 태도
정규직으로 살아남기 위한 필수 수칙 ①

인턴에서 정규직으로 전환되는 비율은 얼마나 될까? 이는 회사마다, 제도마다 다르다. 채용전제형 인턴은 80%를 넘는 곳도 있고, 공채우대형 인턴은 20~30%가 보통이다. 같은 회사라도 회사상황이나 인턴사원의 역량에 따라 정규직 전환율이 바뀌기도 한다. 한 대기업 인사담당자는 "보통 인턴 참가자의 70% 이상이 정규직으로 전환되지만, 비율은 인턴 사원들의 성과에 따라 매년 달라진다"고 말했다. 정규직 전환율은 어디까지나 확률이다. 기존 인턴 선배 기수의 정규직 전환율이 100%였다고 할지라도 나 자신이 부족하면 기회를 잡을 수 없다. 반대로 정규직 전환율이 0%일지라도 뛰어난 인재는 정규직 기회를 얻는다. 그렇다면, 회사가 붙잡는 인재가 되기 위해서는 어떻게 해야 할까?

먼저 인턴십 과정을 살펴보자. 채용전제형 인턴의 경우 크게 오리엔

테이션 → 현장체험 → 과제수행 → 수행평가 → 채용면접 순으로 진행
된다. 부서 배치 전에 기본 교육을 받고, 현업 부서에서 인턴실습을 통
해 실무를 경험한다. 이 기간에 보통 프로젝트 과제를 받는다. 평가 우수
자는 최종면접을 거쳐 합격여부가 정해진다. 인턴에서 정규직으로 가기
위해서는 인턴 기간의 생활태도, 과제수행능력, 최종면접결과 등이 중
요한 평가 요소라고 할 수 있다.

정규직 전환에 가장 큰 영향을 미치는 것은 다름 아닌 생활태도다. 온
라인 취업포털 사람인이 347개 기업을 대상으로 조사한 결과, 정규직 전
환 시 가장 중요하게 보는 기준 1위는 '근무와 생활태도'(33.5%)로 나타났
다. 그만큼 기본적이고 인성적인 부분이 매우 중요함을 알 수 있다. 인턴
기간 중에는 주위 선배들이 모두 지원자의 태도와 업무 성과를 평가하는
관찰자이자 업무 능력을 보여줄 수 있는 대상이다. 회사가 인턴에게 기
대하는 것은 나른한 회사 공기에 활력을 불어넣는 것이다. 밝고 부지런
하고 빠릿빠릿한 인상을 심어 주자. 인턴 기간을 알차게 보내고 싶은 욕
심에 새벽부터 어학원을 다니고, 퇴근 시간 이후에는 자격증을 취득하기
위해 도서관으로 달려가는 이들도 있다. 이렇게 바쁜 일과를 보내다 보
면 인턴 활동에 충실하기 어렵다. 3마리 토끼를 다 잡기 위해 뛰는 것도
좋지만, 하나라도 자신만의 멋진 스토리를 쌓기 위해 노력하는 것은 어
떨까. '생활태도 100점'을 목표로 다음과 같은 점에 신경 쓰자.

우선 인턴을 시작하기 전에 자신만의 약속을 정해보면 어떨까. 대기
업에서 인턴을 한 지호 씨는 인턴을 하기 전 다음과 같은 약속을 정해서
휴대폰 사진 파일에 넣었다. 출퇴근길에 그 약속을 챙겨보며 의지를 다

지고, 부족한 점은 없는지 돌아보았다. 이런 노력을 기울인 끝에 명품인턴으로 거듭났다. 지호 씨의 약속은 다음과 같다.

1. 1시간 일찍 출근하고 2시간 늦게 퇴근하겠습니다.

2. 늘 미소를 잃지 않고, 일이 많더라도 불평하지 않겠습니다.

3. 무슨 일을 하든 배울 점을 찾겠습니다. 복사 업무를 하더라도 달인이 되겠습니다.

4. 인턴을 하며 만난 사람들에게 좋은 인상을 남기겠습니다.

5. 매일 빠짐없이 인턴일지를 쓰며 반성하겠습니다.

6. 일도 잘 하고, 인간성도 좋다는 칭찬을 듣기 위해 노력하겠습니다.

7. 인턴하기 전보다 인턴한 후에 더 성장하겠습니다.

기업 인사담당자를 만나 보면 정규직 전환이라는 결과물에만 관심을 기울이고 정작 생활태도나 업무성과 등에는 소홀한 인턴이 많다는 지적이 있다. 수시로 상사에게 "언제 정규직 되냐?"고 물으면 조급해 보이고, '내가 아니면 누가 정규직 되겠느냐?' 같은 태도는 거만해 보인다. 간절함과 조급함, 자신감과 거만함은 종이 한 장 차이이다. 조급함과 거만함은 불합격을 불러올 수 있으니 말 한마디, 행동 하나에 주의를 기울이자.

인턴은 자신이 무엇을 아는지, 모르는지, 그 자체를 모르는 시기다. 이럴 때는 '모두 모른다'라고 생각하고 무조건 적자. 교육을 듣거나 회의에 참여할 때 열심히 듣는다 해도 뒤돌아서면 잊어버리기 일쑤다. 다이어리, 포스트잇, 메모지 등을 활용해 부지런히 적자. 익숙한 것이 많아

질수록 직장 생활은 즐거워진다.

　모르는 것이 있을 때는 적극적으로 물어야 한다. 바빠 보이는 선배에게 무작정 알려달라고 매달리는 것은 예의가 아니다. 질문 타이밍도 기술이다. 선배가 여유 있어 보일 때 질문하는 것이 좋다. 점심을 같이 할 때나 퇴근길에 술 한 잔을 나눌 때를 잘 활용하라.

　한두 달 시간이 지났을 때를 주의하자. 일도 제법 익숙해지고 사람들과도 편하게 지내다 보면 처음 갖고 있었던 조심스러운 마음이 무너질 수 있다. 방심은 금물! 인턴 기간이 끝나는 그날까지 긴장을 놓치지 말자. 대규모로 인턴을 뽑은 경우 인턴 기간이 끝나고 원하지 않은 부서에 배치될 수도 있다. 이때 불평하기보다는 적응력을 키우는 기회가 왔다고 생각해보라. 낯선 환경에서 일을 배우고 인간관계를 잘 맺는다면, 자신이 원하는 곳에서는 얼마나 잘 적응하겠는가. 무엇이든 기회로 삼고 배우는 자세로 도전하라.

　처음 며칠은 무엇을 해야 할지 몰라 당황할 수 있다. 하지만 언제까지 손님처럼 수동적인 태도를 보이고 있을 것인가. 유통회사에서 인턴을 한 대학생은 동기들과 플래시몹을 기획해 임직원을 춤추게 했다. 활동한 모습은 영상으로 만들어 회사 홍보에 도움을 줬다. 이처럼 선배 직장인들을 신바람 나게 해보라. 당신의 존재감이 올라갈 것이다. 단, 너무 튀는 행동을 하면 '나댄다'는 평을 들을 수도 있다. 눈치껏 수위조절을 잘 하자. 말보다 행동으로 보여줘라. 다른 사람들이 하기 싫어하는 일을 나서서 하면 좋은 이미지를 쌓는 데 유용하다.

　직장 선배와 빨리 친해지면 많은 이점이 있다. 업무기회를 더 많이 얻을 수 있고 피드백도 많이 받을 수 있다. 직장 선배들에 대해 관심을 가

저보라. 상사는 문학소년일 수도 있고 음악이 취미일 수도 있고 결혼을 앞두고 있을 수도 있다. 인간적으로 상사를 이해하면 더 빠르고 쉽게 친해질 수 있다. 선배와 함께하는 기회를 차츰 늘려가라. 외근 가는 선배가 있다면 외근에 동행해도 되는지 묻고, 회의 자료를 만드는 선배가 있다면 그 회의에 참여해서 옆 자리에 앉아 있어도 되는지 물어라. 그렇게 어깨너머 일을 배우다 보면 저절로 귀가 열리고 실력이 자란다. 3개월 이상 장기 인턴이라면 직장 선배와 취미를 공유할 수 있는 동아리활동에 참여해보는 것도 좋다. 스포츠나 취미를 통해 친분을 쌓을 수 있고 몸과 마음을 재정비할 수 있다.

인턴 기간에는 개별과제, 조별과제 등 몇 가지 과제가 주어진다. 주제는 회사의 미래 발전을 위한 제안이 나올 때가 많다. 과제를 수행한 후에는 보고서로 제출하거나 프리젠테이션을 하기도 한다. 인턴 기간 동안 수행한 과제가 회사 홈페이지나 블로그, 유튜브에 올라갈 수도 있다. 몇 년 후에 그 과제를 봐도 부끄럽지 않을 만큼 최선을 다하는 자세가 필요하다.

과제를 할 때 직장 선배들의 조언을 얻어도 되는지, 아닌지 꼭 확인해보자. 만약 조언을 구해도 되는 상황이라면, 선배들의 일정을 확인해서 미리미리 조언을 구하자. 과제를 제출하기 하루 전에 급하게 도움을 요청하면 처음부터 다시 작업해야 하는 난감한 상황이 생긴다. 마감을 하루 앞두고 이러지도 저러지도 못해 발을 동동 구르는 인턴도 참 많다. 그렇다고 해서 직장 선배에게 전적으로 의견을 구하는 것은 안 된다. 기획단계나 보고서 작성 단계 등에서 한두 차례 피드백을 요청하자.

인턴사원에게 기대하는 과제 결과는 전문성보다는 참신함이다. 기존 사원들이 놓쳤거나 잘 보지 못했던 부분을 꼼꼼하게 챙긴다면 좋은 인상을 줄 수 있다. 무역회사 인사담당자는 "과제 수행 과정에서 문제를 정확하게 이해하고 이를 창의적인 관점에서 접근해 현업에 적용 가능한 대안을 제시하는 인턴이 좋은 평가를 받는다"고 조언했다. 업무를 처리해가는 과정도 중요하다. 석유화학회사 인사담당자는 인턴사원의 과제를 평가할 때 다음과 같은 기준을 중시한다고 밝혔다.

- 우리 회사 직원들과 비슷한 일처리 방식을 갖고 있는가?
- 우리 회사 직원들의 일처리 방식을 오픈마인드로 수용할 만한 자세를 갖고 있는가?
- 회사에 새로운 아이디어를 제공해줄 수 있는가?
- 합리적으로 자신의 의견을 개진하는가?

팀원들과 함께 과제를 할 때는 협업의 자세가 가장 중요하다. 4~6명의 팀원과 함께 팀 프로젝트를 할 때 어떤 태도를 보이는지도 중요한 평가 포인트다. 개인 과제는 열심히 하면서도 팀 과제는 무임승차하려는 모습은 당연히 감점요소다. 인턴 동료들과도 좋은 관계를 유지해야 한다. 일부 인턴은 인사팀 담당자나 직장 선배에게는 깍듯하면서도 인턴 동료에게는 말을 함부로 하거나 자신의 입장만 내세운다. 자신만 돋보이기 위해 팀원들을 불편하게 하는 모습은 감점 요소다. 곳곳에 평가자의 눈이 도사리고 있다. 다른 인턴들과 활발히 어울리며 조직에 융화되는 모습을 보여주어야 한다. 제조회사 인사담당자는 "인턴은 인성과 태도가 중요하다. 얼마나 회사에 잘 적응하고 성과를 낼 수 있는지를 중시한다. 입사를 위해 지나치게 경쟁적인 자세를 보이는 인턴은 좋지 않다"고 조언했다.

선배의 열정적인 인턴생활 이야기

"인턴을 할 때마다 '사무실의 불은 내가 켜고 끈다'는 다짐을 했습니다. 인턴이기 때문에 실무자들의 업무능력을 따라갈 수는 없잖아요. 그래서 선배가 1시간에 걸쳐 하는 일이 있으면, 저는 3시간을 투자해 일을 배웠습니다."

— 이진성(LG유플러스 CR전략실 홍보팀)

"집이 회사 바로 앞인데도, 인턴 기간 동안 아예 회사에서 잠을 자며 살다시피 했습니다. 작업량이 많기도 했지만, 그만큼 일할 각오가 돼 있다는 걸 보여주고 싶어서였죠. 지각이나 결근 같은 건 말도 안 되는 거죠."

— 김주은(CJ E&M 방송사업부문 브랜드디자인팀)

▲ 참고 : 캠퍼스 잡앤조이

마지막 관문, 최종면접 통과하기
정규직으로 살아남기 위한 필수 수칙 ③

평소 태도도 좋고, 과제도 잘 수행했지만, 몇 가지 부주의로 인해 최종면접에서 탈락할 수 있다. 끝까지 긴장을 놓지 말고 최선을 다해야 한다. 보통 최종면접에서 가장 많이 나오는 질문은 다음과 같이 6가지로 볼 수 있다.

— 최종면접 단골 질문

1. 우리 회사 입사를 희망하는 이유는 무엇인가?

2. 인턴 기간 동안 어떤 일을 했고 무엇을 배웠나?

3. 인턴 기간 동안 우리 회사에 대해 어떤 인상을 받았나?

4. 인턴을 하기 전에 생각했던 것과 이후는 어떻게 다른가?

5. 인턴을 하면서 애로사항이 있었다면?

각각의 질문이 나올 때 어떻게 답하면 좋은지, 예시와 함께 알아보자.

우리 회사 입사를 희망하는 이유는 무엇인가?

무조건 나오는 질문이다. 별 다섯 개를 표시해두자. 이 질문을 통해 면접 관이 듣고 싶은 말은 따로 있다. 바로 '회사의 어떤 사업부에서 어떤 역 할을 하고 싶은지'이다. 인턴 생활을 통해 회사의 사업 내용을 이해하고 자신의 역할도 고민해보았을 것이다. 다음의 예시처럼 어떤 점에 비전 을 느꼈고, 무엇에 기여하고 싶은지를 생각해 보라.

[예시]

"인턴을 하며 어떤 부서에서 어떤 업무를 경험했습니다. 특히 어떤 프로젝트 를 보며 비전을 느꼈습니다. 저는 대학에서 무엇을 전공하고 어떤 것을 배웠 습니다. 제가 어떤 프로젝트를 담당한다면, 저와 회사가 함께 발전할 수 있 을 거란 생각이 들어 망설이지 않고 지원했습니다."

인턴을 하며 회사에 끌린 점을 이야기하는 것도 좋다. 회사의 사업내 용, 제도, 시스템, 직장 상사 등 인상적인 부분을 구체적으로 말하며 의 지를 전달하라. 이때 다음의 예시처럼 속마음을 노골적으로 드러내는 것은 좋지 않다.

[예시]

"인턴을 하면서 ○○ 회사가 직원들의 복리후생에 신경을 많이 쓴다는 것을 알았습니다. 건물 각층마다 음료수와 과자 등의 간식이 무한 제공되는 휴게실이 있고, 회사 안에 병원이 있어 기본적인 진료와 의료혜택을 받을 수 있고 회사 안에 금융 및 법률센터가 있어 금융전문 나이든 직원들을 위한 노인 건강 센터가 있고, 체계적으로 운영되는 사내 보육시설도 있고, 이러한 복리후생이 맘에 들었습니다."

회사 간판, 복리후생, 월급, 근무시간, 정년보장 등은 '지원 동기'의 소재로 적절하지 않다. 아무리 회사의 외적인 조건에 관심이 간다 하더라도 이 부분은 따로 꺼내지 말자. 물론 같은 내용이라도 말을 어떻게 하느냐에 따라 좋은 인상을 줄 수 있다. 다음의 예시는 위의 예시를 '호감형 답변'으로 바꿔본 것이다. 회사를 지칭할 때도 '우리 회사'라고 한다면, 친근한 이미지가 두 배로 커진다.

[예시]

"인턴을 하면서 우리 회사는 직원들의 스트레스를 줄여주기 위해 많은 노력을 기울인다는 것을 알았습니다. 물론 건강한 스트레스는 어느 정도 필요합니다. 예를 들면 마감 시간 전의 긴장감 같은 게 그렇죠. 그러나 그 외의 다른 스트레스는 업무 효율성을 떨어뜨릴 수 있습니다. 저는 우리 회사가 직원들이 업무 이외의 일로 스트레스를 받지 않도록 회사 안에서 최대한 많은 서비스를 제공하고자 노력하는 모습에 감동을 받았습니다. 이를 통해 저 역시 우리 회사라면, 다른 것에 신경 쓰지 않고 회사 안에서 더 많은 업무 성과를 내기 위해 노력할 수 있겠다는 생각이 들었습니다. 입사 후에 면접관님께서 '신입사원 한 명 정말 잘 뽑았다'고 하실 만큼 똑소리 나는 일꾼이 되겠습니다."

인턴 기간 동안 어떤 일을 했고 무엇을 배웠나?

겸손한 태도로 답하는 것이 중요하다. 자신의 성과를 강조하고 싶다는 마음에 그동안 한 일을 특별한 것인 양 거창하게 말하는 것은 좋지 않다. 일반적인 회사에서 인턴이 할 일은 그리 많지 않다. 면접관이 생각하는 인턴 역시 '단순한 일을 경험한 이'다. 3~6개월가량 일한 것뿐인데, 경력자처럼 거만한 태도를 보이는 것은 금물이다. 성과는 간단하게 말한 후 배움의 자세를 어필하는 것도 좋다. 업무적인 성과를 강조할 때는 자신의 능력만 강조하지 말고 상사의 도움이나 체계적인 회사의 시스템에 공을 돌리는 겸손한 자세가 필요하다. 아래의 예시 1, 2는 그 점을 잘 반영해서 답했다.

[예시 1]

"주로 사무업무 보조를 했습니다. 복사 업무가 많이 주어졌는데, 어떻게 하면 복사를 잘 할 수 있을까 고민하면서 노력을 하니 '걸어 다니는 복사기'란 별명을 얻을 수 있었습니다."

[예시 2]

"팀별 프로젝트에서 새로운 시장 진출 프로젝트를 제안하는 임무를 맡았습니다. 투입되는 비용이나 기대수익을 계산하는 게 중요하다고 생각해서 지방의 물류센터에서 친해진 선배들에게 도움을 요청했습니다. 실제 업무에서 사용되는 단가 구조를 선배들에게 일일이 물어가며 수익성을 계산했습니다. 이 프로젝트를 수행하며 일은 혼자서 하는 게 아니라 다 같이 힘을 모아야 원활하게 진행이 된다는 것을 새삼 알았습니다."

인턴 기간 동안 우리 회사에 대해 어떤 인상을 받았나?

가장 주의할 점은 회사를 흉보지 않는 것이다. '직원들이 전문성이 부족하다', '경쟁사보다 시스템이 체계적이지 않다'처럼 부정적인 이야기를 늘어놓는 것은 불합격으로 가는 지름길이다. 누가 이런 이야기를 꺼낼까 싶지만 생각보다 많다. 특히 면접관이 우호적인 태도로 '편하게 이야기를 하라'고 하면 거침없이 이런 말을 던진다. 면접관은 회사에 10년 이상 몸담은 분들이다. 회사에 대한 비판은 삼가고 입사 의지를 전달하는 데 주력하라. 다음 예시 1, 2처럼 긍정적으로 답을 하는 방법을 벤치마킹하자.

[예시 1]

"인턴으로 근무하면서 회사의 핵심 가치 중 하나인 '행복'을 직접 체험한 것이 가장 인상적이었습니다. 우리 회사는 행복이 하나의 기업 문화로 사람과 조직 속에서 공유되고 있었습니다. 앞으로 행복의 가치를 소중히 하는 우리 회사의 기업 문화와 업무 방식이 해외 사업장에서도 잘 뿌리 내릴 수 있도록 하는 가교 역할을 충실히 하고 싶습니다."

"우리 회사에서 인턴으로 근무하며 다양성을 인정해주고 직원들이 계속 발전할 수 있도록 도와주는 곳이라는 인상을 받았습니다. 인턴 첫날 '인턴이라고 생각하고 일하면 안 된다. 너와 내가 서로 믿고 책임감을 가져야 한다'고 하신 부서장님의 말씀에 모든 업무에 디자인을 응용해 제대로 일해야겠다는 의욕이 솟았습니다. 그동안 제휴사마다 각자 다른 형식으로 쏟아져 들어오는 데이터베이스를 구분하고 정리하는 일을 맡아서 했습니다. 선배들이 계속 일을 가르쳐주고, 한 가지 일을 끝내면 곧바로 피드백을 해줬기 때문에 빨리 업무를 익힐 수 있었습니다. 회사는 저에게 명함을 만들어주고 외부 협력업체들에도 담당자로 소개해주었습니다. 이런 경험을 하며 오랫동안 ○○회사에 다니며 자부심을 갖고 일하고 싶다는 생각이 들었습니다."

인턴을 하기 전에 생각했던 것과 이후는 어떻게 다른가?

면접관은 궁금하다. 인턴을 하면서 당신의 생각이 어떻게 달라졌는지 말이다. 이 질문에서 요구하는 것은 회사일 수도 있고, 직무일 수도 있고, 인턴 프로그램 자체일 수도 있다. 그런데 많은 이들이 실수하는 것이 하나 있다. 바로 인턴을 하면서 '더 좋아졌다'는 것을 강조하기 위해 인턴을 하기 전에 가졌던 선입견이나 부정적인 인상을 고스란히 꺼낸다는 점이다. 예를 들어 예시 1, 2 같은 식이다.

"인턴을 하기 전에는 이런 프로그램에 기대를 별로 안 했습니다. 돈은 조금 주고 잡일을 시키는 것이라고 생각했죠. 제가 인턴을 한다고 했을 때도 주변 사람들의 반응은 시간낭비라는 의견이 많았습니다. 하지만 막상 인턴을 해보니까 돈을 주고도 얻지 못할 것을 배웠다고 생각합니다."

"인턴을 하기 전에는 ○○ 회사에 대한 오해가 많았습니다. 일도 별로 없고 느슨하고 칼퇴근할 거라는 생각이 들었죠. 주변에서도 ○○ 회사라고 하면 분위기가 칙칙하고 딱딱할 거라고 했습니다. 그런데 막상 일해보니까 선배들도 정신없이 바쁘게 일하고 다들 자기계발도 열심히 하고 보기 좋았습니다.

이처럼 의외로 면접자리에서 말을 함부로 하는 이들이 꽤 많다. 물론 그들은 과거의 나쁜 생각이 좋게 바뀌었음을 강조하기 위해 이런 말을 꺼낸 것이다. 하지만 이런 말을 듣고 기분 좋아할 면접관은 없다. 초두 효과란 말이 있다. 초기의 정보가 나중의 정보보다 그 사람에 대한 인상 형성에 더 큰 비중을 차지한다는 의미다. 당신이 먼저 내뱉은 말 때문에 면접관은 혼란스럽다. 이후의 말은 귀에 들리지도 않는다. 면접에서는 말 한 마디, 한 마디를 조심스럽게 해야 한다. 꼭 부정적인 이야기를 꺼낼 필요도 없다. 자, 다시 한 번 질문을 보자. 회사는 당신에게 "부정적인 선입견을 갖고 있었느냐"고 묻지 않았다. 생각의 차이를 물어본 것이다. 다음의 예시 3처럼 답하면 어떨까?

[예시 3]

"인턴을 하기 전에는 직장 생활을 하는 데 있어 개인의 능력이 매우 중요하다고 생각했습니다. 하지만 6개월 동안 인턴을 하며 팀워크와 협력이 더 중요한 것을 깨달았습니다. 인턴 기간에 선배님들의 도움을 참 많이 받았습니다. 선배님들 덕분에 부족한 제가 음료수 마케팅 아이디어를 실행해서 고객들에게 칭찬을 받기도 했습니다. 입사하면 저도 다른 선배님들과 동료들에게 힘이 되는 사원이 되고 싶습니다."

인턴을 하면서 애로사항이 있었다면?

인턴을 하면서 애로사항이 한둘이었을까? 하지만 힘든 점을 구구절절 꺼내는 것은 "저를 떨어뜨려주십시오"라고 말하는 것과 같다. 얼마 전에 3명의 학생과 함께 모의면접을 하는데 빔 프로젝터의 빛이 반사되어 학생들의 얼굴에 눈부심 현상이 생겼다. 빔 프로젝터를 끄기 위해 리모컨을 찾았다. 미안하다고 말하는 나에게 학생들은 생글생글 웃으며 이렇게 말했다.

"선생님, 괜찮습니다. 참을 만합니다."

조금만 불편해도 컴플레인을 거는 요즘 시대에, 이들의 말 한마디는 정이 느껴졌다. 사실 면접관이 애로사항을 물을 때는 '진짜 애로사항'을 말하라는 의미가 아니다. 얼마나 힘들었는지, 얼마나 우리 회사 인턴 프로그램이 문제가 많았는지를 지적하라는 뜻이 아니다. '야근이 많아서 힘들었다', '잡일만 했다'처럼 부정적인 이야기는 꺼내지 말자. 특히 다른 사람을 깎아내리는 말은 금물이다. 선배 직장인이나 인턴 동료를 흉보며 자신을 어필하는 것은 불합격으로 가는 지름길이다. 그렇다면 어떻게 말하는 것이 좋을까? 다음 예시 1, 2를 참고하라.

[예시 1]

"주변 환경 때문에 생긴 애로사항은 없었습니다. 다만 제 능력이 부족해서 생긴 애로사항이 있었습니다. 개인과제로 어떤 프로젝트를 맡았는데, 저는 무엇을 전공해서 그 프로젝트에 대한 지식이 부족했습니다. 이를 위해 일주일 동안 새벽 1시까지 자료를 찾고 공부했지만 선배님들의 기대에 부응하지 못한 것 같아 많이 아쉬웠습니다. 그날 이후 일과를 끝내고 집으로 돌아가서 그 부분에 대한 공부를 하며 아쉬움을 달래고 있습니다."

[예시 2]

"인턴 기간에 저는 러시아인 ○○와 같은 팀이었습니다. 저와 ○○는 둘 다 영어를 할 줄 알아 의사소통에는 무리가 없었지만, 초반에 팀프로젝트를 하며 전문적인 분야에 대한 의견을 나눌 때 어려움이 생겼습니다. 이 경험을 통해 비즈니스 회화에 대한 중요성을 깨닫고 꾸준히 언어 공부를 한 결과, 한 달 후에 있었던 두 번째 프로젝트에서는 좀 더 원활하게 의견을 나눌 수 있었습니다."

인턴을 하면서 느낀 우리 회사의 개선점을 말해보라

단골 질문 중 하나다. 이를 통해 지원자가 얼마나 깊이 있게 회사를 이해하고 있는지, 입사 열의가 있는지 한눈에 알 수 있다. '○○ 회사는 문제가 많고 이 부분은 회사가 알아서 고쳐라'는 접근은 위험하다. 면접관이 무례하다고 느낀다면 합격은 물 건너간다. 당신은 지금 경영컨설턴트로서 회사를 진단하기 위해 이 자리에 서 있는 것이 아니다. 이 자리는 면접장이다. 당신이 얼마나 회사에 관심이 있고, 입사를 희망하는지 의지를 전달해야 한다. 단점을 말할 때는 면접관이 불편함을 느끼지 않고 공감할 수 있는 선에서 말하는 것은 기본이다. 이 정도는 누구나 다 할 수 있다. 공감을 넘어서 호감을 선물해야 한다. 개선방안을 이야기할 때는 자신이 입사 후 공헌할 수 있는 부분이거나 당장 실현가능한 현실적인 부분을 말하는 것이 좋다. 면접 상황을 한번 가정해보았다. 다음을 살펴보자.

면접관 "우리 회사의 개선점을 말해보세요."

지원자 "지하철에서 거리도 너무 멀고 교통이 나빠 고객의 접근성이 떨어집니다. 또한 시설도 낡아서 고객들의 만족도가 뚝 떨어졌습니다. 장소를 이동하거나 인테리어를 바꾸는 것이 필요하다고 생각합니다."

면접관 "장소를 이동한다면, 어느 곳으로 옮기는 게 좋을까요? 이곳 건물 임대료와 옮기고자 하는 건물 임대료의 차이를 말해보세요. 하나 더 묻겠습니다. 새롭게 시설을 바꾼다면, 어떤 컨셉으로 인테리어를 하는 것이 좋을까요? 비용은 얼마나 들 것 같습니까? 그렇게 장소를 이동하고 시설을 바꾼다면, 고객 만족도가 얼마나 높아지는지 비용 대비 효과를 말해보세요."

지원자 "그건 저, 제가 잘 모르는 분야라서……."

자, 이 지원자가 가장 크게 실수한 것은 무엇일까? 바로 고객의 눈으로 바라봤다는 점이다. 고객은 얼마나 욕심이 많은가. 더 가깝고, 더 세련되고, 더 싸고, 더 맛있는 것을 원하는 것이 고객이다. 고객은 그런 편리를 위해 돈이 얼마나 드는지는 상관없다. 자신의 입장에서 좋은 것만 고수한다. 하지만 지원자는 이런 관점에서 벗어나야 한다. 인턴에서 정규직 사원이 되고자 하는 당신은 그 회사의 '예비 직장인'이다. 고객이 아니라 직원의 마음으로, 더 나아가 CEO의 마음으로 그 회사를 바라볼 수 있어야 한다. 위의 예시처럼 난감한 상황에 맞닥뜨리지 않으려면 어떻게 해야 할까? 다시 한 번 상황을 가정해보자.

면접관 "우리 회사의 개선점을 말해보세요."

지원자 "인턴을 하며 한 가지 아쉬운 점을 느꼈습니다. 바로 다른 음식에 비해 중국 음식에 대한 고객들의 만족도가 떨어진다는 것입니다. 저는 대학교 때 중국 음식을 맛있게 하기 위해 소스를 연구했습니다. 시식회를 한 결과 90%의 고객이 '맛있다. 또 먹고 싶다'는 평을 해주었습니다. 그 소스를 접목해 요리를 한다면 중국음식을 찾는 고객의 만족도를 높일 수 있을 것이라고 생각합니다."

면접관 "소스를 새롭게 바꾸는 데 비용은 얼마나 들까요?"

지원자 "재료비는 ○○과 ○○을 포함해서 ○○원 정도입니다. 이는 기존에 비해 20% 정도 더 드는 비용입니다. 인턴을 하면서 선배님께 이야기를 들으니, 월 평균 중국 음식을 찾는 고객은 몇 명입니다. 소스를 바꾸면 기존보다 얼마 정도 비용이 더 들 것입니다. 하지만 이를 통해 월 평균 10명의 고객만 더 해당 음식을 찾는다면 비용에 대한 초과 부담 없이 고객의 만족도를 높일 수 있습니다."

이렇게 똑소리 나는 답을 하려면 어떻게 해야 할까? 바로 자신과 회사를 동일시하는 것이다. 회사와 당신을 따로 따로 생각하지 말라. 회사의 장단점을 이야기할 때 회사에 대해서만 말하고, 자기PR을 할 때는 자신의 지식과 경험만 말하면 매력을 느끼기 어렵다. 회사와 당신을 하나로 엮어라. 학창 시절 팀프로젝트를 하고 공모전을 준비하고 논문을 쓰며 고심했던 당신만의 스토리가 있지 않은가. 인턴을 하며 보고 듣고 느낀 것 또한 재산이다. 그 밑천과 회사의 개선방안을 연관 지어 답을 하라. 면접관이 당신의 말에 큰 호감을 보일 것이다.

왜 모두 그가 될 줄 알았을까?

글 KT&G 오태훈 주임
_상상univ. 인천 담당자

몇 년 전, 7명의 인턴사원들이 부서를 돌면서 순회근무를 한 적이 있습니다. 당시 이들은 여러 번의 상시평가로 특정 인원은 탈락하고, 최종까지 남은 사람만 정규직으로 입사하는 서바이벌식 인턴을 하고 있었습니다. 그들은 우리 부서에도 몇 주간 머물렀습니다. 저는 인턴사원 담당은 아니었지만 곁에서 그들을 볼 수 있었습니다. 그런데 흥미로운 점은 합격을 예상한 사람이 모두 합격을 했다는 점입니다.

그 이유는 무엇일까요? 답은 의외로 간단합니다. 그 사람과 같이 있다 보면 몸에 배어 있는 '인간성'이 드러나고, 결국 그것으로 그 사람의 합격 여부를 유추할 수 있게 됩니다. 면접처럼 일회적인 만남에서는 짧은 시간동안 긴장하고 좋은 이미지를 보여주기 위해 노력한다면 자신의 본 모습을 숨길 수 있습니다. 하지만 인턴처럼 긴 시간을 함께하면 결국 그 사람의 특성이나 자질이 드러나기 마련입니다.

질문을 하나 드리겠습니다. 인턴을 거쳐 성공 입사를 한 사람이 가장 많이 듣는 말이 무엇일까요? 물론 축하한다는 말이 절대적인 1위겠지만 "될 줄 알았어"라는 말도 빼 놓을 수 없습니다. 그렇다면 왜 모두들 그가 될 줄 알았을까요?

고난이도의 업무를 잘 수행해서일까요? 경영과 관련된 의사결정을 잘해서일까요? 당연히 아닙니다. 인턴에게 그런 대단한 일을 시키는 회사는 없습니다. 단지 그 사람의 인성과 성실함에 당연히 합격할 것이라고 판단을 내리는 것입니다.

스펙이 좋은 인재들은 넘쳐납니다. 하지만 '바른 인재'는 제한적입니다. 요즘 기업들은 이런 바른 인재를 찾기 위해 다양한 방법을 시도합니다. 회사는 인턴이나 신입사원에게 천재적인 자질이나 업무 수행능력을 바라지 않습니다. 단지 성실하고 진솔하며 구성원들과 잘 어울리기를 원합니다. 즉, 인성이 바르고 성실하며 사회성이 좋은 인재를 찾고 있는 것입니다. 중요한 것은 이런 사람이 결국은 업무도 잘 한다는 점입니다. 업무에 충실한 것이 바른 인성과도 관련되기 때문입니다.

또 하나의 에피소드를 말씀 드리겠습니다. 몇 년 전, 저는 A와 B, 2명의 여자 신입사원과 함께 같은 부서에서 근무를 했습니다. A와 B 둘 다 명문대를 졸업한 수재였지만 그 둘의 태도와 성격은 매우 달랐습니다. A는 동료와 고객들에게 진솔하게 대했으며 항상 열정적이고 성실한 자세로 자신의 모든 것을 걸고 회사 생활에 임했습니다. 주어진 업무는 물론이고 다른 동료들의 일까지 도와주며 입사 1년차에 이미 '부서의 에이스'로 통했습니다. 반면 B는 A와 완전히 다른 모습을 보였습니다. A는 일보다는 아부에 집중했고 회사에서 직급이 낮거나 영향력이 없어 보이는 사람은 무시했습니다. 일이 주어져도 약한 척하며 다른 동료들에게 떠넘기기 일쑤였고 관리자나 동료들에게 인정받는 입사 동기 B를 험담하고 다니기 바빴습니다. 2년이 지난 지금 A와 B에 대한 평가와 보상은 완전히 다릅니다. A는 어디에서나 환영하고 인정받는 사원, B는 함께 일하기 꺼려하는 사원으로 낙인찍힌 지 오래입니다. 게다가 A는 회사 내규에 맞는 정확한 시기에 진급을 했으나 B는 진급누락 되었습니다.

좋은 인성은 한순간에 만들어지지 않습니다. 그것도 결국 습관이기 때문입니다. 하지만 누구나 노력한다면 좋은 사람, 성실한 사람이 될 수 있습니다. 지금부터라도 진솔한 사람, 자신이 맡은 바를 충실하게 수행하는 사람이 되는 연습을 매순간 하는 것은 어떨까요? 내면이 꽉 찬 사람은 모두가 그 사람의 진가를 알아봅니다. 사람은 '보는 눈'이 있으니까요.

첫 출근날 반드시 챙겨야 할 7가지
명품 인턴이 되기 위한 실전 전략 ①

축하한다. 높은 경쟁률을 뚫고 최종 합격했다. 하지만 이제부터 시작이다. 출근 첫 날부터 수백 수천 개의 눈이 당신을 지켜보고 있을 것이다. 가장 빠른 시간 안에 그 조직의 시스템에 녹아들지 않으면 곤란하다. 당신은 이제 학생이 아니다. 학교 생활에 익숙했던 기존의 습관을 버리고 직장 생활에 맞춰 변화하려는 노력이 필요하다. 직장 생활의 막내로서 모든 것을 열심히 배우겠다는 마음가짐으로 임하라. 당신을 위해 준비했다. 작은 실천으로 인턴 생활이 100배 더 즐거워질 것이다.

출근을 앞두고 있다면, 먼저 정장과 가방부터 준비하라. 미용실에서 헤어스타일도 다듬고 깔끔한 인상을 챙겨라. 이외에도 준비할 것은 한 보따리다. 회사에 가면 선배들이 자기소개를 주문할 수도 있고, 점심시간에 이런 저런 질문을 할 수도 있다. '몇 시에 끝나는지', '연봉이 얼마인지' 등 눈치 없는 질문을 던져 분위기를 쌰하게 만들지 말고, 센스 있는 질문을 준비해가자. 인턴을 하는 회사와 부서에 대해 많이 알면 알수록 좋다. 비전과 인재상, 사업내용 등은 꼭 익히고 조직도도 꼼꼼하게 살펴보라. 어떤 부서에 배치될지 미리 전달 받았다면, 해당 부서와 관련된 기사를 한번 검색해보라. 많이 알면 실수를 덜 할 수 있다.

옷차림도 중요하다. 편하게 오라고 하더라도 살짝 긴장한 모습을 보여주는 것이 예의다. 별다른 지침이 없다면 정장을 입는 것이 무난하다. 면접 복장처럼 보수적인 느낌이 좋다. 이후에는 선배들의 드레스 코드를 참고해서 입자. 메이크업도 적절한 선을 유지해야 한다. 화장을 안 하거나, 짙게 하면 뒷말이 나올 수 있으니 주의하자.

많은 기업이 인턴 첫 주는 입문 교육을 실시한다. 교육 첫 날부터 지각하면 큰일이다. 알람을 다섯 개씩 맞춰놓고 출근 시간을 사수하라. 입문 교육은 회사에 대한 정보를 알려주거나 직장 매너를 가르쳐준다. 특히 임원이 강의할 때 조는 것은 금물이다. 교육을 듣는 태도 하나하나 평가에 영향을 준다. 교육을 들을 때는 가장 먼저 나와 맨 앞자리에 앉아라. 교육이 끝난 후에는 테이블과 주변을 정리하라. 솔선수범하는 태도가 돋보인다. 교육 프로그램 중에는 애사심과 팀워크를 높이려는 취지로 다양한 팀과제를 부여한다. 한 회사는 회사의 과거 뉴스와 미래 가상뉴스를 자유로운 형식으로 발표하라는 주제가 주어지기도 했다. 적극적으로 참여하라. 개그프로그램을 패러디하거나 퀴즈를 내거나 동영상을 활용하면서 열정을 보여라.

입문 교육이 끝나면 부서로 배치된다. 자, 이제 부서원들과 첫 만남이다. 긴장이 될수록 활짝 웃자. 수동적이고 무표정한 모습으로 방어적인 태도를 보인다면 아무도 다가오지 않는다. 첫 만남은 누구에게나 어색하고 부담스럽다. 당신이 어렵다면 직장인들도 어렵다. '회사가 모든 것을 해주겠지'라는 생각을 하지 말고 당신도 분위기를 전환시키기 위해 노력하라. 부서에 배치되면, 앞으로 당신을 챙겨줄 선배 사원을 소개 받을 것이다. 버디, 상사, 멘토, 선배 등 호칭은 회사마다 다르다. 단 '오빠', '언니' 같은 호칭은 절대 NO! 소개 받은 선배가 앞으로 당신이 어떤 역할을 할지, 간단히 설명해줄 것이다.

출근 후에는 사무실 곳곳으로 인사를 다닐 수도 있다. 인사말을 길게 하지는 않아도 된다. "안녕하십니까. 인턴사원 ○○○입니다"처럼 짧은 자기소개가 좋다. 수줍게 이름만 말하면 상대방이 기억하기 어렵다. 자신만의 개성을 넣어 한 문장으로 소개하는 것이 좋다. 인사를 할 때는 상대방의 눈을 마주치고 인사말은 또렷한 발음으로 하라. 씩씩하고 싹싹한 인상을 풍기도록 신경 쓰자. 화장실에서 친구와 전화 통화를 나눌 때도 조심하라. 당신의 일거수일투족에 사람들의 시선이 쏠려 있다. 화장실에서 친구랑 전화 통화하다가 말실수라도 하게 되면 낭패 보기 십상이다.

출근하자마자 바로 신경 써야 할 것은 부서 직원의 이름과 호칭을 외우는 것이다. 이름을 빠르게 외우는 것은 적극성과 열정의 또 다른 표현이다. 선배 직원을 부를 때 '○○ 대리님'처럼 이름과 직함을 함께 말하면 선배 직원 얼굴과 이름을 금방 외울 수 있다. 호칭도 빨리 익숙해지는 것이 좋다. 어떻게 말을 떼야 할지 몰라서 "저기요…"라고 하거나 "죄송한데요…"라고 하며 말을 건네는 모습은 좋지 않다. 직급을 외워 '대리님', '과장님' 등으로 불러야 한다. 먼저 입사한 직원인데, 직급이 사원일 경우에는 '○○ 씨'라고 하거나, '○○ 선배님'이라고 하면 된다. 다른 인턴 동기를 지칭할 때도 '오빠'나 '언니'라는 호칭은 쓰지 말고 '○○ 씨'라고 부르는 것을 권한다. 물류기업에서 인턴을 한 예나 씨는 동료들과 누구보다 빨리 친해지려고 노력했다. 인턴 시절 직장 내 교육훈련으로 지방의 물류센터에 갈 때마다 선배들의 사진과 이름을 프린트해서 명찰 뒤에 붙이고 다니며 외웠다. 한 번 만난 선배는 특징을 메모해서 들고 다니며 수시로 들여다봤다. 이런 붙임성은 결국 합격의 결실로 돌아왔다.

인사성 좋은 인턴은 환영 받는다

인턴 기간은 테스트의 연속이다. 첫 번째 테스트는 밝고 자신감 있는 태도로 로비를 통과한 후 만나는 모든 사람에게 웃음 가득한 인사를 하는 것이다. 하루의 첫 업무는 '웃음 가득한 인사'라고 생각하는 것이 좋다. 회사 로비에 들어서는 순간부터 마주치는 모든 사람에게 인사하자. 부서 직원은 물론 청소부원, 경비사원, 택배사원 등 모두에게 인사를 하라. 인사를 할 때 제일 중요한 것은 '우선멈춤'이다. 바로 선 자세에서 힘찬 목소리로 "좋은 아침입니다", "안녕하세요" 하고 웃는 모습으로 인사를 하자. 단, 지각한 선배나 일찍 퇴근하는 선배에게 큰 소리로 인사하는 것은 금물이다. 상황에 맞는 적절한 인사가 중요하다. 업무 중에도 상사가 다가오면 무조건 인사부터 하자. 인턴은 인사 하나만 잘 해도 좋은 평가를 받는다. 사소한 도움을 받았을 때도 감사의 마음을 잊지 말고 전하자.

지각은 금물! 가장 먼저 출근하라

"힘들어 죽겠어요. 아침에 눈이 안 떠져요."

처음 직장 생활을 한 인턴 중에는 아침 일찍 일어나는 것에 대한 어려움을 토로하는 이들이 많다. 일에 대한 요령도 없고 회식도 많아서 매일 늦게 잠자리에 드는데, 아침 일찍 일어나려니 힘든 것도 당연하다. 하지만 당신만 아침 일찍 일어나는 게 아니다. 돌아보면 우리보다 더 이른 아침에 하루를 시작하는 이들이 참 많다. 첫 새벽 지하철에도 사람들은 가득하지 않던가. 아침 일찍 일어나는 것을 불평하지 말고, 당연하게 생각하라. 바꿔야 할 것은 몸이 아니라 마음이다. 걱정 말라. 몸은 익숙해지게 마련이다. 이제부터 한 시간을 자도 숙면을 취하는 방법을 터득하라.

지각은 NO! 전날 늦게까지 일을 했다 할지라도, 회식에 참여해서 술을 많이 마셨다 할지라도 긴장을 늦추지 말자. 가장 먼저 사무실에 출근하면 부지런하고 의욕적인 인상을 준다. 만약 아침에 일어났는데 늦잠을 잤다면 어떻게 해야 할까? 문자를 보내는 것은 금물이다. 전화해서 정중하게 상황을 알리고 사과하는 것이 가장 좋은 방법이다.

출근 시간, 회사 정문 앞에 들어서는 순간 표정부터 챙기자. 밝은 표정과 씩씩한 태도로 출근하면 적극적인 인상을 줄 수 있다. 고개를 푹 숙이고 느릿느릿 걷는 것은 좋지 않다. 어두운 표정을 짓고 다니면 회사

다니기 싫은 사람으로 오해 받을 수 있다. 눈빛은 항상 배우려는 의지로 채우고, 입가에는 웃음을 머금고 있어라. 출근하면 하루의 업무에 대해 목록을 만들고 이를 확인하면서 일을 하라. 효율성도 높아지고 실수를 줄이는 데도 유용하다.

퇴근할 때는 어떻게 해야 할까?

퇴근 시간이 다가오고 있다. 책상에 앉아 있으려고 하니 딱히 할 일도 없고, 피곤이 물밀 듯이 밀려온다. 이제 5분만 있으면 퇴근 시간. 빨리 퇴근하고 집에 가서 발 뻗고 쉬고 싶은 마음이 한 가득이다. 하지만 선배들은 퇴근할 생각을 하지 않고 다들 바쁘다. 이럴 때는 어떻게 해야 할까? 다음 세 가지 중 정답을 골라보라.

> A. 자신의 자리에서 "수고하세요"라고 인사를 하고 소란스럽게 사무실을 나간다.
> B. 자리를 정리한 후 직장 선배에게 다가가 "먼저 들어가겠습니다. 내일 뵙겠습니다"라고 말하고 사무실을 나간다.
> C. 직장 선배에게 다가가 "혹시 제가 도와드릴 일이 있으면 말씀해주세요"라고 말한다.

답은 C다. C처럼 직장 선배에게 다가가 도와드릴 일이 있는지 묻고 상사가 집에 가서 쉬라고 하면 그때 인사하고 조용히 가는 것이 좋다.

자신의 자리에서 인사만 하고 사무실을 나가는 것은 예의에 어긋난 행동이다. "수고하세요"라는 인사말도 적합하지 않다. 이 말은 윗사람이 아랫사람에게 하는 말이다. 물론 제일 좋은 것은 끝까지 함께하며 야근이 끝난 선배들과 치맥 한 잔 하는 것이다. 매일은 아니더라도 분위기를 봐가며 선배들의 일과에 동참해보라.

질문 똑소리 나게 하는 법

인턴은 모르는 것이 많기 때문에, 질문을 많이 하면서 배워나가는 것이 좋다. 과제를 수행할 때도 중간 중간 선배에게 질문을 하며 코칭과 피드백을 받아야 방향성을 잃지 않을 수 있다. 하지만 같은 질문도 어떻게 하느냐에 따라 인상이 달라진다. 단순히 '이건 어떻게 해야 하나요?'처럼 물으면 수동적인 느낌을 준다. 스스로 고민하고 노력한 점을 덧붙여 말하는 것이 좋다. 다음을 참고해서 말하라. 질문 하나도 야무지게 하자.

"저는 이 과제의 해결 방안으로 두 가지를 떠올려 보았습니다. 그 중 어떠한 이유로 1안이 더 좋다고 생각합니다. 이외에도 더 고려해볼 점이 있을까요?"

밥을 같이 먹을 때

밥만 같이 먹어도 관계가 한층 더 두터워질 수 있다. 이왕 먹는 밥, 잘 먹는 방법은 없을까? 구내식당이 있다면 선배들을 따라가서 밥을 먹으면 된다. 혹시 외부에서 식사를 할 경우 "먹고 싶은 것이 있냐?"고 질문을 건넬 수도 있다. 이때 눈치 없게 비싼 메뉴를 고른다거나 자신의 기호만 생각해서 메뉴를 고르는 것은 좋지 않다. "저는 다 잘 먹어요. 팀장님은 어떤 음식 좋아하세요?"처럼 분위기에 맞게 말하자. 자신이 좋아하는 메뉴가 있어도 우선순위는 상사한테 돌려라. 두세 번 챙기다 보면, 당신이 좋아하는 메뉴를 고를 순서도 온다. 식당에 가서 숟가락과 물컵도 미리미리 챙기자. 껌을 준비해 점심을 먹고 나서 나눠 드려도 좋다. 회사 근처 음식점 할인 쿠폰도 챙겨라. 필요한 일이 생길 수도 있다. 회사에 대해서는 많이 알면 알수록 좋다. 점심시간에도 동료들끼리 업무 이야기를 나누는 경우가 많다. 서로 이야기를 하다 당신에게 "어떻게 생각하냐?"고 물어볼 수도 있다. 이때 깜짝 놀라 "네? 질문이 뭐였나요? 잘 못 들었어요" 한다면 분위기가 흐려진다. 경청은 기본이다. 선배 직장인들의 이야기에 당신도 이해하는 태도를 보인다면 호감은 급상승한다.

회의할 때

직장 생활은 "회의가 반"이라는 말이 있을 정도로 회의가 많다. 다양한 업무 관계자들과 협업해서 진행해야 할 일도 있고, 신중하게 의사결정할 일도 있다. 그런데 중요한 회의시간에 딴 생각을 하거나 꾸벅꾸벅 조는 모습을 보여주는 인턴도 꽤 많다. 한 인턴사원의 목소리를 들어보자.

"인턴을 하면서 매일 아침 회의에 참석하는 것이 힘들었어요. 아무것도 아는 것이 없는데, 전문 용어로 한참 회의를 하니까 너무 졸리더라고요. 직장 선배한테 크게 혼이 났습니다."

이 목소리는 정말 현실적이다. 회의내용은 하나도 모르겠고, 잠은 부족하고, 이야기를 듣고만 있으려니 얼마나 힘들겠는가. 하지만 꾸벅꾸벅 조는 것은 무성의하고 무기력해 보인다. 회의 시간에 나오는 약어는 관심을 갖고 메모했다가 직장 선배한테 물어보라. 해당 업무를 이해하는 데 유용하다. 회의를 할 때 팔짱을 끼거나 턱을 고이는 등 불필요한 자세를 취하는 것도 주의하자. 한 가지 더! 회의를 하다 보면 당신의 의견을 물어볼 때가 있다. 이때 수위조절을 잘 해야 한다. "잘 모르겠다"고 이야기를 하거나, 너무 이상적인 방법론만 이야기하는 것은 좋지 않다.

일부 인턴사원의 경우는 자신이 아는 것을 주장하거나 가르치려고 드는 태도를 보이기도 한다. 이는 매우 위험하다. 겸손하면서도 적극적인 자세! 줄타기가 중요하다. 무역회사 인사담당자는 "면접 때는 뭐든 다 잘할 수 있다고 하던 인턴들이 실제 업무에 투입됐을 때 시키는 일만 하고 열정 없는 모습을 보이면 부정적으로 느껴진다. 특히 아이디어 회의 때 상투적이고 고민 없는 의견만 내는 모습도 노력하지 않는다는 인식을 준다. 인턴 기간은 단순히 이력서에 경력 한 줄 추가하는 기간이 아닌, 스스로 발전하기 위한 노력의 시간이라고 생각해야 한다"고 조언했다.

보고할 때

상사의 입장에서 함께 일하기 편한 부하는 누구일까? 바로 어렵고 곤란한 일이 생길수록 빨리 보고하는 부하다. 잘 하고 못 하고를 떠나서 직속 상사와 함께 문제를 해결하기 위해 노력하는 프로세스를 반긴다. 당신도 회사 생활을 시작한 이상 보고할 일이 많아질 것이다. 어떻게 보고해야 똑소리난다는 소리를 들을 수 있을까. 《5년은 먹고 들어가는 신입사원 5주 훈련소》 조세형 저자는 다음과 같이 조언했다.

"똑똑하게 보고하기 위해서는 '먼저, 빨리, 제때, 자주' 4가지를 기억하세요. 지시받은 업무에 대해 재촉을 받으면 이미 늦은 거예요. '먼저'

보고하거나 '빨리' 보고하지 못하면, 적어도 '제때'에는 보고해야 합니다. 예상치 못한 일이 생겼을 때는 마감 전일지라도 '자주' 보고하는 것이 업무 효율을 높여줍니다."

보고는 크게 최초보고, 중간보고, 결과보고, 세 단계로 나뉜다. 단계별로 하나씩 알아보자.

최초보고

업무를 지시 받을 때는 직장 선배가 요구하는 바를 명확히 체크해야 한다. 업무의 성격, 내용, 진행방법, 형식, 마감일을 명확히 확인한 후, 자신이 이해한 것과 지시한 것이 맞는지 보고해야 한다.

중간보고

중간보고를 잘 하면 배가 산으로 가는 것을 막을 수 있다. 선배는 당신이 하는 일이 괜찮은지, 쓸데없는 '고퀄'인지 판단해줄 것이다. 방향이 잘못됐다면 도와줄 것이고, 잘하고 있으면 칭찬을 해줄 것이다. 중간보고가 상사를 귀찮게 하는 것은 아닐까 걱정할 수도 있지만, 이는 기우다. 마감 날 결과물을 가져왔는데 지시한 방향과 정반대라고 생각해보라. 아찔하지 않는가. 커뮤니케이션이 원활하다는 인상을 주고 싶다면, 중간보고에 힘써라.

결과보고

결과보고는 가능한 한 데드라인보다 당기자. 직장 선배가 지시한 날짜보다 적어도 하루 이틀 전에 결과물을 챙겨두자. 메일로 보낼지, 문서로 출력할지도 미리 확인해서 진행하는 것이 좋다.

회식자리에 갔을 때

회식은 직장 선배들과 친해질 수 있는 좋은 기회다. 회사 분위기나 조직 문화를 파악하는 것은 물론 인생 전반에 필요한 조언을 구할 수도 있다. 직장 선배들의 조언은 시행착오를 줄이는 유용한 방법이다. 회식자리에서는 자신의 주량을 고려해 적당히 마시는 것이 중요하다. 회식자리에서 오랫동안 전화 통화를 하거나 문자메시지 등을 보내는 것은 NO! 적극적인 리액션은 사랑 받는 후배의 비결이다. 선배들의 대화에 집중한 후 눈을 마주치고 고개를 끄덕이며 경청하자. 친한 인턴 동기들끼리만 옹기종기 모여 있는 모습보다는 밝은 모습으로 여러 사람과 대화를 나누는 것이 좋다.

술자리에서도 선배들의 목소리에 귀를 기울이고 메모를 한다면 특별한 인상을 남길 수 있다. 간단한 장기자랑이나 성대모사를 준비해 회식자리 분위기를 밝게 하는 것도 좋은 방법이다. 사소한 일에 솔선수범하면 '괜찮은 후배'라는 평을 들을 수 있다. 같은 테이블에 앉은 선배들의 수저나 물 등을 챙겨주고 선배들의 비어 있는 술잔을 확인하는 것처럼 작은 일에 신경 쓰자. 회식이 끝난 뒤 자리를 돌아보는 것도 필요하다. 우산이나 휴대폰 등 놓고 간 물건이 있는지 살펴보고 주인을 챙겨주자. 회식 다음 날 팀원들을 위해 숙취 해소 음료를 손에 들고 출근한다면 센스를 보여줄 수 있다.

업무일지로 열정을 표현하라

인턴 기간 작성한 업무일지는 평가 요소 중 하나다. 꼬박꼬박 성실하게 쓰는 것은 기본이다. 퇴근하기 전에 시간을 내서 업무일지를 작성하자. '내일 아침에 출근해서 써야지' 하다가는 큰일난다. 하필 지각한 날 직장 선배가 '업무일지를 체크한다면 낭패를 볼 수 있다. 일하랴, 업무일지 작성하랴 피곤할 수도 있다. '귀차니즘'에 이런 것을 왜 써야 하는지 의문이 들 수도 있다. 업무일지를 쓰면 보다 효율적으로 일처리를 할 수 있다. 계획과 목표에 따라 업무가 잘 진행되고 있는지 체크할 수 있고, 기록을 통해 자연스럽게 업무에 대한 지식과 경험이 쌓이는 것을 볼 수 있다. 만약 업무일지 양식이 따로 있지 않다면, 업무요약, 업무진행상황,

특이사항, 협조사항, 문제점, 개선방안 등의 항목으로 작성하는 것이 좋다. 단순히 일기처럼 하루를 기록하고 자신의 부족한 점을 반성하는 내용으로 꾸미기보다는, 다른 기수의 인턴에게도 도움을 줄 수 있도록 유용한 자료로 만들어 보자. 업무일지를 쓰라는 요청이 따로 없다면, 자신의 열의를 보여줄 수 있는 좋은 기회다. 자신만의 교육일지, 업무일지를 만들어 입사의지를 보여주자.

SNS 사용에 주의하라

"너무도 괴로운 날의 연속이다. XX 팀장은 그동안 점심 한번 안 챙겨주더니 실컷 부려먹기만 한다. 아오. 정말. XXX! 퇴근하면 다리가 덜덜 떨린다. 정말 나쁜 XX! 내일 휴대폰 꺼놓고 잠수 탈까 보다."

한 인턴사원이 인터넷에 올린 후기다. 요즘 대학생들은 SNS 활용빈도가 높다 보니, 자신의 일거수일투족을 온라인에 올리는 경우가 많다. 하지만 당신의 글은 누가 언제 볼지 모른다. 그 회사 직원이 볼 수도 있고, 다른 회사에 지원했을 때 그 회사 인사담당자가 볼 수도 있다. 항상 신경 쓰자. 메신저 자기소개 문구도 주의하자. "열라 바쁘다. 헐" 같은 표현이 있으면 상사는 깜짝 놀란다. 외국계기업 인사팀장은 "언어 순화가 필요한 사원들이 의외로 많다. 친구들과 학교에서 말하던 습관 그대로 일할 때 속어를 쓰는 경우가 있다. 이메일을 쓸 때 이모티콘도 자제해야 한다"고 조언했다. 작은 행동 하나하나가 당신의 이미지를 좌우할 수 있으니 늘 주의하자.

회사어를 익혀라

회사에는 그 회사에서만 쓰는 암호 같은 것이 있다. 다름 아닌 '회사어'
다. 업무 효율성을 위해 줄여서 약자로 쓰는 경우도 많다. '시간이 지나
면 저절로 알게 되겠지' 같은 수동적인 태도로 임해서는 안 된다. 회사
어를 빠르게 익혀야 일을 효율적으로 잘 할 수 있다. 모르는 단어가 나
오면 메모했다가 직장 선배에게 간단하게 설명해달라고 부탁하라. 회사
어를 빠르게 익히면 일이 더 재미있고 소속감도 깊어진다.

업무 중 딴 짓은 그만

업무 중에 사적인 전화 통화를 하거나, 메신저를 하거나 이어폰을 끼고
음악을 듣거나 쇼핑을 하는 등 딴 짓을 하는 것은 금물이다. 휴대폰 벨
소리도 이미지에 영향을 미치니 무음이나 진동모드로 바꿔놓자. 업무
시간에 자리를 자주, 오래 비우는 것도 좋지 않다. 급한 일이 생겼을 때
는 직장 선배에게 상의를 하는 것이 먼저다.

불평불만, 뒷담화는 NO!

함께 일하다 보면 유독 불평불만이 많은 사람이 있다. 그가 상사일 수도 있고, 인턴 동기일 수도 있다. "너무 힘들다. 우리 같이 그만둘까?" "우리 회사는 비전이 없으니 지원하지 말라" 등 불평의 목소리가 나오면 한 귀로 듣고 한 귀로 흘려라. 부정적인 사람은 어딜 가든 불평불만이 많지 않던가? 직장인들이 삼삼오오 모이면 뒷담화가 나올 수 있다. 누군가 당신에게 "그 사람 어때? 별로지?"라며 부정적인 뉘앙스로 떠본다고 해서 속마음을 그대로 내비치는 것은 금물이다. 많은 이들이 당신의 행동과 말 한 마디를 주목하고 있다. 답하기 곤란한 상황이 생길 때는 화장실을 가는 척하며 잠시 자리를 비우는 것도 괜찮다.

이외에도 챙기면 좋을 디테일은?

장기 인턴이라면 명함을 만들어줄 것이다. 대부분 회사 자체적인 양식이 있으니 이를 따르면 된다. 여기서 우리가 신경을 쓸 것은 명함에 넣을 이메일 아이디! 회사와 직무에 대한 열의를 보여줄 수 있는, 긍정적인 아이디를 고민하라. 인턴 기간 동안 경쟁사 제품을 사용하면 충성심에 의심을 받을 수 있다. 이동통신회사, 의류회사 등 생활 속 밀착 회사라면 더욱 신경을 써라. 당신이 여자라면 여자 선배에게, 남자라면 남자 선배에게 먼저 살뜰하게 다가서라. 동성에게 먼저 인정받아야 직장 생활이 더 편해진다.

인턴은 인(人)턴이다

2013년 10월 28일, 축구 선수 이영표(밴쿠버 화이트캡스)는 미국메이저리
그사커(MLS)에서 현역 마지막 경기를 치렀다. 이영표는 그날 행복한 은
퇴를 맞이했다. 김현회 스포츠전문기자가 쓴 칼럼을 요약하면 팀과 동
료, 팬들은 다음과 같이 이영표를 위해 마음을 담았다.

- 이영표의 얼굴이 입장권에 새겨졌고, 구단 홈페이지에는 특별 영상이 걸
  렸다.
- 이날 이영표는 특별히 주장 완장을 찼다.
- 팬들은 이영표의 얼굴이 새겨진 걸개를 내걸었다.
- 선제골을 뽑아낸 공격수 카밀로 산베소는 공을 집어 들고 이영표에게 달
  려가 무릎을 꿇은 뒤 두 손으로 떠나는 영웅에게 공을 바쳤다.

- 마틴 레니 밴쿠버 감독은 후반 종료 휘슬이 울리기 전 이영표를 불러들였다. 그가 팬들의 박수를 받으며 그라운드를 떠날 수 있도록 배려한 것이었다.
- 이영표가 팀 동료는 물론 상대팀 선수, 심판과 포옹하고 그라운드를 빠져나갈 때까지 팬들은 기립 박수를 보냈다.
- 전광판에는 한글로 '이영표 선수 감사합니다'라는 문구가 새겨졌다.
- 이영표 헌정 다큐멘터리도 제작됐다.

이영표가 밴쿠버에서 뛴 기간은 딱 2년이다. 하지만 그들은 영웅의 마지막 가는 길을 성대하게 열어줬다. 이영표는 팬들과 이렇게 멋진 이별을 했다.

누군가가 떠나는 날, 우리는 그가 얼마나 열심히 살았고, 다른 사람에게 좋은 영향을 미쳤는지 예측해볼 수 있다. 인턴도 마찬가지다. 당신이 회사를 떠나는 날, 그동안의 진가가 나온다. 첫 출근일보다 마지막 퇴근일에 더 큰 박수가 쏟아진다면, 당신은 가치 있는 인턴 기간을 보낸 것이다. 며칠 전에 만났던 경희 씨는 인턴 마지막 날 아름다운 이별 파티를 가졌다. 휴게실에는 20여개의 초코파이로 만든 케이크와 감귤 샐러드가 놓여 있었다. 부서 팀장은 꽃다발과 함께 직원들이 직접 쓴 롤링페이퍼, 그녀의 성실함을 칭찬하는 추천서를 선물로 줬다. 취업준비에 지쳐 있던 경희 씨는 직원들의 마음을 받고 굵은 눈물방울을 흘렸다.

당신이 떠나는 마지막 날이 아름다우려면, 당신부터 진심을 다해야 한다. 인턴 기간이 짧은 것 같아도, 서로 마음을 주고받는 데는 충분한 시간이다. 단 하루만이라도 온전한 마음을 베풀어라.

결혼할 때 신랑과 신부는 3개의 반지를 교환한다고 한다. 결혼반지(wedding ring)는 물론 서퍼링(suffering)과 인듀어링(enduring)이 그것이다. 부부 앞에는 탄탄대로뿐만 아니라 고난의 바다도 놓여 있기 때문이다. 사회생활도 마찬가지다. 회사만 들어가면 다 좋은 일만 생길 것 같지만, 때로 감당하기 힘든 일이 툭툭 튀어나온다. 이때 업무 경험이 있는 신입사원과 그렇지 않은 이들 사이에는 한 가지 차이가 생긴다. 바로 '견디는 능력'이다. 인턴 기간에도 이런 저런 고민으로 중도에 포기하고 싶을 때가 많을 것이다. 자신이 원하던 것이라 할지라도 하다 보면 싫증나고 어려워서 '이 길이 내 길이 맞나?'라는 고민을 할 수도 있다. 하지만 버티는 것도 능력이다. 신중하게 선택했다면, 그에 대한 책임감을 갖고 열심히 일하는 태도가 필요하다.

당신은 인턴 기간이 끝난 후 그 회사 직원들에게 어떤 모습으로 기억되고 싶은가?

- 인사를 잘 하고 잘 웃는 인턴
- UCC를 잘 만들던 인턴
- 보고서는 정말 잘 쓰던 인턴
- 술을 잘 마시고 성격 좋은 인턴
- 좋은 곳이 있으면 추천해주고 싶은 인턴
- 다음에도 꼭 같이 일하고 싶은 인턴

누구도 자신의 모습이 나쁜 기억으로 남길 바라는 사람은 없을 것이다. 인턴 기간 동안 다른 사람의 기억에 남고 싶은 그 모습대로 생활하라. 훗날 지금의 인턴 생활을 떠올렸을 때 후회되지 않게 말이다.

한 가지 더! 인턴이 끝난 후에도 가끔 연락을 해보는 것은 어떨까. 인턴 기간에는 잘 하다가도 계약기간이 끝나자마자 연락을 끊는 이들이 있다. 나는 가끔 외부 면접관으로 활동할 때가 있는데, 지원자들에게 종종 묻는 질문이 있다.

"과거에 인턴이나 대외활동을 많이 하셨는데, 그분들과 지금도 연락하고 지내십니까?"

이 질문에 10명 중 8명은 고개를 가로젓는다.

과거에 인턴을 했던 경험이 있다면, 직장 선배에게 전화 한 통 해보는 건 어떨까? 인턴은 인(人)턴이다.

하이트진로 인사담당자 인터뷰

Q. 대학생들이 입사를 위해 어떤 노력을 하기를 바라십니까?

다양한 활동과 경험을 토대로 세상을 보는 눈이 넓은 사람이 되길 바랍니다. 수치화된 스펙이 전부는 아니라고 생각합니다. 점수가 높고 낮고를 떠나서 어떤 목표를 가지고 값진 경험들을 해왔는가에 더 집중하세요. 많은 경험을 하다 보면 그중에 본인이 원하는 분야 혹은 맞는 분야를 찾을 수도 있고, 필요 없을 것 같던 경험도 돌아보면 모두 다 득이 될 것입니다. 한 예로 유럽여행 중 맥주공장을 견학하며 하이트진로에 대해 관심을 갖고 입사한 지원자도 있었습니다. 오늘 지금 이 시간에 하고 있는 일들이 미래의 무언가를 대변해 줄 수 있습니다.

Q. 가장 기피하는 공채 지원자와 가장 선호하는 공채 지원자 유형이 있다면 말씀해주세요.

채용은 기업에서 가장 중요한 자원을 취득하는 과정입니다. 때문에 하이트진로는 말 그대로 스펙보다는 열정이 충만한 사람을 원합니다. 보여지는 화려한 수치적 스펙을 자랑하는 자기과시형보다는 스펙은 부족하더라도 원하는 목표와 방향이 선명하고 매사에 적극적으로 임하는 지원자를 선호합니다. 어디로 가야하는지 아는 사람이 어떻게 가야 할지도 더 빠르게 알아낼 수 있다고 생각합니다.

Q. 서류전형과 면접전형에서 좋은 결과를 얻을 수 있는 비결을 알려주세요.

먼저 서류전형에서는 하이트진로에 대한 관심과 사전준비가 필요합니다. 즉, 다른 기업과 동일하게 짜여진 각본 같은 자기소개서 대신에 하이트진로를 위한 독창적인 자기소개서가 더 긍정적으로 받아들여질 것입니다. 다음으로 면접전형은 심층면접, 토론면접, 인성면접 총 3가지로 이루어지며 그 중간에 하이트진로만의 독특한 면접이 한 가지 더 추가됩니다. 바로 '선배와의 대화'입니다. 하이트진로는 대한민국을 대표하는 종합주류회사로서 임직원들은 그 칭호에 걸 맞는 올바른 음주문화를 만들고 정착시켜야 하는 책임을 가지고 있습니다. 따라서 채용에서도 입사 지원자들이 가지고 있는 음주매너를 비롯하여 성격, 가치관, 태도 등을 다양하게 보고자 만든 자리입니다. 물론, 긴 시간 면접을 보느라 고생한 지원자들에게 선배의 마음으로 식사를 대접하는 훈훈한 의미도 함께 가지고 있습니다. 때문에 전반적인 면접과정에서 하이트진로만의 주류문화에 대한 이해와 핵심이념을 숙지하고 면접을 준비한다면, 그에 맞는 좋은 결과를 얻을 수 있을 것이라 생각합니다.

Q. 취업준비생에게 꼭 하고 싶은 말씀이 있으시다면?

하이트진로는 '세계 모든 이들과 늘 함께하며 삶의 즐거움과 희망을 나눈다'는 경영이념에 근거하여 우리 회사의 철학에 맞춰갈 수 있는 지원자를 채용하고자 합니다. 뜨거운 감성, 뜨거운 열정, 뜨거운 진심으로 다양한 경험과 본인만의 목표의식을 가진 인재라면 누구나 하이트진로人이 될 수 있습니다.

Q. 사랑받는 신입사원이 되기 위해서는 어떤 노력을 해야 할까요?

사회생활은 학교에서 배운 것과는 다르기에 사회생활의 첫걸음부터 모든 것이 새로운 시작이라는 마음으로 배우는 자세가 필요합니다. 업무가 주어졌을 때 배우고자 하는 자세로 적극적으로 임하며, 즐거운 마음으로 조직에 융화가 된다면 사랑 받는 신입사원이 되는 길은 가까이에 있을 것입니다.

명품 신입사원의
생생 취업 스토리 & 자기소개서
전격 공개

될 사람은 된다

_대한항공 박수영

▶ 자신을 소개해주세요.

안녕하십니까. 2013년 신입사원 박수영입니다. 저는 현재 대한항공 인천공항 지점에서 탑승수속 업무를 담당하고 있습니다. 업무 특성상 오전 근무와 오후 근무로 교대를 하며 근무에 임하고 있습니다. 가끔은 새벽 일찍 출근하는 것이 힘들 때도 있지만, 하루를 남들보다 일찍 시작한다는 마음으로 기쁘게 일하고 있습니다. 저희 회사에는 많은 직종들이 있습니다. 항공사라는 특징답게 승무원부터 정비직, 회사 경영에 필수적인 경영층 등 매우 다양합니다. 해외에도 지점이 많습니다. 10년 후에는 아마 다른 부서에 가서 새로운 업무를 접하고 있겠다는 생각이 듭니다. 개인적으로 우리 회사가 서비스 업무를 중시하는 회사인 만큼 서비스 강사팀에서 근무하고 싶은 소망이 있습니다.

▶ 취업 준비는 어떻게 하셨습니까?

'될 사람은 된다'라는 말이 있습니다. 저는 '될 사람'이 되기 위해 노력했습니다. 먼저 가고 싶은 회사를 정한 다음 무엇을 준비하면 되는지, 회사에서 요구하는 인재는 어떤 사람인지 파악을 했습니다. 아는 것이 힘이기 때문입니다. 물론 스펙도 필요합니다. 회사에 들어가고 싶은 만큼, 원하는 게 있는 만큼 노력해야 한다고 생각합니다. 구체적으로는, 회사 홈페이지에 들어가서 회사가 원하는 인재상을 살펴보고, 제가 어떤 면에서 이 회사와 맞는지를 고민해보았습니다. 직급 체계를 보면 앞으로 회사 안에서 어떻게 성장해 나갈 것인지 생각하는 데 유용합니다. 자기소개서는 계속해서 열심히 써보았습니다. 그렇게 쓰고 틀이 잡히면 그때부터 첨삭을 받고 수정하며 완성해갔습니다. 그렇게 하다 보니 저만의 이야기가 만들어졌습니다. 면접을 떠올려보면, 그렇게 매끄럽게 말을 잘 하지는 않았습니다. 하지만 면접 때 제가 어떤 사람이고, 그동안 어떻게 노력해왔는지 진심을 담아 이야기했습니다. 저보다 스펙이 좋고 면접도 잘 본 사람들이 떨어진 걸 비추어 보았을 때 진실된 제 이야기가 호소력이 있지 않았나 싶습니다.

▶ 많은 취업준비생들이 항공사 입사를 희망하지만, 문턱을 넘기가 쉽지 않습니다. 항공사 입사를 위해 무엇을 준비하면 좋을까요?

항공사라고 특별한 건 없습니다. 항공사도 어떻게 보면 이윤창출을 목적으로 하는 기업이니까요. 얼마 전에 읽은 책에서 '무엇이 되려고 하지 말고 무엇을 하려고 하라'라는 문구가 기억에 남습니다. 정말 맞는 말이라고 생각합니다. 회사는 학교처럼 그냥 다니는 것이 아니라 자신이 회사를 위해 무언가를 해야 하고 또 동시에 자기계발도 해야 합니다. 처음 회사에 들어가면 '아, 내가 왜 일을 해야 하지'라는 고민에 빠지는 친구들이 많습니다. 그런 고민을 하지 않으려면, 취업을 준비할 때 자신이 정확히 무슨 일을 하는지, 그 일이 자신에게 맞는 것인지 충분히 고민을 하시기를 바랍니다.

▶ 신입사원에게 가장 필요한 자세는 무엇이라고 생각하십니까?

신입사원에서 가장 필요한 자세는 무엇보다 인사입니다. 인사, 사실 인사처럼 쉬운 적응 방법도 없을 것입니다. 밝은 미소로 인사를 하면, 상대방의 기분도 좋게 만들어주니까요. 이는 제가 누군지 선배님들께 어필할 수 있는 방법 중의 하나입니다. 저는 혹시나 선배님인가 아리송할 때도 무조건 인사합니다. 인사해서 나쁠 건 없잖아요. 언제 어디서 만날 사람일지 어떻게 알겠습니까? 밝은 인사는 사회생활에서 필수입니다.

▶ 사랑받는 신입사원이 되기 위한 자신만의 비결은 무엇입니까?

사랑받는 신입사원이 되기 위한 비결은 눈치인 것 같습니다. 근무를 하면서 하늘 같은 선배님들 사이에서 눈치 없이 일을 게을리 하거나 빠르게 업무처리를 하지 않는 사원들은 사회적인 평가에서도 조금 뒤떨어지지 않나 싶습니다. 저는 선배님들이 주변 청소를 하실 때 제일 먼저 달려가서 "제가 하겠습니다"라고 말했습니다. 이런 작은 행동들이 쌓이고 쌓이다 보면 선배님들에게 좋은 인식을 심어줄 수 있지 않을까요. 맡은 일뿐만 아니라 주어지지 않은 일들도 먼저 나서서 처리하고 눈치껏 행동하는 것이 중요하다고 생각합니다.

▶ **많은 학생들이 진로를 정하거나 자기탐색을 하는 데 부담을 갖고 있습니다. 진로를 찾는 좋은 방법이 있다면 들려주세요.**

진로는 하루아침에 정해지는 것이 아닌 것 같습니다. 자신이 무엇을 잘하는지, 무엇을 하고 싶은지 부담 갖지 말고 천천히, 꾸준히 알아가는 것이 중요합니다. '지피지기면 백전백승'이라는 말이 100번 맞는 말입니다. 일상을 들여다보고 이런 저런 경험을 하며 자신을 찾아보시기를 바랍니다. 저의 경험을 말씀 드리면, 저는 책을 많이 읽었습니다. 직접 경험이 가장 좋지만 다양한 일을 하는 사람들의 목소리를 통해 간접 경험을 많이 했습니다. 이를 통해 어떤 일이 저에게 잘 맞는지를 그려보며 진로를 설계했습니다. 또 하나! 자신만의 외톨이 시간을 권하고 싶습니다. 저는 1년간 휴학하면서 해외도 나가지 않고 친구들도 많이 만나지 않고 혼자만의 시간을 가졌습니다. 그 시간동안 불안하기도 했고 다가올 미래가 무섭기도 했고 많이 힘들기도 했습니다. 그러면서 책도 많이 읽고 TV 다큐멘터리도 많이 보면서 제 자신이 어떤 사람이고 뭘 하고 싶으며 앞으로 어떻게 할 것인지 등을 깊게 고민해 보았습니다. 이를 통해 많이 성장할 수 있었습니다.

▶ **대학생활 중에서 아쉬운 점이 있다면….**

대학생활을 하며 학점과 취업에 대한 고민을 많이 하고 산 것 같습니다. 사실 그게 다가 아닌데 말입니다. 앞만 보고 가는 것보다 주위를 둘러보며 가는 것이 더 좋지 않았을까 아쉽기도 합니다. 취업을 하고 나니 제일 그리운 게 대학생활이고 '조금 더 많이 즐기고 올 걸'이라는 생각도 많이 듭니다. 취업이 어렵다고 하지만 자신만의 확고한 의지가 있고 그에 따라 준비를 한다면 전혀 문제될 것이 없습니다. 너무 걱정하지 마시고 자신을 믿으십시오. 다시 대학생이 된다면 해외여행을 혼자서 꼭 한번 다녀오고 싶습니다. 자유롭게 즐기며 해외문화도 배우고 견문을 넓힐 수 있을 텐데, 이 경험을 하지 못한 것이 아쉽습니다.

▶ **멘토는 누구인지 궁금합니다.**

이 세상의 모든 사람들을 멘토로 삼고 있습니다. 아침에 출근하면서 쓰레기 수거하시는 분들을 볼 때가 있습니다. 날씨도 춥고 어두운데 고생하시는 모습을 보면, 진심으로 존경하는 마음이 생깁니다.

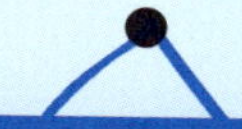

박수영 선배의 '합격 자기소개서' 중에서….

시작만큼 가슴이 벅차고 열정이 넘쳐나는 순간은 없습니다. 하지만 '작심삼일'이라는 말처럼 대부분의 사람들이 곧 현실에 안주하여 발전하려는 노력을 게을리하곤 합니다. 저는 기업에서 주최하는 다양한 프로그램에 참여하며 처음 시작하는 순간의 열정을 지속한다는 것이 무척이나 힘든 일임을 깨달았습니다. 하지만 곧 스스로 제 자신을 다독여 열심히 활동하였고 우수 조원으로 선발되는 등 성과를 거두었습니다. 이제는 그 열정을 꿈의 기업 대한항공에 쏟아 붓고 싶습니다. 세계항공업계를 선도하는 글로벌 항공사라는 비전에 어울리는 인재가 될 수 있도록 노력을 게을리 하지 않을 것입니다. 처음의 열정을 끝까지, 유시유종의 미를 거둘 수 있는 사원이 되겠습니다.

"별, 한 번쯤은 따봐야 하지 않을까요?"

_롯데백화점 오민아

▶ **자신을 소개해주세요.**

롯데백화점 영업점에서 매장 관리를 하고 있는 오민아입니다. 입사 2년
차인 저는 현재 명품관의 11개 브랜드를 관리하는 파트매니저로서 일
을 하고 있습니다. 백화점 근무라 하면 반짝이는 조명 아래 예쁜 옷을
입고 편하게 근무할 거라는 환상을 가지고 입사준비를 하는 후배들을
몇몇 보곤 합니다. 하지만 그 화려함 뒤에는 매장의 순조로운 영업을 위
해 늘 바쁘게 뛰어다니는 저와 같은 관리자들이 있습니다. 고객들을 위
한 각종 판촉행사부터 해결이 어려운 컴플레인 처리, 그리고 고객을 접
점에서 맞이하는 판매직원들의 정서관리까지 영업에 필요한 전반적인
부분을 관리하고 있습니다.

▶ **많은 지원자들이 선호하는 회사에 취업을 하셨는데요. 취업 스토리가 궁금합니다.**

요즘 같은 취업난에 '대기업 들어가기가 하늘에 별 따기'라고 합니다. 저는 그 별, 한 번쯤은 따봐야 한다고 생각합니다. 누구나 가고 싶어 하는 그 대기업의 문이 결코 좁지만은 않기 때문입니다. 명문대 출신도 아니고, 토익 만점도 아니며, 입이 쩍 벌어지는 스펙도 없는 저는 공모전 입상을 기회로 대기업 인턴직의 행운을 얻었습니다.

▶ **공모전 수상 경력을 통해 인턴 기회를 얻으셨군요. 먼저 공모전 입상 노하우를 들려주세요.**

당시 공모전을 꾸렸던 팀원 3명 모두 백화점에 대한 관심이 높았습니다. 특히 롯데그룹 공모전은 금상, 은상 등 총 4팀에게 계열사 인턴 기회를 특전으로 주어 매우 반가웠습니다. 저희는 백화점부문에 참가하여 'e 마케팅에 대해 주요 타깃 입장으로서의 평가 및 young 고객 대상 전략'이라는 주제를 골랐습니다. 먼저 롯데백화점 경쟁사의 SNS 활용정도를 비교 분석한 후, 앞으로 어떤 SNS 활용과 전략이 있으면 좋을지에 대한 방안을 제시한 보고서를 만들었습니다. 다행히 본선에 진출했고, 최종 PT 발표 기회를 얻었죠. 다른 팀은 모두 굉장한 PPT 실력과 발표 실력을 갖고 있었습니다. 저희 조는 차별화를 꾀했습니다. 최대한 대학생의 신선한 아이디어를 보여주려고 노력했습니다. 다른 팀이 SWOT 분석을 할 때, 스토리텔링 방식의 PPT를 만들어 심사위원의 흥미를 끌었죠. 미스테리한 형식의 이야기를 꾸며 롯데가 1위를 지속할 수 있었던 과거와 앞으로도 쭉 1위를 유지하기 위한 전략들을 펼쳐보았습니다. 발표도

색다르게 했습니다. 지금까지 함께 준비해온 과정을 마지막까지 이어가고자, 3명이 돌아가면서 발표하는 방식을 선택했습니다. 이러한 방식은 심사위원으로부터 신선하다는 호평을 받았습니다. 심사위원께서는 "전문적인 PPT가 아니라 대학생들의 참신함을 볼 수 있는 발표라서 좋았다"는 칭찬을 해주셨습니다. 이런 노력 끝에 1등을 하여 인턴십 기회를 얻었고, 나아가 정규직 전환 최종합격의 기쁨을 맛볼 수 있었습니다.

▶ 인턴 프로그램은 어떠했나요? 함께 참여한 동기들도 남달랐을 것 같은데요.

인턴 동기들은 하나 같이 대단했습니다. 외국에서 대학교를 나온 친구부터 명문대학교 출신, 지방대 수석 졸업까지 각자의 매력과 장점이 충분했습니다. 모두들 그곳에서 정규직 전환의 꿈을 이루기 위해 열심히 했습니다. 하루하루 출근을 하면서도 쉴 새 없이 쏟아지는 과제에 밤을 새가면서 조 활동을 하고 결과물을 만들어냈습니다. 그러나 그 과정이 힘들다고 불평하는 이는 없었습니다. 치열한 경쟁 속에서도 즐겁게 활동했습니다. 모두가 한 가지 목표를 위해 열정을 쏟았고, 그 결과 정규직 전환율이 70%가 넘는 역대 최고의 수치가 나왔습니다.

▶ 경쟁이 치열한데도 즐겁게 활동할 수 있었던 비결은 무엇이었습니까?

아마 '자신감' 때문이지 않았나 싶습니다. 대학시절 저는 학업 이외에 대학생으로 누릴 수 있는 많은 것을 경험했습니다. 교환학생, 해외인턴, 교내방송국, 영어토론회, 기업 대학생 서포터즈, 봉사활동, 공모전 등 다양한 활동에 참여했습니다. 그동안 다양한 친구들과 소통을 하면서 저의 부족한 모습에 자극을 받았고, 스스로를 더 단단히 채울 수 있었습니다. 그렇게 탄탄히 쌓아온 경험은 정규직 전환이 되는 중요한 인턴 기간 중, 대단한 친구들 가운데서도 자신감을 잃지 않고 당당히 맞설 수 있는 큰 자산이 되었습니다.

해외 인턴은 인천시에서 주최하는 '인천청년 해외인턴십' 프로그램에 참여하여 얻은 기회입니다. 중국 상해에 있는 중소기업에 파견되어 3개월 간 인턴 활동을 했습니다. 제가 일한 곳은 부동산 정보업체로 한인기업이었는데, 인턴 생활을 통해 상해 곳곳을 누비며 상권조사를 했습니다. 중국 상해의 빠른 발전과 비전을 몸소 느꼈던 좋은 경험이었습니다. 교환학생은 워킹비자를 받아 해외로 나가는 친구들도 많지만, 이왕이면 학점인정이 되는 교환학생 프로그램에 참여하는 것을 권하고 싶습니다. 해외 교환학생을 간다면, 그 나라의 문화를 익히며 각종 체험활동을 해보세요. 저는 중국 대련에서 교환학생을 할 때, 중국 전통 악기를 배우고 싶어 동아리에 가입했습니다. 중국 악기 '얼후'를 배우고, 연말 파티 때 연주를 하면서 언어와 문화를 동시에 배울 수 있었습니다.

백화점 내 고객접점에서 사은행사, 판매 등의 체험을 한 후 고객 만족을 위해 개선해야 할 점을 파워포인트로 만들어 발표하기도 하고, 주변에 있는 다른 백화점을 시장조사한 후 보고서를 만들기도 했습니다. 가장 기억에 남는 행사는 서울 시민 걷기대회에 참여하여 참가자들에게 생수를 나눠주며 산을 올랐던 것입니다. 그 과정을 통해서 인턴 동기애가 더욱 돈독해졌습니다. 인턴을 할 때는 다른 동기들과 경쟁한다는 마음가짐보다는 함께 무언가를 했을 때 더 큰 시너지 효과를 발휘 할 수 있다는 점을 유념하면 좋을 것 같습니다. 인턴 과제의 상당부분은 조별로 동영상을 만들고 즐기면서 하는 과제였습니다. 각자가 가지고 있는 개성을 잘 살려 인턴 생활을 한다면 그 속에서 자신이 갖고 있는 더 큰 장점을 발견할 수 있을 것입니다.

▶ 정규직 전환 면접은 어떻게 진행되었습니까?

정규직 전환 면접은 1박 2일 합숙 면접으로 진행되었습니다. 먼저 인턴 기간 6주 동안 백화점에서 보고 느낀 것을 총 정리하여, 자신이 근무했던 영업점의 개선방안을 PPT로 만들어 10분간 발표하는 개인 PT면접이 있었습니다. 두 번째 면접은 조별 발표로 이뤄졌습니다. 저희 조의 주제는 프리미엄 온라인쇼핑몰을 만들기 위한 특성화 전략이었습니다. 마지막으로 임원면접은 면접관 3명, 면접자 3명이 참여하는 다대다 면접이었습니다. 외국어 자기소개가 공통질문이었고, 입사지원서를 바탕으로 한 질문이 많았습니다. '가장 기억에 남는 신문기사는 무엇인가'와 같은 시사 이슈 관련 질문도 있었습니다.

▶ 마지막으로 선배들에게 사랑받는 신입사원이 되기 위한 자신만의 노하우를 알려주세요.

신입사원이라면 모든 일에 열정이 넘치고 패기가 있어야 한다는 누구나 알고 있는 조건들은 물론이거니와, 조금은 '쉬워 보이는' 신입사원의 모습이 필요하다고 생각합니다. 업무를 잘하고 못하는 것을 떠나 누군가가 일을 지시할 때 얼마나 편하게 그 일을 주느냐가 중요합니다. 신입사원은 모든 일이 처음이고 생소하기 때문에 해보면서 하나하나 배워나갑니다. 아무리 사소한 일일지라도 기분 좋게 받아들여 쿨하게 처리하는 자세가 필요합니다. 그런 모습이 상사에게 "일 시원시원하게 잘 하네"라는 평을 받을 수 있는 비결이라고 생각합니다.

오민아 선배의 '합격 자기소개서' 중에서….

졸업 전까지 교내 모든 사람들을 만나보기

사람 만나는 것을 좋아하는 저는 대학교라는 넓은 생활공간에서 다양하고 많은 친구들을 만나는 것이 대학생활의 목표 중 하나였습니다. 마침 교내방송국 보도부 정국원으로 활동했던 저는 방송 프로그램을 제작할 기회가 생겼습니다. 이를 이용해 '인천대 학우들은'이라는 프로그램을 제작하여, 매주 교내에서 일어나는 행사를 중심으로 관련된 사람들을 찾아가 인터뷰를 하기 시작했습니다. 가끔은 교수님, 학생식당 아주머니를 찾아가 인터뷰를 한 적이 있습니다. 한 번의 만남이지만 그 만남은 교내 방송을 통해 모든 학우들에게 전해졌습니다. 그것은 저와 그 사람의 만남을 넘어 교내 모든 사람들이 서로에게 관심을 갖고 하나가 되길 바라는 저의 야심찬 프로그램이었습니다.

상해의 BMW녀

중국 상해 부동산컨설팅 회사에서 인턴을 할 때 대중교통(Bus, Metro, Walking) 지역 상권을 분석하였습니다. 그중 전철 아홉 개 호선의 상권을 분석하기 위해 Metro를 자주 이용하며, 지리에 약한 단점을 극복했습니다. 당시 회사의 첫 과제는 역세권 상권 분석이었습니다. 상해에 온 지도 얼마 되지 않았고 지리에 약한 저에게는 다소 힘든 과제였습니다. 하지만 인턴 생활의 첫 시작을 패기 넘치게 하고 싶었습니다. 지도를 들고 당시 상해에 개통되어 있는 지하철 9호선을 모두 타고 돌아다녔습니다. 그리고 역에 내릴 때 사람들의 시선이 자주 가는 곳과 에스컬레이터를 타고 오고 가는 출입구 근처에 눈에 띄는 상가의 위치를 찾아내는 연습을 하였습니다. 저는 이런 노력을 레포트에 담아 사장님께 보고 드렸습니다. 그 다음 달 사보에 제가 조사한 자료가 실려 고객님의 손 위에 놓일 수 있게 되었습니다.

통섭형 인재로 거듭 나기

_KT&G 박주은

▶ 자신을 소개해주세요.

인천대학교 창의인재개발학과를 졸업했습니다. HRD(Human Resource Development)를 주전공으로 공부했고, 부전공으로 경영학을 전공했습니다. 전공뿐만 아니라 조직심리, 산업심리, 정보통신, 창의성 등 다양한 학문을 파고들어 시대가 원하는 통성협 인재가 되려고 노력했습니다. 또한 전국 공모전, 대학생 대외활동 등 다양한 활동을 하며 저만의 스토리를 만들었습니다. 현재 KT&G 인턴십 프로그램인 상상START과정을 통해 6급 일반공채 신입사원으로 합격을 해서 신입사원 연수 중입니다.

▶ 자신의 진로, 적성, 흥미, 가치 등을 어떻게 발견하셨나요?

저는 군대를 다녀와서 대학에 진학하였습니다. 입대 전 사회생활을 통해 '잘하는 것'과 '좋아하는 것' 딱 2가지만 찾았습니다. 이를 통해 누군가에게 내용을 설명하고 주관을 설득시키는 것을 잘한다고 생각하였고, 사람을 만나는 것을 좋아한다고 판단 내렸습니다. 이렇게 딱 2가지만 찾아서 저의 전공과 진로를 정하였습니다. 사람을 만나고 사람에게 지식과 기술, 의사를 전달하는 것인 '인적자원개발(HRD)'로 전공을 정하였고, 해당 전공을 공부하면서 '인적자원관리(HRM)'에 흥미를 느껴 인적자원(HR)이라는 큰 틀의 진로를 정했습니다. 이후 HR 대표카페인 '인사쟁이'와 대기업 인재채용 홈페이지를 통해 직무에 대한 이해를 높였습니다.

▶ **학창시절은 어떤 점에 주력하셨나요?**

학창시절 교내활동은 교내공모전 참여와 학점관리에 주력하였습니다. 그 외에는 대외활동에 신경을 썼습니다. 저는 홍보대사, 문화예술 기획단, 마케팅, 봉사활동 등 다양한 대외활동을 경험하였습니다. 교내의 우물 안 개구리가 되기보다는 작은 사회로 나와 다른 대학 친구들과 소통을 하며 정보도 얻고 경쟁도 느끼며 저만의 경쟁력을 쌓아갈 수 있다고 생각했기 때문입니다. 대외활동과 교외공모전에 관한 정보는 네이버 카페, 대티즌 등을 통해서 수시로 얻었습니다. 공모전은 쉬워 보이거나 재미있어 보이는 공모전을 찾는 것이 아니라 전공이나 희망직무에 관련된 분야로 지원하였습니다. 대외활동은 분야를 한정 짓지 않고 다양한 분야를 경험하려고 하였습니다. 그 이유는 희망 직무인 HR직무의 특성상 다양한 사람들을 많이 만나는 것이 중요했고, 다양한 분야의 도전을 통해 새로운 시야를 얻고 저만의 스토리를 구축하기 위해서였습니다. 결과적으로 이런 노력이 채용과정에 큰 도움이 되었습니다.

▶ **학창시절 많은 활동을 하셨는데, 자신만의 시간관리 노하우를 들려주신다면….**

2가지의 방법을 활용하였습니다. 첫 번째는, Desktopcal 위젯과 네이버 캘린더 어플을 사용하였습니다. Desktopcal은 배경화면에 캘린더를 띄우고 더블클릭을 통해 캘린더에 바로바로 메모를 할 수 있는 윈도우용 일정관리 위젯입니다. 또한, 네이버 캘린더는 달력형태와 일정관리 형태로 휴대폰 화면에 고정시켜 수시로 확인할 수 있습니다. 저는 이렇게 Desktopcal과 네이버 캘린더를 활용하여 일정과 할 일을 수시로 관리하였습니다. 물론, 두 프로그램간의 동기화는 안 되기에 매일 밤 스스로 두 개의 일정관리 프로그램을 동기화시켰습니다. 동기화를 하면서 다시 한 번 일정을 수정-보완하였습니다.

두 번째는, 자기 전 10분을 활용하였습니다. 아주 어렸을 때부터 몸에 배인 습관입니다. 자기 전 침대에 누워 오늘 한 일을 가볍게 머릿속으로 정리하고 내일 할 일을 아침부터 저녁까지 시간순서에 맞추어 일정을 정리하는 것입니다. 이런 습관이 다음날 일정을 소화할 때 많은 도움이 되었습니다.

▶ **인턴전형에 참여한 계기는 무엇입니까?**

사람을 만나고 다양한 활동을 즐기는 저는 여러 가지 대외활동에 참여했습니다. 대부분 기업에서 운영하는 대외활동이었습니다. 무엇을 하든 재미있게 즐기려고 하였고, 활동을 주도하면서 희생한다는 마음으로 임하였습니다. 그중 KT&G 상상유니브 관련 대외활동을 수행하였습니다. 활동이 끝나고 몇 개월 뒤 저희를 담당하셨던 팀장님께서 연락을 주셨습니다. 평소 저의 활동 모습을 보시면서 KT&G에 적합한 인재라고 생각하셨다고 말씀하셨습니다. 팀장님께서는 인턴과정에 대해 설명해주시며 의사를 물어보셨습니다. KT&G가 어느 회사보다 좋은 기업임을 알고 있었기에 망설임 없이 도전하였고, 인턴십 과정을 통해 함께 성장하고 싶다는 생각이 들었습니다. 그렇게 추천을 받고 서류-면접전형에 합격하여 인턴을 경험했습니다. 언제 어디서든 주도적인 자세로 열심히 하려고 했던 것이 좋은 기회로 이어졌다고 생각합니다.

▶ 요즘은 인턴 면접전형도 매우 까다롭습니다. 다양한 면접전형에서 좋은 점수를 얻은 비결을 알려주세요.

3학년 학기 초에 봤던 면접이기에 '꼭 합격을 해야겠다'라는 마음가짐보다는 '좋은 기회를 재미나게 해보자'라고 마음먹었던 게 합격한 비결인 것 같습니다. 이런 마음으로 욕심보다는 여유 있게 참여할 수 있었습니다. 토론면접에서는 강한 주장을 하기보다는 저의 의사를 논리적으로 표현하면서 토론을 주도해 나갔고 PT면접에서는 차분히 저의 의견을 간단명료하면서도 논리적으로 설명하려고 하였습니다. 평소 학과에서 토론수업, 발표수업 등을 적극적으로 참여했던 것이 면접전형에 도움이 되었습니다.

▶ 인턴을 하면서 정규직 전환이 되지 않을까봐 불안해 하는 이들이 많습니다. 어떤 마음가짐으로 임하면 좋을까요?

저희 회사뿐만 아니라 많은 기업의 채용전환형 인턴과정은 중도탈락 및 정규직 전환에 대한 불안요소가 있습니다. 저 또한 당연히 이와 같은 현실에 불안을 느꼈지만, 다음과 같은 마음가짐을 가지고 임하였습니다,

첫째, 나 자신의 역량개발을 위한 활동이다. 인턴십 과정을 통해 다양한 미션을 수행하다 보면 자연스럽게 스스로에 대한 역량이 커집니다. 인턴과정을 기업에 채용되는 과정으로 인식하기보다는 스스로가 발전하는 개발과정에 있다는 생각으로 임하였고 발전을 위한 노력이 좋은 결과로 이어진 것 같습니다.

둘째, 떨어진다면 더 좋은 곳을 가기 위한 발판이다. 불안해 하기보다 설사 떨어진다고 하더라도 더 좋은 결과를 향한 하나의 발판이라고 생각하였습니다. 아직 젊은 나이이고 세상엔 많은 기회가 있기 때문입니다. 하나의 과정이지 단 한 개의 목표라고 생각하지 않았습니다.

▶ 인턴 기간 동안 어떤 과제가 주어졌고, 완성도를 높이기 위해 어떤 노력을 하셨나요?

인턴 기간 동안 많은 과제를 수행하였습니다. 마케팅미션, 기획미션, 탐방미션, 전공미션, 업무현장 미션 등을 해냈습니다. 또한 기본적으로 독서과제와 온라인강의 수강 등이 미션을 위한 제반사항으로 항상 붙어 있었습니다. 모든 과제는 개인미션과 팀미션으로 제시되었습니다. 위의 과제를 수행함에 있어 완성도를 높이기 위해 저는 다음과 같은 노력을 진행했습니다.

① 전공미션을 제외한 과제를 받게 되면 해당과제분야에 대한 지식이 부족하기에 먼저 해당 분야의 우수공모전 수상작품을 찾아보았습니다.

예를 들면, 마케팅 과제를 수행할 때 유명한 마케팅 공모전 수상작품을 찾아 마케팅 전략을 구성함에 있어 접근법과 논리적 구성법 등을 눈으로 보고 익혔습니다. 아이디어를 논리적으로 펼치기 위해서는 각 분야에 맞는 논리적 구조화 방법이 필요하기 때문입니다. 좋은 결과물을 보며 결과로 이끄는 과정을 익힌 것이 아이디어를 펼칠 논리적 흐름을 구축하는데 유용했습니다.

② 개인과제보다 팀과제를 더욱 중요시 하였습니다. 동료들과 상호작용하여 나오는 결과물은 당연히 개인과제보다 더욱 높은 퀄리티를 가져야 된다고 생각하였고 많은 커뮤니케이션을 하려고 하였습니다.

③ 마지막으로 시간관리에 철저하였습니다. 제출마감일 일주일 전에는 무조건 모든 내용을 완성하고 남은 일주일 동안에는 많은 피드백을 받고 수정-보완하는 작업을 하였습니다.

▶ 인턴 동기들과 잘 융화하기 위해 어떤 노력을 기울이셨나요?

인턴활동 중에 동기들과 깊게 친해지는 것이 처음에는 쉽지 않았습니다. 매일 보는 친구들이 아니었고, 단순히 동기라고 하기엔 그 속에 경쟁관계가 숨어 있기 때문입니다. 하지만 동기들과 친해지는 것이 매우 중요하다고 생각해 친분을 쌓기 위해 노력했습니다. 먼저 마음의 문을 열고 진솔한 대화를 하려고 하였습니다. 감추기보다는 도와주려고 하였습니다. 제가 조금 더 많이 안다면 피드백해주고 과제를 도와주면서 서로의 장점을 교환하기도 했습니다. 한마디로 저만 이기기 위해 제 것을 감추기보다는 함께 이기기 위해 서로 도우려는 노력을 하였습니다. 팀미션, 개인미션을 진행할 때 먼저 조금만 희생한다면 잘 융화되지 않을까 생각합니다.

▶ 정규직 전환을 위한 최종 임원 면접은 어떻게 이뤄졌나요?

그동안 많은 평가를 통해 최종면접대상자가 선별되었습니다. 면접은 인성면접이었으며, 주요 질문은 인턴 생활과정을 통해 바라본 회사의 장점과 단점, 개인 자기소개서를 기반으로 한 인성질문을 받았습니다. 인터넷에 알려진 정형화되어 있는 답변을 하기보다는 저의 생각을 솔직하고 논리적으로 말하였습니다. 두괄식, 미괄식 가리지 않고, 짧고 임팩트 있게, 정확하게 말하려고 하였습니다.

▶ 인턴에서 신입사원으로 합격한 자신만의 비결은 무엇입니까?

인턴십 프로그램을 통해 입사한 저만의 비결은 다음과 같습니다.

첫째, 인사를 잘 하자. 언제 어디서나 항상 밝고 경쾌한 인사를 통해 부서 내 분위기를 신선하게 하기 위해 노력했습니다.

둘째, 절대 시간을 놓치지 말자. 주어진 시간 안에 마무리하기보단 하루, 이틀 먼저 과제를 수행하였습니다.

셋째, 적극적인 태도로 임하자. 일이 없다고 해서 쉬고 있는 것이 아니라 선배님들의 잔업을 돕기 위해 노력했습니다. 도움을 드릴 수 있는 일을 여쭤보거나 직접 찾아보려고 애썼습니다.

넷째, 절대 중간은 하지 말자. '항상 1등을 하겠다'라는 목표로 과제와 미션을 수행하였습니다. '중간 정도 하여 탈락만 하지 않겠다'라는 안일

한 마음가짐은 곧 탈락이라고 생각합니다.

다섯째, 동료와 원활한 의사소통을 하자. 인턴십 프로그램의 특성상 팀 단위로 이루어지는 미션을 많이 수행합니다. 성과도 중요하지만 얼마나 동료들과 잘 융화돼서 성과를 창출하는지를 보기 위한 것인 만큼 동료들과 의사소통을 잘 하기 위해 노력했습니다.

▶ 후배들에게 꼭 권하고 싶은 취업준비방법은 무엇입니까?

딱 한 가지가 있습니다. 바로 '끊임없는 목표의식'입니다. 많은 대학생들이 취업시장이 어려워 취업이 힘들다고 얘기합니다. 물론, 맞습니다. 하지만 이들에게 얼마나 취업에 시간을 투자하고 노력했는지를 물어보면 본인의 문제도 상당히 많은 편입니다. 끊임없는 목표의식을 가지고 꾸준히 노력해오지 않았으면서 사회구조적 문제만을 탓하는 것이 아쉽습니다. 저는 후배들에게 일주일에 3번은 인터넷 카페, 취업관련 메일링, 취업관련 어플 등을 활용하여 수시로 정보를 찾고 합격자들의 수기를 읽어보라고 권합니다. 엄청난 동기부여가 되며 끊임없는 목표의식이 생기기 때문입니다.

▶ 10년 후의 모습을 그려보신다면?

KT&G 업무제도의 특성상 입사 후 2~3년간은 영업현장에서 경력을 쌓은 뒤 본사로 이동하게 됩니다. 저는 최대한 오랫동안 영업현장에서 다양한 실무적 경험을 쌓은 뒤 제가 전공을 한 인사분야의 업무를 수행하기 위해 인사실로 발령받고 싶습니다. 10년 후에는 인사실에서 건실한 핵심 실무자로 활동하고 있을 것이라고 생각합니다. 경영성과의 극

대화, 직원들의 능력 개발과 역량발휘를 위하여 채용/CDP/직무관리/
평가/보상 등 인적자원의 효율적 운영체계를 기획하고 관리하는 업무
를 수행하고 싶습니다.

박주은 선배가 말하는 서류전형, 면접전형 핵심 노하우

취업을 준비하며 많은 입사지원서를 작성했습니다. 서류전형에서 붙은 곳
도 많고 떨어진 곳도 많습니다. 이를 통해 깨달은 점은 다음과 같습니다.

① 복사-붙여넣기의 자기소개서는 무조건 탈락한다: 많은 입사지원서를
작성하면서 정말 가고 싶은 회사의 자기소개서는 열정적으로 작성하고
수정하고 보완했습니다. 결과도 좋았습니다. 하지만 기존 자기소개서를
복사하여 지원한 기업은 당연하다는 듯이 떨어졌습니다. 자기소개서에
는 지원자의 진정성과 마음가짐이 담겨야 한다는 것을 알았습니다.

② 직무에 맞는 스토리가 있어야 한다: 제가 한 대기업의 담당자라고 생
각해봤습니다. 엄청나게 많은 자기소개서를 읽어볼 때 무엇에 관심이 갈
까를 떠올려보았습니다. 재미난 책에 손이 더욱 자주 가듯이 자기소개서
도 인사담당자의 마음을 이끌어야 된다는 답이 나왔습니다. 보는 사람의
눈을 이끌 만한 저만의 스토리를 담기 위해 노력했습니다.

③ 높은 확률에 도전하기 위해서는 먼저 기본에 충실해야 한다: 흔히 인터넷이나 신문에서 보는 '아주 신비한 취업성공 스토리'는 많은 취업준비생에게 헛된 꿈을 꾸게 한다고 생각합니다. 즉, 수능 만점을 맞는 학생이 신문에 나오는 것과 같은 낮은 확률입니다. 적절한 수준에서 기본적인 조건(영어, 학점, 자격증 등)을 갖춰야만 조금 더 쉬운 경쟁을 할 수 있습니다.

면접은 꾸준히 내공을 갖춰야 된다고 생각합니다. 외운 것과 아는 것은 다르기 때문입니다. 면접을 준비하기 위해 많은 자료를 급하게 읽다 보면 정작 면접장에서는 머릿속이 하얘져 한 마디도 못하게 됩니다. 세미나 수업, 발표 수업 등에 참여하면 순발력을 키우고 논리적으로 대답하는 데 유용합니다. 만약 어쩔 수 없이 급하게 면접을 준비한다면 다음과 같은 방법이 도움이 될 것입니다.

① 예상문제를 뽑은 후 언제 어디서나 중얼중얼 거리며 연습해야 합니다. 머리가 아닌 입에 붙어야 자연스럽게 답을 할 수 있습니다. 답변 내용에 주관을 담는 것은 필수입니다.

② 면접장 분위기를 지배해야 합니다. 자기소개서를 살펴보고 어떤 문제가 나올지 예측해야 합니다. 질문은 한 가지만 생각하지 말고, 꼬리에 꼬리를 무는 질문을 떠올려보는 것이 중요합니다.

③ 핵심만 정확하게 대답해야 합니다. 질문을 듣는 순간 짧게 핵심만 말할지, 핵심과 함께 부연설명이 필요한지 빠르게 판단하여 전달해야 합니

다. 면접관들은 오랜 면접으로 매우 지쳐 있기에 임팩트 있는 모습을 보여주는 것이 중요합니다.

④ 옆 지원자를 주의 집중해야 합니다. 같이 들어간 면접지원자들의 답변을 꼼꼼히 들어야만 돌발질문에 대처할 수 있습니다. 저는 옆 지원자 모두가 말을 길게 할 때는 짧게 핵심만 대답하였습니다. 반대로 옆 지원자들이 모두 핵심만 얘기할 때는 조금 길게 부연설명을 하여 차별화를 꾀했습니다.

컴퓨터공학 더하기 음악동아리

_LG전자 이찬행

▶ **자신을 소개해주세요.**

LG전자 TV연구소에서 일하는 이찬행 연구원입니다. TV에 들어가는 오디오를 담당하고 있습니다. TV는 화면과 소리가 기본이기 때문에, 항상 제 일에 대한 중요성과 자부심을 느끼며 일을 하고 있습니다. 주로 듣고 평가하는 일이 많아 평소에 소리를 듣고 판단하는 연습을 많이 하고 있습니다. 다양한 경험이 필요하다고 생각되어 여러 학회에 참여해 많은 사람들과 지식을 공유하며 일을 하고 있습니다.

▶ **대학교 때 무엇을 전공하셨나요?**

컴퓨터공학을 전공했습니다. 사실 사전정보 없이 단지 컴퓨터를 조금 좋아한다는 이유로 전공을 선택했던 거라 학교생활은 많이 힘들었죠.

그래도 군 제대 후 전공 공부를 깊게 하며 뒤늦게 흥미를 느끼고 열심히 공부를 했습니다. 성적이 오르자 공부하는 재미가 더 쏠쏠했습니다. 저는 매 학기마다 댄스 스포츠, 테니스 등 체육 교양수업을 하나씩 꼭 들었는데요. 덕분에 스트레스 조절을 하며 즐겁게 학교를 다닐 수 있었습니다.

▶ **학창시절에 주력한 활동은 무엇입니까?**

동아리 활동을 열심히 했습니다. 본래부터 음악을 좋아하여 음악동아리 활동을 오래 해왔습니다. 나중에 회사를 가더라도 '제 전공인 컴퓨터와 음악을 같이 접목시킬 수 있는 일을 하고 싶다'라는 생각을 했었죠. 음악 동아리 생활을 하다 보면 틀에 박히지 않은 생각들을 하려고 노력하는데, 이러한 점이 회사에서 아이디어를 내고 답을 구할 때 많은 도움이 되고 있습니다.

▶ **취미와 전공을 살려 진로를 선택하셨네요. 이렇게 딱 맞춰 일을 하기가 쉽지 않은데, 그 노하우는 무엇입니까?**

사실 100 % 의도한 것은 아니었습니다. 저는 '꼭 그 일을 하고 싶다'라기보다는 '다른 사람들이 하지 못한 경험을 했다'라는 점을 강조하고 싶었습니다. 중요한 것은 간절함과 절실함이 아닐까 싶습니다. 입사 초기에 신입사원과 인사담당자와의 회식자리에 참석한 적이 있습니다. 서류전형의 합격 기준에 대해 여쭤보았는데요. 개개인마다 그 기준이 다 다르다고 합니다. 어떤 사람은 학교생활, 어떤 사람은 대외활동이 눈에 띈다고 합니다. 하지만 그때 참석한 인사담당자들은 하나 같이 자기소개서를 처음 몇 줄만 읽어보면 답이 나온다고 강조했습니다. 진정으로 절실하고 간절한 사람은 그 마음이 글에 묻어나온다고 합니다. 저 같은 경우는 취미와 동아리활동을 강하게 어필하며 간절함을 보였는데, 그것이 인사담당자의 마음에 와 닿았던 것 같습니다. 덧붙이자면, 취미를 깊게 파고 들어보세요. 자신만의 무기로 만들기 위해서는 좁지만 깊은 지식과 경험이 필요합니다. 또한 일이라는 것이 전공을 바탕으로 응용을 하는 것이기 때문에 응용이 가능한 취미를 가지면 좀 더 유리할 것입니다.

▶ **진로를 정하는 데 부담을 갖고 있는 학생들이 많습니다. 이들에게 조언을 해주신다면?**

일단 부딪혀보십시오. 이게 아니다 싶으면 다시 하면 됩니다. 후회는 해보고 난 뒤 해도 늦지 않습니다. 세상에는 아주 많은 직업과 직장이 있습니다. 그중에 자신이 일할 회사가 한 군데라도 없겠습니까? 항상 자신감을 가지십시오. '나는 분명 잘 될 것이다'라는 마음가짐을 가슴속에 품고 도전하시기를 바랍니다. 그리고 하루에 한 번은 자신에 대해 생각해보십시오. 자신을 모르고 남을 알긴 어렵습니다.

▶ **서류전형에 통과하기 위해 어떤 노력을 기울였나요?**

물론 자기소개서죠. 저는 학점이 그리 좋지 않았습니다. 때문에 자기소개서를 쓰는 데 심혈을 기울였습니다. 소제목에도 특히 신경을 썼습니다. 일단 인사담당자가 읽고 싶은 글을 써야 한다고 생각했으니까요. 주위에 자기소개서를 잘 쓰는 사람이 있으면 모두 찾아가서 조언을 들었습니다. 제 글이 부족하다고 판단했고, 절실했기 때문에 발로 뛰며 자기소개서를 완성했습니다. 직장인 선배, 취업 스터디 동료, 글을 잘 쓰는 친구 등 10명에게 자기소개서를 보여주고 조언을 들으니 글 전체의 짜임새와 맛이 달라졌습니다. 이 경험을 통해 좋은 글은 한 번에 나오지 않는다는 것을 깨달았습니다. 이렇게 노력하고 서류전형에 통과했을 때 얼마나 기뻤는지 모릅니다.

▶ 면접에서 좋은 점수를 얻으려면, 어떤 노력을 하는 게 좋을까요?

자신만의 센스가 필요합니다. 너무 옳은 답만 이야기 하는 것보다는 면접관들이 자신을 궁금하게 만드는 것이 중요하다고 생각합니다. 제 경우를 예로 들면, 영어면접에 참여했을 때의 일입니다. 면접장 안에 있는 물건에 대해 영어로 설명하라는 문제를 받았습니다. 저는 면접관께서 갖고 있던 물통을 골랐고, 간단히 설명을 한 후에 그 물을 마셨습니다. 그리고 '물이 참 맛있습니다'라고 말했습니다. 제 모습에 면접관은 당황스러워하면서도 밝게 웃으셨습니다. 이후 면접 분위기는 더 좋아졌습니다. 또한 취업스터디를 권하고 싶습니다. 취업은 정보싸움이라 생각합니다. 정보가 많은 사람은 아무리 스펙이 좋아도 이길 수가 없습니다. 그러한 정보를 가장 쉽게 공유할 수 있는 방법이 바로 취업 스터디입니다. 스터디를 통해 다양한 사람들을 만나 각자의 생각들을 나누고, 다양한 취업 노하우를 익혀두면 분명 취업에 도움이 될 것입니다.

▶ **직장 생활 이야기도 들려주세요. 신입사원일 때 가장 신경을 많이 쓴 것은 무엇이었습니까?**

대인관계입니다. 상사들은 신입사원에게 커다란 기대를 하진 않습니다. 우선은 이 사람을 키워서 회사의 목표에 부합하는 인재로 양성시키기를 원합니다. 때문에 당장의 성과보다는, 일에 적응을 잘 하는 것을 원합니다. 적응을 잘 하는데 가장 필요한 요소는 대인관계입니다. 같은 부서는 물론 타 부서와의 대인관계도 모두 중요합니다. 친분이 두터워지면 일을 처리할 때보다 수월합니다. 또한 일이 주어졌을 때, 그 일의 의미를 생각합니다. 이렇게 일을 하다 보면 직장 생활의 큰 그림이 그려지는데, 각각의 조각마다 의미를 새기며 큰 그림을 맞추기 위해 노력하고 있습니다.

▶ **신입사원이 원활한 대인관계를 유지하는 것이 생각보다 쉽지 않을 텐데 자신만의 노하우를 들려주세요.**

크게 두 가지를 꼽을 수 있습니다. 하나는 '공감하는 대화'입니다. 저 혼자만 아는 이야기가 아니라 상대방이 공감하고 비슷한 감정을 느낄 만한 소재를 찾아 주로 대화를 했습니다. 여러 명이 대화할 때 누군가 자신만 관심 있는 이야기를 하면 일부러 모두가 공감할 수 있는 소재를 던져 대화의 방향을 바꾸기도 했습니다. 회사는 일만 하는 곳이 아닙니다. 하루에 10시간 이상을 만나는 사람들인데 그들과의 대화는 상당히 중요합니다. 저는 그 대화를 잘 하기 위해 노력했습니다. 다른 하나는 입장을 바꿔서 생각하는 마음입니다. 일 문제로 상사와 다툼이 있었습니다. 저는 매우 억울한 상황이었고, 그 상사는 일방적으로 저의 잘못이라며 꾸짖는 상황이었죠. 그때는 정말 화가 많이 났습니다. 하지만 다시 화를 가라앉히고 돌이켜 생각해보았습니다. 만약 '후배가 저렇게 행동한다면 과연 기분이 어떨까' 라는 생각을 해보니, 너무 죄송하더라고요. 곧장 정중히 사과를 드렸고, 이후 상사와 더 돈독하게 지낼 수 있었습니다. 이처럼 그 사람의 위치와 역할을 생각하며 말하고 행동한다면 큰 다툼이나 트러블은 생기지 않을 것입니다.

▶ 마지막으로 구직활동을 하고 싶은 후배들에게 조언을 부탁드립니다.

너무 전공공부만 하지 마세요. 책 속에 갇힌 바보가 될 수 있습니다. 전공도 중요하지만 자신이 무엇을 좋아하는지, 무엇을 하고 싶은지 아는 것이 더 중요합니다. 많은 사람을 만나고, 많은 활동을 해보세요. 여행을 떠나고, 영화제에 가보고, 공연을 보고 자원봉사를 해보세요. 모두 좋은 경험이 될 것입니다. 저는 다시 대학생이 된다면 사업을 해보고 싶습니다. 요즘 대학생 창업과 연관된 좋은 프로그램들이 많아졌는데, 이를 통해 투자를 받고 아이템을 선정하여 판촉을 하는 등의 활동을 해보고 싶습니다. 이러한 사업 경험은 하나의 회사가 어떠한 방식으로 돌아가는지도 알게 해줄 것이며 나중에 취업을 해서 일하는 데에도 많은 도움이 될 것입니다.

대학교 3학년 때 장학생으로 기업에 입사한 풀 스토리

_SK Hynix 조준현

▶ **자신을 소개해주세요.**

안녕하세요. SK Hynix PKG선행기술팀에서 근무하고 있는 조준현 사원입니다. 저는 대학교 때 정보통신공학을 전공하였습니다. 통신 및 컴퓨터, 반도체에 대한 공부를 하였고 반도체에 대한 공부가 가장 적성에 맞아 지금의 회사를 선택하였습니다. 현재 반도체 WLPKG 개발과 양산 업무를 담당하고 있습니다. WLPKG는 반도체를 Chip으로 가공하기 전에 Wafer Level에서 반도체 성능을 한층 더 향상시키는 Package 기술을 뜻합니다. 24시간 휴무일 없는 반도체 산업의 특성상 야근과 휴일 출근이 많지만 직접 개발하여 양산에 바로 적용한다는 자부심을 가지고 열심히 일하고 있습니다. 10년 후 목표는 차세대 반도체 기술을 연구하는 책임 연구원이 되는 것입니다. 신기술을 연구하여 양산에 최적으로 적용할 수 있는 엔지니어로 성장하고 싶습니다.

▶ 야근과 휴일 출근이 많은 회사생활을 즐겁게 할 수 있는 비결은 무엇입니까?

노력하는 자는 즐기는 자를 이길 수 없다고 합니다. 그만큼 즐기면서 하는 일은 능률도 오르고 개인이 더 행복해질 수 있는 지름길이 될 수 있는 것 같습니다. 반도체 관련 과목을 수강하면서 반도체 공정에 대한 매력을 느꼈고 업무에 전공 지식을 활용하여 일하는 것에 큰 즐거움을 알았습니다. 불량에 대한 해결과 새로운 공정에 대한 개발 연구를 진행해 가며 엔지니어로서 뿌듯함도 느끼고 있습니다. 일에 대한 즐거움이 회사 생활을 적극적으로 할 수 있게 해준 원동력입니다.

▶ 신입사원에게 가장 필요한 자세를 말씀해주신다면?

열정과 적극성을 꼽고 싶습니다. 사회생활을 하면서 업무에 대한 이해와 대인관계 또한 중요하지만 '적극적이다'라는 것은 그만큼 능동적으로 업무를 처리하며 인간적이라 상사들이 좋아할 수 있을 것이라 생각합니다. 더불어 열정까지 갖춘다면 회사에서 빠르게 인정받을 수 있는 사원으로 성장할 수 있을 것입니다.

▶ 입사 후 열정과 적극성을 보였던 사례를 소개해주세요.

입사하여 제가 처음으로 해결하였던 불량에 대한 일화를 소개해드리고자 합니다. 공정 엔지니어는 장비(Machine)와 Material에 대한 이해를 하는 것이 가장 중요합니다. 보통 불량 해결은 어느 정도 연차가 있는 엔지니어가 경험을 토대로 실험을 통해 해결하는 경우가 많은데 저는 경험도 없고 지식도 많이 없는 편이라 선배들에게 끊임없이 물어보고 공부해가며 불량을 해결하였습니다. 비록 결정적인 불량에 관한 해결은 아니었지만 선임자가 지시하기도 전에 문제를 파악하고 해결하여 선임들께 칭찬 받고 스스로도 잘 할 수 있다는 자신감을 얻은 기회였습니다.

▶ 입사 비결은 무엇입니까?

운이 좋았습니다. 대학교 3학년 시절, 장학생으로 SK Hynix에 입사를 했습니다. 당시 남보다 뛰어난 스펙이나 훌륭한 전공학점은 없었습니다. TOEIC 점수처럼 간단한 영어 능력도 갖추지 않은 상태였고요. 돌이켜 생각해보면 면접 때 적극적인 태도와 성장 가능성을 강조한 것이 가장 큰 합격비결인 것 같습니다. 대학교를 4년 다녀도 실질적인 업무 능력은 제로에 가깝습니다. 면접관들은 보통 자기 업무 분야에서 10년 이상 경력을 쌓으신 분들이신데, 전공적인 지식이나 실제 업무 능력은 그 분들에 비해선 한참 부족한 것이 사실입니다. 따라서 제가 가진 가능성을 어필해야 한다고 생각했습니다. 면접관 분들도 적극성과 가능성을 가장 맘에 들어 하셨고 지금 그 분들 아래서 업무를 하고 있습니다.

▶ 면접 때 가능성을 어필했다고 하셨는데, 구체적인 내용을 말씀해주세요.

현대 사회는 경쟁 사회이니 만큼 내가 남들보다 어떤 점이 더 나은가를 부각하는 것이 면접에서 중요하다고 생각하였습니다. 면접 당시 다른 2명의 지원자들과 함께 면접을 봤는데 저만 빼고 다른 분들은 석사 출신이었습니다. 비교할 것도 없이 제가 전공분야나 사회 경험에 있어서 다른 두 지원자들보다는 부족한 편이었습니다. 때문에 저는 제가 가진 가능성에 대해 어필하였습니다. '대학 생활 중 전공 공부를 통해 반도체 설계 및 공정에 대한 기초지식을 쌓았고 앞으로 남은 1년 6개월의 시간 동안 더 많은 공부를 하여 회사에 기여할 수 있는 공정 엔지니어로 성장하고 싶다', '지금 진행하고 있는 반도체 관련 프로젝트를 연계하여 졸업 논문으로 작성하고 싶다'라는 가능성 측면에 대한 어필을 하였습니다. 솔직히 강조할 것이 그 한 가지 밖에 없었습니다. 전공에 대한 심화적인 부분에 대해서는 말하지도, 질문도 나오지 않았습니다. 면접관분들이 가능성 측면을 좋게 봐주셔서 합격할 수 있었습니다.

▶ 진로에 대한 확신을 어떻게 하셨는지요.

전공 선택 과목을 들으면서 반도체를 처음 접했습니다. 반도체 설계 및 소자 이론, 회로 이론 등 반도체에 관해 공부를 하는 것이 매우 흥미롭고 재미있었습니다. 이처럼 자신에게 맞는 분야는 자신도 모르게 다가오는 것 같습니다. 때문에 다양한 경험을 쌓고 다양한 과목을 넓게 수강하는 것이 적성을 찾는데 유용합니다. '백문이 불여일견'이라는 속담이 있듯이 다른 사람 말을 듣고 확신하기보다는 직접 보고 겪으면서 자신의 적성과 흥미 분야를 찾아보세요. 무엇을 할지 망설이기보다는 목표를 정하고 직접 부딪혀보는 것이 가장 중요하다고 생각합니다. 진로에 대한 고민을 하시는 분들께는 고등학교 때 대학 수시전형처럼 기업의 장학생 및 인턴제도를 추천해드리고 싶습니다. 이 제도를 통해서 입사할 수 있는 기회의 폭을 넓히고 정말로 자신이 이 분야를 좋아하고 잘 맞는지, 사전에 판단할 수 있기 때문입니다. 기회의 폭이 넓으면 넓을수록 적성을 검증할 수 있는 기회는 더 많아지는 것 같습니다.

▶ 졸업반이 될 때까지 지원 회사나 직무를 정하지 못한 학생들이 많습니다. 대학교 3학년 때 SK Hynix 장학생이 되어야겠다는 생각을 어떻게 하셨나요?

장학생이 되었던 계기는 우연성이 짙었습니다. 여느 학생과 마찬가지로 미래에 대한 불확실성과 적성에 대한 고민을 많이 하였습니다. 대학교 동기가 SK Hynix 장학생 프로그램에 지원하는 것을 보고 '뒤처지면 안 되겠다'는 생각이 들어 서둘러 입사 지원을 하였습니다. 그 결과 운 좋게 서류 통과가 되고 면접에서 좋게 봐주신 덕분에 지금 SK Hynix에서 일할 수 있었습니다. 신입사원에 대한 모집 정보는 인터넷, 대자보, 대학 동기, 교수님을 통해 알 수 있었지만 그보다 좋은 것은 먼저 입사한 선배들에게 얻은 정보입니다. 선배들의 눈높이가 제가 입사하여 그 회사를 바라볼 눈높이이기 때문에 회사를 결정하는 데 가장 큰 도움이 되는 것 같습니다.

▶ SK Hynix 장학생 프로그램을 소개해주세요.

SK Hynix 장학생 제도는 제가 졸업한 인하대 학사의 경우 3학년을 대상으로 학교에서 10명을 뽑습니다. 설계, 소자, 제품, PKG 등의 여러 분야에서 총 10명을 선발합니다. 회사에 부합하는 인재를 미리 선발하여 장학생들이 금전적인 부담 없이 공부에 매진할 수 있도록 도와줍니다. 또한, 방학 중 인턴 경험을 통해 회사에서 어떤 일을 하고 남은 대학 생활 동안 어떤 공부를 더해야 하는지 미리 알 수 있습니다. 개인적으로 장학생 제도가 더 활성화되어 많은 학생들이 더 나은 환경에서 공부할 수 있었으면 좋겠습니다.

▶ **많은 학생들이 기업의 장학생 선발제도에 대해서는 무심하거나, 알더라도 경쟁률이 높을 것이라는 부담감에 지원을 못하고 있습니다. 이들에게 조언을 해주신다면?**

'경쟁률은 경쟁률일 뿐이다'라고 생각합니다. 자신이 무조건 선발되어야 하는 절실함만 있다면 하고자 하는 일을 이루는데 어려움은 덜할 것입니다. 또한 선발되지 못한다 하더라도 입사 지원을 하면서 작성하였던 자기소개서나 면접 준비 경험은 후에 다른 회사에 지원할 때 큰 도움이 될 것입니다. 자신이 어떻게 할지는 몸소 부딪히며 겪어보는 것이 가장 중요한 것 같습니다.

▶ **선배를 통해 취업 정보를 얻는 것에 대해 부담감을 갖는 학생들이 많습니다. '아는 선배가 없다', '선배가 과연 답을 해줄까?' 등이 그 이유인데요. 이들에게 조언을 해주신다면?**

선배가 없으면 선배를 만드는 게 방법입니다. 선배랑 술집에 앉아 술을 마시는 이유는 친목 도모도 있겠지만 정보를 공유하는 것도 그 목적이 크다고 생각합니다. 또한 학교는 공부만 하는 곳이 아닙니다. 동아리, 대외활동, 공모전 등 다양한 분야에 있는 사람들을 만날 기회는 많습니다. 밥상 차려져 있다고 밥 먹을 수 있는 건 아니지 않습니까? 숟가락으로 떠먹는 것은 본인의 몫입니다.

▶ **롤모델이 있으신지요.**

제 롤모델은 인하대학교 정보통신공학부 이승걸 교수님이십니다. 교수님께서는 제자들이 알고 있는 부분에 대해 듣는 것을 원하시지 않고 그것이 왜 그렇게 될 수밖에 없는지, 또 문제에 대한 다른 접근 방식은 더 없는지 등에 대해 색다른 생각을 하도록 지도해주셨습니다. 교수님의 지도로 인하여 졸업논문 역시 새로운 방향으로 문제를 접근하여 연구를 진행할 수 있었고 지금은 업무에도 적용하여 많은 도움이 되고 있습니다.

▶ **다시 대학생이 된다면 어떤 경험을 해보고 싶습니까?**

세계 일주를 해보고 싶습니다. 남들처럼 대학 생활 중 휴학 한번 해보지 못한 것이 가장 아쉬운 부분으로 남습니다. 어렸을 때부터 꿈이 세계 일주였는데 다시 돌아갈 수만 있다면 꼭 해보고 싶습니다. 사회생활을 시작하면 자신만의 시간을 가질 여유가 많지 않습니다. 앞으로 다시는 돌아오질 않을 대학생 마지막 시간을 혼자만을 위해 꼭 사용해보시길 권합니다.

해외영업을 희망하는
후배에게 권하는 3가지 노하우

_코나아이 이창현

▶ 자신을 소개해주세요.

코나아이 GLOBAL 사업부에 근무하고 있는 이창현입니다. 저는 첫 직장이 해운회사였습니다. 해운회사에서 1년 넘게 일을 하고 있었는데, 평소 희망하던 해외영업 직무에 다시 도전하고 싶었습니다. 어학성적과 물류회사 브라질 법인 인턴 경험 등을 차별화 포인트로 삼고 적극적으로 공채준비를 하였습니다. 직접 취업스터디를 모집하여 스터디도 꾸준히 했습니다. 그 결과, 하반기 준비가 만만치 않았지만, 현재 회사에 합격해서 원하던 해외영업부에 입사할 수 있게 되었습니다.

▶ 많은 회사 중에서 코나아이를 선택한 이유는 무엇입니까?

미국, 중국 등 해외시장은 지금 막 시작하고 있는 단계이며, 사업의 특성상 해외영업 직무가 매우 중요한 곳입니다. 많은 기회와 장기적인 관점에서 커리어를 쌓기 적합한 곳이라고 생각했습니다. 직원들을 위한 다양한 복지제도도 인상적이었습니다. 다양한 면에서 직원을 배려하고 있어 자부심을 갖고 더욱 열심히 회사생활에 임할 계획입니다.

▶ 10년 후의 포부를 말씀해주세요.

현재 중동 시장을 담당하고 있습니다. 중동지역은 석유 부국을 중심으로 큰 소비 시장을 가지고 있는 매력적인 시장입니다. 이 시장에서 최고의 전문가로 거듭나는 것이 목표입니다.

▶ 사랑받는 신입사원이 되기 위한 자신만의 비결은 무엇입니까?

선배님들의 입장에서 생각하고 먼저 다가가는 적극성이라고 생각합니다. 최근 입사해서 신입사원 교육을 받고 있습니다. 구매 팀장님께서 사업에 대한 자세한 설명을 해주셨는데, 더 많은 것을 가르쳐주시고 싶어서인지, 3시간 동안 교육을 해주셨습니다. 팀장님의 입장에서 생각해보니 물도 없이 3시간 동안 말씀을 하시기가 쉽지 않을 것 같아, 쉬는 시간에 물을 떠서 자리에 놓아드렸습니다. 팀장님께서는 매우 고마워하시며 제 이름을 물어보셨습니다. 아주 사소한 배려이지만, 이처럼 선배님들을 이해하고 먼저 다가가려는 자세가 가장 중요하다고 생각합니다.

▶ 인생의 터닝포인트가 있었다면 소개해주세요.

군 시절, 주식투자를 통해 마련한 200만 원으로 홍콩을 다녀오며 느낀 게 많았습니다. 그동안 한국에서만 살았던 저는 해외를 무대로 일하는 직업을 가진다면 앞으로 더욱 많은 기회가 생길 것 같았습니다. 그래서 제대 이후 해외영업직을 목표로 최대한 많은 해외경험을 하기 위해 노력했습니다. 캐나다 워킹홀리데이, 브라질 물류인턴과 더불어 15개국 을 배낭여행 다니며 다양한 관점으로 사고하기 위해 노력했습니다. 또한 학교에서 무역과목을 수강하고, 자격증을 취득하며 적극적으로 대외활동을 하며 최대한 직무에 도움이 되는 활동을 하기 위해 노력했습니다.

▶ **해외영업은 경쟁률이 매우 치열한 직무라고 알고 있습니다. 입사 비결은 무엇이었습니까?**

'사장님을 웃게 한 것'이 입사 비결이 아닐까 싶습니다. 면접 전 지원자들과 이야기를 나누며 그들의 화려한 스펙에 적잖이 놀랐습니다. GLOBAL 사업부의 특성상 외국경험을 갖고 있는 지원자들이 대부분이었습니다. 지원자들은 대부분 원어민 수준의 유창한 영어실력과 제2외국어 실력을 지녔습니다. 저 또한 외국 경험이 다양하다고 생각했지만, 저의 경험은 그분들에 비하면 보잘 것 없었습니다. 하지만 저는 무엇보다 자신감이 있었고, 직무에 대해 오랫동안 공부를 해왔기 때문에 직무 이해도와 적합성에 대하여 최대한 어필하기 위해 노력했습니다. 웃는 연습도 많이 했습니다. 원래 얼굴이 웃는 상이 아니라서 거울을 보고 웃으며 말하는 노력을 기울였습니다. 비디오를 촬영해서 연습한 것도 유용했습니다. 말의 속도와 어투를 확인하고 고치면서 노력을 기울였더니 면접관님께 칭찬을 들을 수 있었습니다. 면접에 참여할 때 무엇보다 중요한 것은 면접이라는 부담을 덜고 사장님과 임원분들과 소통한다는 느낌을 주는 것이라고 생각합니다. 웃으며 공손하게 면접에 임한다면 좋은 결과를 얻을 수 있을 것입니다.

▶ 후배들에게 꼭 권하고 싶은 취업준비방법이 있다면 무엇입니까?

크게 3가지를 말씀 드리고 싶습니다.

첫째, 인턴경험입니다. 저는 중소기업진흥공단 해외인턴 과정을 이용하였습니다. 항공료와 경비 등이 전액 지원 되는 매우 좋은 기회입니다. 이를 통해 제가 원하던 실무를 경험해보며 제가 이 일을 잘 할 수 있겠다는 확신이 생겼습니다.

둘째, 취업스터디입니다. 취업스터디를 시간낭비라고 생각하는 사람도 있을 것입니다. 하지만 저는 취업스터디를 통해 많은 것을 얻었습니다. 다양한 사람과 얘기하며 저 자신을 객관적으로 돌아볼 수 있었습니다. 취업시장의 정보전에서 스터디를 하지 않는 지원자보다 유리한 위치에 설 확률이 높아진다고 생각합니다.

셋째, 해외경험입니다. 제가 15개국을 다녀왔다고 말하면 '부자'인 줄 오해하는 이들이 있습니다. 하지만 저는 워킹홀리데이 때 150만 원의 항공료와 한 달 생활비 말고는 쓴 돈이 없습니다. 그마저 제가 모은 돈으로 다녀왔기 때문에 부모님의 지원은 한 푼도 받지 않았습니다. 워킹홀리데이를 하며 돈을 모아 남미여행을 다녀왔고, 인턴시절 월급을 모아 브라질, 아르헨티나 등을 여행했습니다. 자신이 적극적으로 찾아보고 방법을 모색한다면, 다양한 해외경험과 도전정신을 쌓을 수 있다고 생각합니다.

▶ 다시 대학생이 된다면 꼭 해보고 싶은 경험은?

런던 워킹홀리데이에 도전해보고 싶습니다. 런던은 세계적인 금융의 중심지일 뿐 아니라, 에너지 산업의 글로벌 기업 본사가 가장 많이 위치한 곳입니다. 캐나다에서 발휘했던 도전정신을 통해 이곳에서 인턴을 하며 소중한 추억과 경쟁력을 쌓고 싶습니다. 런던 워킹홀리데이, 꼭 도전해보세요!

▶ 대학생활 가운데 아쉬운 점이 있다면 말씀해주세요.

브라질 인턴 생활동안 포르투갈어 공부를 좀 더 하지 못한 게 아쉽습니다. 실제로 취업스터디를 준비하며 브라질 인턴을 다녀온 동생이 있었는데, 기간을 연장하면서까지 포르투갈어 어학 자격을 취득한 것을 보았습니다. 지금은 그때의 아쉬움을 달래기 위해 포르투갈어 공부를 다시 시작하며 제 커리어를 위해 노력하고 있습니다.

▶ 마지막으로 취업을 준비하는 학생에게 책 한 권, 추천 부탁드립니다.

《잃을 것이 시간밖에 없다면 무조건 도전하라》, 이 책은 회사 업무와 하반기 공채를 병행하며 힘들어 하고 있던 당시 접했던 것입니다. 이 책의 저자는 22세 청년 '강남구'입니다. 어린 나이에도 주위의 선입견을 모두 이겨내고 고졸로서 당당히 세계적인 소셜커머스 기업 그루폰의 세계 최연소 본부장에까지 올랐던 청년입니다. 그를 보며 좀 더 힘을 내서 하반기 준비에 임할 수 있었습니다. 시간 되시면 꼭 읽어보시기를 추천합니다.

• **미국시장 점유율 10%달성을 이루어내겠습니다**

코나아이의 미국시장 공략에 기여하고 싶어 지원했습니다. IC카드 시장은 통신 및 금융, 교통 등 다용도로 활용 가능하며, 연평균 14%이상 성장하는 유망한 시장입니다. 그중 미국시장은 2013년부터 IC카드 전환이 시작되었기에 더 큰 가능성이 있다고 생각 합니다. 세계 최초로 AMERICAN EXPRESS로부터 기술력을 인정 받은 만큼 미국 시장에서도 두각을 나타낼 수 있을 것이라고 생각합니다. 교통카드 사업을 과감히 철수하고 IC카드에 대한 도전을 통해 세계적인 IC카드 제조기업으로 성장한 코나아이는 다양한 도전을 통해 성장해온 제 모습과 많이 닮았습니다. 코나아이에 대해 처음 알게 된 것은 대학 동기로부터입니다. 작지만 강한 기업, 미래 IT시장을 선도하는 기업이라고 말하며 큰 자부심을 느끼고 있었습니다. 그 이후 회사에 대해 조사하며 '사람'을 중요시 하는 기업문화와 세계에서 인정 받는 기술력으로 무궁무진한 가능성을 지닌 코나아이에 큰 매력을 느꼈기에 주저없이 지원했습니다.

• **희망업무(해외영업)**

회사 영업의 최전선인 해외영업은 제가 가장 잘할 수 있는 업무입니다.

– 미주 지역의 대리점과 유선통화, 이메일을 통해 영어 업무 진행 경험

– FOB, CFR 등 상이한 무역조건에 따른 해운물류 진행 경험

- 포스코, 하이스코 등 화주의 제품 수출을 위한 출하, 통관 업무 경험

위와 같은 경험은 코나아이의 해외영업 사원으로서 큰 도움이 될 것이라
고 생각합니다.

"거래처 사장님 덕에 취업했습니다"

_티엘 윤은영

▶ **자신을 소개해주세요.**

언더웨어와 이지웨어 중심의 패션상품을 생산 및 유통하는 ㈜티엘의 (www.renomakorea.co.kr) 생산MD 윤은영입니다. 고등학생 때 상품 기획부터 판매까지의 모든 과정을 담당하는 MD라는 직업을 꿈으로 정했습니다. 그때부터 MD가 되기 위해 많은 노력을 했고, 좋은 기회가 닿아 MD로 취업했습니다. 생산MD인 저는 패션 상품의 품질, 가격, 납기를 적절하게 관리하여 회사의 이윤을 창출하는 역할을 수행하고 있습니다. 업무 특성상 많은 사람들과 연락을 하다 보니 자연스럽게 다양한 사람들과 소통하는 방법을 배우고 있습니다.

▶ **고등학교 때 이미 진로를 정하셨는데요. 그 노하우를 알려주세요.**

MD라는 직업을 알게 된 후 관심이 생겼습니다. 정확히 어떤 일을 하는지 궁금하여 관련된 책을 많이 찾아서 읽어보았습니다. 이를 통해 저의 적성이나 흥미와 잘 맞는다는 확신이 생겼습니다. 직접 업무를 경험하면서 자신에게 맞는 직무를 찾으면 가장 좋겠지만, 그렇지 못할 때는 우선 관심이 가는 직무들에 대해 책이나 인터넷 등 다양한 정보통로를 통해 알아보는 것을 추천합니다.

▶ **자신만의 취업 노하우는 무엇입니까?**

크게 두 가지가 있습니다. 하나는 MD라는 꿈을 일찍 정하고 그에 맞는 경험을 쌓은 것입니다. 나머지 하나는 고마운 분들의 도움이 있었기 때문입니다. 대학교 2학년 때, 학과 교수님께 MD가 되고 싶다고 말씀드렸습니다. 그 이후 교수님께서는 제가 꿈에 다가갈 수 있도록 많이 도와주셨습니다. MD 관련 책의 저자를 강사로 초빙하여 'MD-CAREER'라는 두 달간의 특강을 만들어주기도 하셨습니다. 그 강의를 통해 저뿐만 아니라 MD에 관심 있는 많은 학생들이 도움을 얻을 수 있었는데요. 그 강사님께서 저를 언더웨어 회사에 추천해주셔서 1년 넘게 MD 실무경험을 쌓는 행운을 누렸습니다.

▶ **학과 교수님께서 취업에 많은 도움을 주셨는데, 교수님과 어떻게 좋은 관계를 맺게 되셨나요?**

우선 교수님의 강의에 충실히 임했습니다. 수업을 집중하여 들었고, 과제를 열심히 한 것이 좋은 인상을 드린 것 같습니다. 또한 크고 작은 결정 사항이 생길 때 항상 교수님께 조언을 구했습니다. 교수님께서 하신 말씀 중에 기억 남는 것이 있습니다. "등록금에는 여러분이 나를 이용할 권리도 포함되어 있으니, 나를 마음껏 이용하세요!" 학과 교수님은 가까이에서 학생들에게 도움을 줄 수 '내 편'입니다. 어렵다는 생각을 버리고 교수님께 먼저 다가간다면 좋은 관계를 맺을 수 있을 겁니다.

▶ 그렇다면, 현재 다니고 있는 회사와는 어떻게 인연을 맺으셨습니까?

두 번째 취업 역시 인맥을 통해 이뤄졌습니다. 첫 직장에서 알게 된 거래처 사장님의 추천으로 취업을 했습니다. 1년 전의 일입니다. 첫 직장에서 개성공단의 폐쇄로 봉제처 섭외에 어려움을 겪고 있었는데, 천안의 한 봉제 공장에서 고맙게도 작업을 해주시겠다고 하셨습니다. 작업 후, 공장 사장님께서 결제일을 5일만 당겨줄 수 있냐고 부탁을 하셨습니다. 어려운 부탁이었지만 고마움을 표현하고자 부장님을 통해 결제일 변경 건에 대해 말씀드렸습니다. 다행히 원래 결제일보다 5일 먼저 공장사장님께 돈을 지급해드렸고, 공장 사장님은 여러 차례 감사함을 전하셨습니다. 이후 회사 사정이 어려워져 첫 직장을 그만두고 새로운 직장을 알아보고 있었습니다. 그때 공장 사장님께 전화가 왔습니다. "은영 씨, 아직 쉬고 있어요? 일해보지 않을래요?" 이야기를 들어보니, 공장 사장님께 한 회사에서 생산 MD 경력자를 추천해달라는 전화가 왔고, 제가 생각나셨다고 했습니다. 좋은 기회라고 생각하여 면접을 봤고, 다행히 합격을 했습니다. 현업에 들어오니 대기업이 아닌 이상 대부분의 생산MD는 신입보다 경력직을 선호합니다. 그런 상황에서 제가 첫 회사에 입사한 것과 겨우 1년 넘는 경력이지만 두 번째 회사에 운 좋게 경력직 사원으로 입사한 것은 저를 도와주신 고마운 분들 덕분입니다. 늘 감사한 마음으로 기쁘게 직장 생활을 하는 것이 그분들께 보답하는 길이라고 생각합니다.

▶ 대기업이 아닌, 중소기업을 선택하셨는데요. MD로서 중소기업의 장점은 무엇입니까?

제대로 된 상품기획을 하기 위해서는 일단 그 세계에 들어가 '경험을 통한 노하우'를 쌓는 것이 중요하다고 생각했습니다. 중소기업에서 일하다 보니 상품의 시작과 끝을 가까이서 접하며 배울 수 있고, 시도해보고 싶은 것을 보다 자유롭게 제안하고 추진해나갈 수 있는 점을 장점으로 꼽고 싶습니다.

▶ 직장 생활을 하며 이루고 싶은 꿈은 무엇입니까?

10년 후에는 '나의 사람들'이 많아져 그 사람들을 통해 행복을 느끼며 일하고 싶습니다. 제가 아는 분은 두 개의 명함철을 갖고 있습니다. 하나는 일반 명함을 모아둔 것이고, 나머지 하나는 자신의 말이라면 무조건 믿고 따라주는 '자신만의 사람들'의 명함입니다. 저 역시 그분처럼 미래의 모습을 이룰 수 있도록 상대방에게 신뢰를 주기 위해 노력하고 있습니다.

▶ 직장 생활에 부담감을 갖고 있는 취업준비생들에게 조언을 해주신다면….

근태가 가장 중요하다고 생각합니다. 정해진 출근시간보다 최소 30분

정도는 일찍 출근하여 하루 업무를 미리 준비하면 좋습니다. 다른 분들에게 '부지런하다'는 이미지를 심어 줄 수 있기 때문입니다. 또한 신입사원 때 메모하는 습관을 연습하세요. 처음 접하는 사회생활이기 때문에 자연스럽게 실수를 할 수 있습니다. 반복되는 실수는 자신감을 떨어뜨릴 수 있습니다. 메모 습관을 통해 실수를 줄이고 자신감을 키우면, 주변사람들에게도 인정받을 수 있습니다.

▶ 마지막으로 한 마디 부탁드립니다.

자신의 꿈을 주변사람들과 공유하세요. 여러분의 꿈을 아는 사람이 많아질수록 기회가 생길 가능성이 높아집니다. 또한 꿈을 위해 경험을 쌓으며 준비하세요. 준비가 되어있어야 그 기회를 잡을 수 있습니다.

귀여운 막내사원에서
진정한 하이트진로人 되다

_하이트진로 배홍렬

▶ 자신을 소개해주세요.

안녕하세요. 하이트진로 유흥채널팀 유흥전략파트에 재직 중인 배홍렬입니다. 저는 2012년 6월 입사해 이제 갓 병아리 티를 벗은 귀여운 막내사원입니다. 회사와 제품에 대한 자부심을 크게 느끼며 일하고 있습니다. 저와 제 동기들은 하이트맥주와 진로소주가 '하이트진로'라는 이름으로 하나의 기업이 된 후 처음으로 뽑은 신입사원으로 회사와 모든 선배님들의 관심과 기대를 한 몸에 받고 있습니다. 그만큼 잘해야 한다는 부담감이 있긴 하지만 사람들의 기대를 충족시켰을 때의 희열을 더 크게 느끼며 회사생활을 하고 있습니다.

▶ 귀여운 막내사원이라고 하셨는데, 선배들에게 사랑받기 위한 자신만의 노하우는 무엇입니까?

주류회사라 그런지 처음 제 생각은 '절대 취하지 않고, 선배들에게 주사를 부리지 않으며, 다음 날 숙취 없이 지각하지 않는 사원'이 우리 회사 신입사원에게 가장 필요한 자세라고 생각했습니다. 하지만 1년이 지난 지금 시점에서 돌아보면 신입사원으로서 가장 필요한 자세는 다른 회사와 마찬가지로 딱 하나입니다. 그건 바로 '긍정적인 자세'입니다. 신입의 자세에서 모든 일이 어렵고 익숙하지 않아 힘들다고 할지라도 '이 모든 건 배워나가는 중이다', '지금은 힘들어도 반드시 나에게 도움이 될 것이다'라는 긍정적인 자세로 모든 일을 받아들인다면 훨씬 쉽고 빠르게 업무를 배워나갈 수 있을 것입니다. 물론 동료 직원들과 친해지는데도 긍정적인 자세가 필수라고 생각합니다.

▶ 10년 후의 모습을 그려보신다면?

5년 후에 저는 영업현장에서 다양한 사람들과 직접 부딪치며 진정한 하이트진로人이 되기 위한 한 과정을 겪고 있을 것 같습니다. 지금은 영업본부에서 스태프의 입장으로 전국 지점과 소통하고 그들을 통해 현장의 소리를 듣고 있습니다. 하지만 5년 후에는 직접 영업현장에서 그 소리를 들으며 성장하고 또 5년 뒤에는 다시 스태프의 자리로 돌아와 현장에서 얻은 풍부한 경험을 회사 전체, 전 지점을 위해 쓰고 싶습니다.

▶ 입사를 위해 학창시절 어떤 노력을 하셨습니까?

학점관리나 스펙이 다른 사람에 비해 눈에 띌 정도가 되지 않는다는 걸 알고 경험을 쌓기 위해 노력을 했습니다. APEC을 비롯하여 국제회의를 40~50회 진행하며 외국어를 키우고, 많은 기업의 분위기를 익힐 수 있었습니다. 저는 전공이 '컨벤션 경영'입니다. 입학하던 2005년에 운 좋게도 우리나라에서 APEC 등 세계 최고 수준의 국제회의가 열려 각 회의 주최 사무국에서는 컨벤션을 전공한 대학생들을 행사 스태프로 고용하는 등 수요가 높았습니다. 저 역시 운 좋게 첫 국제회의 진행을 APEC을 통해 하게 되었고 이 회의를 주최한 업체와 지속적인 관계를 쌓아 후에는 인턴도 했습니다. 행사를 하다 보면 초청연사나 회의 진행 목적으로 참석하는 유명인들이 많습니다. 그런 사람들의 생각을 현장에서 직접 듣고, 사전 회의나 미팅이 있을 경우 사담까지 나눌 수 있는 기회를 가진 게 가장 많이 기억에 남습니다.

▶ 후배들에게 꼭 알려주고 싶은 취업준비방법은 무엇입니까?

크게 2가지입니다. 첫째, 세일즈 경험입니다. 인문계열 학생들이 취업원서를 쓸 때 지원할 수 있는 분야는 크게 영업, 마케팅, 경영지원입니다. 많은 지원자들이 상대적으로 많은 인원을 뽑는 '영업' 분야에 지원을 하는데요. 그러기 위해서는 짧게나마 사람을 대하고 물건이나 서비스를 제공하는 세일즈를 경험해보는 것이 좋다고 생각합니다. 저 역시 미국 어학연수 당시 화장품 도매점에서 일을 하며 고객들과 소통하고 세일즈를 했던 경험을 자기소개서와 면접에 어필해 다른 지원자와 차별화된 모습을 보여줄 수 있었습니다.

둘째, 취업스터디 활동입니다. 저는 학과 학생회장과 교내 여러 행사의 MC를 보며 사람들 앞에서 말하는 데는 자신이 있었습니다. 하지만 입사를 희망하는 회사 실무진과 임원들 앞에서 진행해야 하는 면접은 이 것과는 전혀 다른 중압감이 있었습니다. 이에 대학교 4학년 2학기부터 취업준비를 하며 다른 학교 학생들과 취업스터디를 만들어 일주일에 두 번씩 서로의 지식과 정보를 공유하며 차근차근 준비를 했습니다. 면접 에 나올 시사상식, 회사정보, 인성 등은 취업스터디 멤버와 모의 면접을 진행하며 보완하였고, 실제로 면접을 보는 모습을 동영상으로 촬영해 말투, 톤, 자세 등을 교정했습니다. 저는 친한 후배들을 만날 때도 취업 스터디를 추천하곤 합니다. 자신과 비슷한 업계로 취업을 고민하는 사 람들이 많습니다. 이들을 모른다면 '미래의 적'이지만 일찍부터 알고 같 이 준비한다면 '친한 동료'로 바뀌게 될 것입니다.

▶ 미국 어학연수 시절 화장품 도매점에서 세일즈를 했다고 하셨는데, 기 억에 남는 에피소드가 있다면 소개해주세요.

제가 일했던 곳은 미국 남동부의 '애틀랜타' 라는 곳인데 이 곳이 미국 내에서는 '디트로이트' 다음으로 흑인 비율이 높다고 합니다. 그래서 그 런지 오는 손님들 중에도 흑인들이 많았습니다. 문제는 말이 빠르고 발 음이 워낙 특이해서 전혀 알아듣지 못했다는 것입니다. 처음 한 달 간은 같이 일하던 미국인 친구가 주로 흑인 손님을 상대했지만 또 듣다 보니 들리더군요. 나중에는 친해진 단골이 있어서 문 열고 들어오면 "Hey yo ma bro what's up?" 이라고 인사하는 경우도 있었습니다.

▶ 기업은 다양한 경험을 한 지원자를 선호합니다. 하지만 정작 학생들은 어디에서부터 어떻게 다양한 경험을 쌓아야 하는지 몰라 막막해합니다. 이

들에게 조언을 해주신다면?

저는 대학교 1학년부터 모든 학교 행사에 참석하려고 노력했습니다. 학생회, 학회, 동아리 등을 하며 인맥도 넓혀갔고 결국 이 인맥의 도움을 받아 다양한 경험들을 할 수 있었습니다. 현재 자신이 다니고 있는 학교 내에서 하는 행사들을 먼저 찾아보세요. 의미 있고 나중에 소위 말하는 '스펙'으로 쓸 만한 것들도 많으니 학교 홈페이지나 학과 사무실에 있는 행사들을 꼼꼼히 챙겨보시기를 권합니다.

▶ 대학생활 가운데 아쉬운 점이 있으신지요.

유럽 배낭여행을 가보지 못한 것은 정말로 후회되는 일입니다. 대학생의 신분으로 자유롭게 홀로 유럽 여러 국가를 돌아다니며 다양한 분야의 사람들과 지역의 특색을 느끼며 여행하고 싶었지만 금전적, 시간적 제약 때문에 하지 못했던 것이 너무 아쉽습니다. 지금 입사 1년 차의 모습으로 배낭여행을 간다면 과연 순수하게 그 나라를 느낄 수 있을지 걱정이 됩니다. 독일, 네덜란드, 벨기에를 여행하면 당연히 맥주 맛을 비교할 것 같은데… 아무래도 힘들겠죠? (ㅆ)

영업직 인턴에서 인사팀 신입사원으로!

_하이트진로 허득봉

▶ 자신을 소개해주세요.

안녕하세요. 하이트진로 인사팀에 재직 중인 허득봉 사원입니다. 하이트진로는 대한민국 최고의 종합주류기업으로 참이슬, hite, max, d 등을 주력제품으로 하고 있습니다. 저는 하이트진로 인사팀에 근무 중이며 현재 전체적인 인원관리를 담당하고 있습니다.

▶ 인사팀 취업 경쟁률이 매우 높다고 알고 있습니다. 취업 노하우는 무엇입니까?

저는 인사업무를 희망하여 인사팀으로 온 것은 아니었습니다. 영업직 인턴에 지원하였고, 인턴십 기간 동안 영업 업무를 하였습니다. 인턴종료 후 당연히 영업직으로 배치될 것으로 예상하고 있었습니다. 그러나 예상과 달리, 인사팀으로 발령을 받았고 저를 포함한 주변사람들이 많이 놀랐습니다. 이 질문에 대해서는 인턴 기간 동안 어떠한 마음가짐으로 임했는지를 답하겠습니다. 인턴 기간 동안 '신입사원으로서 해야 할 일 이상으로 하고, 신입사원으로서 하지 말아야 할 일은 절대 하지 말자'는 마음으로 임했습니다. 윗사람으로부터 1개의 지시를 받으면 그로 인해 파생되는 업무들을 예상하고 사전에 준비하려고 노력하였습니다. 또한 신입사원으로서 '내가 만약 이렇게 행동하면 상대방이 어떻게 느낄까'를 예상하고 조금이라도 불편함을 줄 수 있는 행동은 절대 하지 않았습니다.

▶ **인턴십에 지원하신 계기는 무엇입니까?**

보통 인턴전형이라 하면 정규직으로의 전환 여부가 불투명하기 때문에 일부 지원자들은 선호하지 않는 것으로 알고 있습니다. 물론 저도 그러한 생각을 한 적이 있습니다. 관심이 있던 하이트진로 인턴 채용 정보를 보고 많은 정보를 찾아보았습니다. 다행히 정규직 전환에 대한 희망적인 글들이 많았고, 알아보는 내내 어느 정도 확신을 가져서 지원했습니다.

▶ **인턴십의 장점을 무엇이라고 생각하십니까?**

인턴십은 지원자가 본인이 하고 싶은 희망직무에 대해서 사전에 경험을 해볼 수 있고, 그러한 직무가 자신에게 잘 맞는지, 안 맞는지를 확인할 수 있는 좋은 기회입니다. 회사생활을 하다보면 본인의 직무가 적성에 맞지 않아 이에 대해 고민을 하는 직원들이 많습니다. 그러면 이직을 고민하게 되는데, 이직은 본인에게 정말 큰 결정이기 때문에 쉽사리 결정을 내리지 못하고 이도저도 못하는 상황으로 이어질 때가 있습니다. 인턴십은 이러한 경우를 예방하고 자신이 원하는 직무를 찾아볼 수 있는 좋은 기회라고 생각합니다.

▶ 정규직 전환을 위해 무엇에 중점을 두었습니까?

'어떻게 하면 일을 효과적으로 할 수 있을까?'를 고민하였고, 언제나 최선을 다하기 위해 자신을 채찍질하였습니다. 특히 인턴 기간 동안에는 2차 거래처 영업(지역관리 업무)를 경험하며 영업현장에서 선배들과 함께 발로 뛰었습니다. '내가 하이트진로의 대표다'라는 마음으로 지역에서 영업 판매량을 늘리기 위해 최선을 다했었습니다. 대표이사의 마음가짐과 최선을 다하는 열정이 바로 저만의 노하우였다고 생각합니다.

▶ 구체적인 에피소드를 들려주세요.

처음 3주 동안 주류 2차 거래선(현장) 영업에 대한 자세한 이론 및 실무 교육을 받은 후, 서울 대학로 지역에 배치되어 영업활동을 시작했습니다. 영업을 2~3개월 하면서, 가장 크게 느낀 점은 영업사원 1인에 투입되는 물질적인 양이 정말 어마어마하다는 것이었습니다. 렌트 차량, 주유비, 판촉물, 영업활동비 등 모든 것을 돈으로 환산한다면 그 금액이 너무 컸기에 한 가지 활동에 대해서 비용대비 효과성을 따져보는 습관을 가졌습니다. 예를 들어, 업소에 판촉물을 나눠주더라도 사전에 업소마다 종업원 수를 파악하여 필요한 수량만을 전달하였으며 그에 상응하는 기대효과를 예상하고 추후 영업사원의 요청사항에 대한 명분으로 활용하곤 하였습니다.

▶ 영업 판매량을 늘리기 위해서는 어떤 노력을 기울이셨습니까?

영업사원이 업소에서 테이블 손님에게 당사제품을 홍보용으로 사주는 경우가 있습니다. 손님들에게는 기분 좋은 공짜 술이겠지만, 사실 회사의 입장에서는 많은 비용이 들어갑니다. 저는 이러한 부분에서 최대한 비용을 아끼고 판매량을 늘리기 위해 노력했습니다. 직접 현장에서 손님들에게 공짜 술을 주며 좋은 이미지를 심어주고 이에 대해 향후 판매 상승을 기대할 수도 있지만, 특정 시간대에는 이것보다는 다른 방법이 더 효과적이라고 생각했습니다. 손님들이 들어오기 시작하는 초입시간에는 큰 업소에서 약 20~30분씩 서빙을 도와주며 단체테이블에 사전 술 세팅을 하였습니다. 단체손님의 경우 술에 대한 지명도가 낮고 한번 세팅된 술에 대해서 거부감 없이 계속적으로 주문하기 때문에 단시간에 비용소모 없이 많은 판매량을 올릴 수 있었습니다.

▶ 인턴 기간을 떠올렸을 때, 가장 기억에 남는 에피소드가 있다면?

인턴사원으로 근무 했을 때, 권역 상무님과 함께 판촉하는 시간을 가졌던 경험이 있습니다. 권역 상무님은 남자답고 스포츠를 굉장히 좋아하시는 분으로 직원들에게 마라톤이나 헬스 등의 스포츠 활동을 권유하곤 하셨습니다. 판촉 당시, 일개 인턴사원인 저는 상무님과 많은 이야기를 하며 즐거운 분위기로 판촉을 진행하였습니다. 특히 마라톤을 화제로 많은 이야기를 하였는데 결국 상무님과 내기 마라톤을 함께한다는 약속을 했습니다. (물론 제가 원한 것은 아니었습니다. ^^) 그 이후로 밤마다 3~5km씩 달리고 기록을 측정하며 정말 열심히 연습하였습니다. 결론적으로 상무님과 함께 마라톤을 뛸 수 있는 기회는 갖지 못했지만, 밤마다 상무님과 함께 할 마라톤을 생각하며 정말 열심히 뛰었던 기억은 좋은 추억으로 남아 있습니다.

▶ 인턴을 하면서 정규직 전환에 대한 부담감을 떨치려면 어떤 마음가짐이 필요할까요?

반드시 정규직으로 전환되어야 한다는 생각보다는 결과 여부에 상관없는 여유를 갖는 것을 권합니다. 정규직 전환이 안 되었다고 해서 상실감을 가질 필요는 없습니다. 회사에서 인턴사원에 대한 평가는 능력보다 그 외적인 부분을 더 중요하게 여긴다고 생각합니다. 회사는 회사의 인재상이 있고, 직원 개개인은 본인만의 성향이 있을 것입니다. 그것이 조화가 안 되었기 때문에 정규직으로 전환이 안 된 것이지, 본인의 능력이 다른 사람에 비해 많이 떨어져서 정규직으로 전환이 안 된 것은 아닙니다. 취업은 결혼상대를 찾는 것과 유사합니다. 배우자를 고를 때 능력보다 성격을 더 중요하게 생각하는 것처럼 자신과 맞는 회사를 찾아가는 과정이었다고 생각하는 게 좋습니다.

▶ 후배들에게 꼭 권하고 싶은 자신만의 경험은 무엇입니까?

감투를 써보라고 권하고 싶습니다. 저는 대학교 때 소모임 대표, 학년대표 등 리더경험을 많이 하였습니다. 큰 집단의 리더는 아니었지만 책임감을 가지고 리더로서의 역할을 수행하였습니다. 이러한 경험을 통해 경영자로서의 마인드를 가질 수 있었고 각기 다른 성향을 가진 사람들과 협력하는 방법을 배웠습니다. 다양한 곳에서 리더 경험을 꼭 해보십시오. 전체의 단합을 위해서 어떻게 행동해야 하며, 인간관계에 어려움이 생겼을 때는 어떻게 대처해야 하는지 알 수 있습니다. 또한 문제 발생 시, 단순하게 나무만 보는 것이 아니라 숲을 보는 관점을 배울 수 있습니다.

인턴은 전략이다

초판 1쇄 인쇄 2014년 2월 10일 초판 1쇄 발행 2014년 2월 17일

지은이 신길자 · 임영찬
펴낸이 연준혁

출판 2분사 분사장 이부연
2부서 편집장 박경순
책임편집 정지은 디자인 윤정아
제작 이재승

펴낸곳 (주)위즈덤하우스 출판등록 2000년 5월 23일 제13-1071호
주소 (410-380) 경기도 고양시 일산동구 정발산로 43-20 센트럴프라자 6층
전화 031)936-4000 팩스 031)903-3893 홈페이지 www.wisdomhouse.co.kr
종이 월드페이퍼 인쇄 · 제본 (주)현문 특수가공 이지앤비_특허 제10-1081185호

값 15,000원   ISBN 978-89-6086-651-5 13320

국립중앙도서관 출판시도서목록(CIP)

인턴은 전략이다 / 지은이: 신길자, 임영찬. -- 고양 : 위즈덤하우
스, 2014
  p. ; cm

권말부록: 명품 신입사원의 생생 취업 스토리 & 자기소개서 전격 공개
ISBN 978-89-6086-651-5 13320 : ₩15000

인턴[intern]
취업 전략[就業戰略]

325.33-KDC5
658.311-DDC21   CIP2014003864